LE FABRICIEN

OU

TRAITÉ

DE L'ORGANISATION, DE L'ADMINISTRATION

ET

DE LA COMPTABILITÉ

DES FABRIQUES

Suivi d'un Formulaire

Par **Lucien ROY**,

Auteur du TRAITÉ DE L'ADMINISTRATION FINANCIÈRE DES COMMUNES.

Troisième édition.

PARIS,

LIBRAIRIE ADMINISTRATIVE ET CLASSIQUE DE PAUL DUPONT,

Rue de Grenelle-Saint-Honoré, 45.

—

1863

LE FABRICIEN

PARIS. — Impr. de Paul Dupont, rue de Grenelle-St-Honoré, 45.

LE FABRICIEN

OU

TRAITÉ

DE L'ORGANISATION, DE L'ADMINISTRATION

ET

DE LA COMPTABILITÉ

DES FABRIQUES

Suivi d'un Formulaire

Par **Lucien ROY**,

Auteur du Traité de l'administration financière des communes.

Troisième édition.

PARIS,

LIBRAIRIE ADMINISTRATIVE ET CLASSIQUE DE PAUL DUPONT,
Rue de Grenelle-Saint-Honoré, 45.

1863

AVERTISSEMENT.

Cet ouvrage renferme tous les principes de l'organisation, de l'administration et de la comptabilité des fabriques, tels qu'ils résultent de la législation en vigueur et de la jurisprudence actuellement suivie par le ministère des cultes. C'est, tout à la fois, le guide du Président du bureau de la fabrique, ordonnateur des dépenses; et du Trésorier, dans l'exercice de leurs fonctions respectives, et celui du Président, du Secrétaire et des autres membres du conseil de fabrique, dans leurs délibérations.

Ce livre sera utile, en outre, au pasteur de la paroisse, à qui, surtout, il appartient de veiller à la bonne administration des biens et des revenus de son église; au maire, lorsqu'il concourt à cette administration comme membre-né du Conseil de fabrique; enfin, aux conseillers municipaux, dans les cas assez fréquents où ils sont appelés à délibérer ou à donner leur avis sur des objets qui concernent le culte paroissial.

L'ouvrage est divisé en deux parties, dont la première se subdivise en six titres principaux. Le premier de ces titres concerne l'organisation des fabriques; le second, traite des biens des fabriques; le troisième, des recettes; le quatrième, des dépenses; le cinquième, du budget; enfin, le sixième, des écritures et du compte annuel.

Le mode de comptabilité proposé dans cet ouvrage est conforme aux dispositions du décret organique du 30 décembre 1809; seulement, nous avons eu soin d'apporter au système les développements nécessaires pour en faciliter l'application et pour le mettre, autant que possible, en harmonie avec les formes actuelles de la comptabilité des autres établissements publics.

La seconde partie contient les modèles de tous les actes, états et registres dont la forme et l'utilité sont indiquées dans la première partie. Ces modèles sont classés suivant l'ordre général des matières : ainsi, on trouvera, en première ligne, ceux qui ont rapport à l'organisation des fabriques; et, ensuite, les modèles relatifs à l'administration des biens et revenus, et à la comptabilité. Ceux-ci contiennent des exemples d'écritures qui figurent une comptabilité réelle; ces exemples préviendront les difficultés qu'on pourrait rencontrer dans la pratique, puisqu'il suffira, dans tous les cas, de procéder par analogie.

Pour faciliter les recherches, si l'on voulait recourir aux divers documents cités dans la première partie de l'ouvrage, nous l'avons fait précéder d'une table chronologique des lois et règlements en vigueur, et qui intéressent principalement les fabriques. Le décret du 30 décembre 1809, portant règlement général sur les fabriques ; l'ordonnance royale du 12 janvier 1825, qui modifie quelques articles de ce règlement, et une instruction ministérielle récente (10 avril 1862) sur l'acceptation des dons et legs faits aux fabriques sont, en outre, reproduits en entier à la fin du volume.

TABLE CHRONOLOGIQUE

DES

Lois et des Règlements en vigueur, concernant les Fabriques paroissiales.

---

18 Germinal an x (18 avril 1802). — Articles organiques du Concordat de 1801.

21 Germinal an x (11 avril 1802). — Circulaire du ministre de l'intérieur relative à la remise des édifices nécessaires à l'exercice du culte et au logement de ses ministres.

8 Pluviôse an xi (27 janvier 1803). — Décision. — Les biens de fabrique non encore aliénés sont exceptés de la vente des biens nationaux.

7 Thermidor an xi (23 août 1803). — Arrêté relatif à la remise des biens de fabrique non encore aliénés.

25 Frimaire an xii (17 décembre 1803). — Arrêté portant que les biens chargés de fondations ou de services anniversaires sont compris dans ceux restitués aux fabriques par l'arrêté du 7 thermidor an xi.

23 Prairial an xii (12 juin 1804) — Décret sur les sépultures, les lieux qui leur sont consacrés, et sur les pompes funèbres.

8 Messidor an xii (26 juin 1804). — Instruction détaillée sur l'exécution du décret du 23 prairial an xii.

11 Thermidor an xii (29 juillet 1804). — Décret portant que les inscriptions hypothécaires prises pour les hospices ne seront radiées, modifiées ou changées, que sur l'autorisation des conseils de préfecture (cette disposition est commune aux fabriques).

2 et 6 Pluviôse an xiii (23 et 27 janvier 1805). — Avis du conseil d'État qui décident que les églises et les presbytères doivent être considérés comme propriétés communales.

28 Messidor an XIII (19 juin 1805). — Décret portant que les biens et rentes non aliénés, et les rentes non transférées provenant des confréries, appartiennent aux fabriques.

13 Thermidor an XIII (1er juillet 1805). — Décret concernant le prélèvement et l'application du sixième du produit des bancs, chaises et places dans les églises, en faveur des prêtres âgés ou infirmes.

22 Fructidor an XIII (8 septembre 1805). — Décret attribuant aux marguilliers l'administration des biens rendus aux fabriques.

22 Brumaire an XIV (11 octobre 1805). — Décret sur l'aliénation des églises et des presbytères des paroisses supprimées.

18 Mai 1806. — Décret sur le service des morts dans les églises et pour le transport des corps.

30 Mai 1806. — Décret portant que les églises et les presbytères supprimés font partie des biens restitués aux fabriques des églises dans l'arrondissement desquelles ils se trouvent

30 Septembre 1807. — Décret sur l'établissement des chapelles vicariales et des annexes.

21 Décembre 1808. — Avis du conseil d'État sur le mode de remboursement des rentes et créances dues aux fabriques.

30 Décembre 1809. — Décret organique portant règlement général des fabriques. (Voir à l'Appendice le texte de ce décret.)

16 Juillet 1810. — Décret qui règle le mode d'autorisation pour le remploi des capitaux remboursés aux fabriques.

9 Décembre 1810. — Avis du conseil d'État. — Les biens restitués par le domaine ont été rendus aux fabriques, libres et dégagés de toutes charges..

22 Avril 1811. — Circulaire concernant la formation des budgets des fabriques.

26 Mars 1812. — Circulaire sur la formation des budgets des fabriques.

6 Novembre 1813. — Décret concernant les biens du clergé.

4 Décembre 1813. — Circulaire relative à l'exécution du décret du 6 novembre, concernant les biens des cures.

26 Décembre 1813. — Décret concernant le partage, entre la

fabrique et le clergé, de la cire offerte aux enterrements et aux services funèbres.

2 Janvier 1817. — Loi sur les dons et legs en faveur des fabriques, et sur les acquisitions d'immeubles ou de rentes par ces établissements.

2 Avril 1817.—Ordonnance pour l'exécution de la loi du 2 janvier 1817.

12 Avril 1819. — Instruction sur les formalités à remplir pour l'autorisation des dons et legs faits en faveur des fabriques.

19 Janvier 1820. — Ordonnance royale concernant les dons et legs faits aux chapelles et aux annexes.

28 Mars 1820. — Ordonnance royale qui autorise, sous les conditions y exprimées, les fabriques des succursales et des chapelles érigées depuis la circonscription générale des paroisses, à se faire remettre en possession des biens et rentes appartenant autrefois aux églises qu'elles administrent.

12 Janvier 1825. — Ordonnance royale relative au renouvellement des conseils de fabrique, à la tenue des séances, à la révocation des marguilliers, à la nomination et révocation des chantres, sonneurs, sacristains et autres employés de l'église. (Voir à l'Appendice le texte de cette ordonnance.)

30 Janvier 1825. — Circulaire du ministre des cultes sur l'ordonnance du 12 janvier 1825.

3 Mars 1825. — Ordonnance du roi concernant les parties superflues d'un presbytère à affecter à un autre service, et sur la location des presbytères et dépendances des succursales vacantes.

14 Janvier 1831. — Ordonnance royale relative aux dons et legs.

18 Janvier 1831. — Circulaire pour l'exécution de l'ordonnance du 14 janvier.

15 Juin 1832. — Ordonnance du roi en conseil d'État, qui décide que les presbytères doivent être considérés comme propriétés communales.

21 Août 1833. — Circulaire ministérielle indiquant les pièces à fournir pour l'érection des chapelles et annexes.

18 Juillet 1837. — Loi sur l'administration municipale.

14 Septembre 1839. — Circulaire ministérielle relative aux dons

et legs faits aux établissements ecclésiastiques et à l'exécution des dispositions de l'ordonnance du 14 janvier 1831.

4 Novembre 1839. — Circulaire ministérielle relative à l'indemnité de logement due aux curés et desservants.

17 Juin 1840. — Avis du conseil d'État sur l'usage des cloches dans les églises, les droits respectifs de l'autorité ecclésiastique et de l'autorité civile à cet égard.

17 Novembre 1844. — Ordonnance concernant les franchises des correspondances.

16 Décembre 1848. — Arrêté du gouvernement portant organisation du service des travaux diocésains.

26 Février 1849. — Instruction concernant la conservation, l'entretien et la restauration des édifices diocésains.

13 Mars 1849. — Arrêté et circulaire du ministre des cultes relatifs à l'exécution de l'arrêté du gouvernement du 16 décembre 1848.

25 Juin 1850. — Circulaire ministérielle concernant les mesures à prendre pour faire cesser l'abus des affiches apposées sur les murs et les portes des églises.

16 Août 1855, 14 août 1857 et 12 août 1859. — Circulaires ministérielles relatives aux secours demandés par les communes pour construction, acquisition et grosses réparations des églises et presbytères.

20 Août 1861. — Circulaire du ministre des cultes concernant les placements en rentes sur l'État des capitaux remboursés aux établissements religieux.

15 Février 1862. — Décret relatif à l'autorisation des dons et legs faits aux fabriques. (Voir ce décret à l'Appendice.)

10 Avril 1862. — Circulaire du ministre des cultes, concernant l'exécution du décret du 15 février 1862, et contenant de nouvelles instructions relatives à diverses affaires d'intérêt religieux. (Voir cette circulaire à l'Appendice.)

TRAITÉ

DE

L'ORGANISATION, DE L'ADMINISTRATION

ET DE

LA COMPTABILITÉ DES FABRIQUES.

TITRE Ier.

Organisation des fabriques.

CHAPITRE Ier. — But de l'institution des fabriques.

La fabrique est un établissement public, légalement organisé pour la gestion des biens et des revenus d'une église, cathédrale, cure, succursale ou chapelle vicariale. Cet établissement, quoique doué d'une existence civile, est toujours réputé mineur et placé, à ce titre, sous la tutelle du gouvernement, qui en confie la surveillance à l'évêque diocésain et au préfet du département.

La fabrique est représentée par des administrateurs, dont le nombre est proportionné à la population de la paroisse, et que l'on désigne sous le nom de *fabriciens*. Le corps de ces administrateurs est appelé *la fabrique*, du nom de l'établissement lui-même.

Le décret du 30 décembre 1809 forme la base de

la législation des fabriques; l'article 1er de ce décret définit ainsi qu'il suit le but de leur institution :

« Les fabriques sont chargées de veiller à l'entretien et à la conservation des temples, d'administrer les aumônes et les biens, rentes et perceptions autorisées par les lois et règlements, les sommes supplémentaires fournies par les communes, et généralement tous les fonds qui sont affectés à l'exercice du culte; enfin d'assurer cet exercice dans les églises auxquelles elles sont attachées, soit en réglant les dépenses qui y sont nécessaires, soit en assurant les moyens d'y pourvoir. »

On voit que les attributions générales de la fabrique se réduisent aux trois points ci-après : gérer les biens de l'église, percevoir ses revenus et pourvoir à ses charges. Cette administration, quelque restreinte qu'elle paraisse, ne laisse pas que de présenter des difficultés; elle exige surtout, de ceux qui en sont chargés, la connaissance approfondie des lois qui la régissent.

La première condition d'une bonne gestion et la principale garantie des intérêts de la fabrique, c'est une comptabilité régulière. Sans comptabilité, il n'est point d'ordre possible dans l'administration, et par suite de prospérité financière. Le législateur a tracé lui-même les principes de la comptabilité des fabriques, et il n'appartient à personne d'en changer le système; seulement, il a laissé au zèle des administrateurs le soin d'en régler les détails selon les besoins de leur service.

On trouvera dans cet ouvrage les renseignements

nécessaires pour effectuer régulièrement les recettes et dépenses des fabriques, pour décrire avec exactitude et clarté ces opérations dans les écritures journalières, et en justifier dans les comptes. Mais, avant d'entrer dans ces développements, il convient d'examiner les règles qui président à l'organisation des fabriques (1).

Chaque fabrique se compose d'un conseil et d'un bureau de marguilliers. (D. du 30 déc. 1809, art. 2.)

CHAPITRE II. — Du conseil de fabrique.

SECTION Ire.

De la composition du conseil.

§ Ier. Formation du conseil.

Dans les paroisses où la population est de cinq mille âmes ou au-dessus, le conseil est composé de onze membres ; dans les paroisses au-dessous de cinq mille âmes, il est composé de sept membres. Il y a deux membres de droit dans l'un et l'autre cas : le maire et le curé. Les autres sont pris parmi les notables : ils doivent être catholiques et do-

---

(1) Les règles retracées aux deux chapitres suivants ne s'appliquent point aux fabriques des cathédrales, ces fabriques étant organisées conformément à des règlements épiscopaux, approuvés par l'empereur (D. du 30 décembre 1809, art. 104). Quant aux annexes, elles n'ont point de fabriques; elles sont administrées par les fabriques des cures ou succursales dont elles dépendent, ou par une commission nommée par l'évêque.

miciliés dans la paroisse (1). (D. du 30 déc. 1809, art. 3 et 4.)

Le curé ou desservant a la première place au conseil ; il peut s'y faire remplacer par un de ses vicaires. Le maire peut de même s'y faire remplacer par un de ses adjoints. Si le maire n'est pas catholique, il doit se substituer un adjoint qui le soit, ou à défaut, un membre du conseil municipal catholique. Dans les assemblées, le maire est placé à la gauche et le curé ou desservant à la droite du président. (*Idem*, art. 4.)

Dans les villes où il y a plusieurs paroisses, le maire est de droit membre du conseil de chaque fabrique, et peut s'y faire remplacer par un de ses adjoints, qui doit être catholique.

Mais si, au contraire, plusieurs communes sont comprises dans la circonscription d'une même paroisse, les maires de toutes ces communes n'ont pas le droit d'entrer dans le conseil de la fabrique. Cette prérogative n'appartient qu'au maire de la commune où se trouve l'église. (*Idem*, art. 4 et 5.)

Dans les paroisses où le conseil de fabrique est composé de neuf membres, non compris les membres de droit, cinq des conseillers sont pour la première fois à la nomination de l'évêque, et quatre à celle du préfet. Dans les paroisses où il n'est com-

---

(1) Le domicile exigé est le domicile réel ; le domicile de droit ne suffirait pas. Tout conseiller de fabrique ne doit pas seulement avoir son domicile dans la paroisse au moment de l'élection, il faut qu'il le conserve pendant tout le temps de la durée de ses fonctions. Le **conseiller** qui cesserait de remplir cette condition devrait être **remplacé.**

posé que de cinq membres, non compris les membres de droit, l'évêque en nomme trois et le préfet deux. (D. du 30 décembre 1809, art. 6.)

§ II. — Renouvellement du conseil.

Le conseil de fabrique se renouvelle partiellement tous les trois ans, savoir : à l'expiration des trois premières années, dans les paroisses où il est composé de neuf membres, non compris les membres de droit, par la sortie de cinq membres qui sont désignés par le sort (1), et, après la seconde période de trois années, par la sortie des quatre plus anciens ; pour les fabriques dont le conseil est composé de cinq membres, non compris les membres de droit, par la sortie de trois membres désignés par la voie du sort, à l'expiration des trois premières années, et des deux autres après la seconde période de trois années. Dans la suite, ce sont toujours les plus anciens en exercice qui doivent sortir. (D. du 30 décembre 1809, art. 7.)

Les conseillers qui doivent remplacer ceux dont les fonctions sont expirées sont élus par les membres restants ; les membres sortants peuvent être réélus. (*Idem*, art. 8.)

---

(1) Si, à l'époque du premier renouvellement triennal, le conseil ne se trouvait pas au complet, par suite de démission, de décès ou de changement de domicile de l'un ou de plusieurs de ses membres, le nombre de conseillers manquants devrait compter dans celui des membres à remplacer. Ainsi, si le renouvellement était de cinq membres et qu'il y eût deux membres décédés ou démissionnaires, trois membres en exercice seulement seraient désignés par le sort comme devant sortir du conseil.

Les élections de remplacement triennal doivent se faire le dimanche de *Quasimodo*. (O. du 12 janvier 1825, art. 2.)

Dans le cas de vacance par mort ou démission, l'élection en remplacement doit être faite dans la première séance ordinaire du conseil qui suit la vacance. Les nouveaux fabriciens ne sont élus que pour le temps d'exercice qui restait à parcourir à ceux qu'ils sont destinés à remplacer. (*Idem*, art. 3.)

Lorsque le renouvellement ou le remplacement n'est pas fait à l'époque fixée (1), l'évêque ordonne qu'il y soit procédé dans le délai d'un mois, passé lequel délai il nomme lui-même de nouveaux fabriciens à la place de ceux qui doivent sortir ou qu'il y a lieu de remplacer. (D. du 30 déc. 1809, art. 8.)

Les élections des fabriciens peuvent être faites soit au scrutin individuel, soit au scrutin de liste : dans le premier cas, chaque votant n'inscrit sur son bulletin qu'un seul nom ; par conséquent, il faut procéder à autant de scrutins qu'il y a de membres à nommer : dans le second cas, chaque électeur ne fait qu'un bulletin, sur lequel il porte autant de noms qu'il y a de fabriciens à élire. Pour être élu, il faut obtenir la majorité absolue des suffrages ; c'est-à-dire qu'il faut avoir plus de la moitié des suffrages : par exemple, cinq sur neuf ou huit, quatre sur sept, etc.

---

(1) Conformément à la jurisprudence suivie au ministère des cultes, les actes faits par un conseil de fabrique qui est en demeure de se renouveler sont valides tant que l'autorité compétente n'a pas pourvu au remplacement.

Si les suffrages sont partagés, le plus âgé des candidats doit obtenir la préférence. (Avis du comité de l'inst. du Cons. d'Etat, du 9 juillet 1839.) — *Voy.* au Formulaire les n°s 6 et 8.

Les élections peuvent être annulées : 1° si les électeurs n'étaient pas fabriciens, c'est-à-dire membres de droit, ou nommés par l'autorité compétente ou validement élus ; 2° si les élus n'étaient pas éligibles ; 3° si l'élection n'avait pas lieu à l'époque fixée par la loi, c'est-à-dire le dimanche de *Quasimodo* ou dans le mois qui suit, et, en cas de démission ou de décès, dans la séance ordinaire qui suit la vacance, et toutes les fois qu'il peut exister des violations essentielles des règlements constitutifs.

C'est au ministre des cultes qu'il appartient de prononcer la nullité des élections. (Avis du Cons. d'Etat, du 15 janvier 1845.)

Sur la demande des évêques et l'avis des préfets, le ministre des cultes peut révoquer un conseil de fabrique pour défaut de présentation du budget ou de reddition de comptes, lorsque ce conseil, requis de remplir ce devoir, a négligé de le faire, ou pour toute autre cause grave. (O. du 12 janvier 1825, art. 5.)

Il y a lieu de révoquer un conseil de fabrique pour refus fait par tous ses membres d'entrer dans le bureau et d'y remplir les fonctions de secrétaire et de trésorier, et pour le refus fait par les mêmes membres, à trois reprises consécutives, de se rendre aux séances du conseil dûment convoqué. On doit également considérer comme susceptible d'être révoqué le conseil qui ne procède plus à ses renouvellements annuels, ni à aucun acte régulier d'administration. (Décis. min. du 6 décembre 1833.)

Lorsqu'un conseil a été révoqué, il est pourvu à une nouvelle formation de ce conseil de la manière prescrite par l'article 6 du décret du 30 décembre 1809.

Lorsqu'un conseil de fabrique a été nommé intégralement par suite de la destitution ou de la démission de tous ses membres, il est procédé, dans la suite, au renouvellement triennal comme après une première formation.

§ III. — Nomination du président et du secrétaire.

Le conseil nomme au scrutin son président et son ecrétaire; cette élection se fait le dimanche de *Quasimodo* (1). La durée des fonctions du président et du secrétaire est fixée à un an ; mais ils peuvent toujours être réélus. (D. du 30 déc. 1809, art. 9; O. du 12 janvier 1825, art. 2.)

Le curé ni le maire ne peuvent être élus président du conseil de fabrique (2); mais cet empêchement

---

(1) Lorsque le conseil est appelé à procéder, le même jour, au remplacement triennal de la moitié de ses membres, l'on doit, immédiatement après cette première élection, convoquer les nouveaux fabriciens à la séance ou à une nouvelle séance fixée au lendemain ou au dimanche suivant, afin qu'ils puissent prendre part à la nomination du président et du secrétaire.

(2) Cette interdiction résulte des articles 4, 13 et 50 du décret du 30 décembre 1809.

n'existe pas pour les fonctions de secrétaire. (Décis. min., 6 sept. 1810, 26 mars, 18 août 1811 et 18 février 1812.) — *Voy.* au Formulaire, le n° 7.

SECTION II.

Des séances du conseil.

Les séances du conseil sont ordinaires ou extraordinaires.

Le conseil s'assemble quatre fois l'année en séances ordinaires, savoir : le premier dimanche de janvier, le dimanche de *Quasimodo*, le premier dimanche de juillet et le premier dimanche d'octobre. (**D.** du 30 déc. 1809, art. 10 ; O. du 12 janvier 1825, art. 2.)

Les séances extraordinaires sont celles que l'évêque ou le préfet autorisent, lorsque l'urgence des affaires ou de quelques dépenses imprévues l'exige. (**D.** du 30 déc. 1809, art. 10.)

L'autorisation doit fixer le jour de l'assemblée.

Toute délibération prise dans une assemblée extraordinaire non autorisée, ou un jour autre que celui qui a été fixé par l'autorisation, serait entachée de nullité.

L'évêque et le préfet doivent respectivement se prévenir des autorisations d'assemblées extraordinaires qu'ils accordent aux conseils de fabrique, et des objets qui doivent être traités dans ces assemblées. (**O.** du 12 janvier 1825, art. 6.)

§ Ier. — Convocation des assemblées.

L'avertissement de chacune des séances ordinaires est publié le dimanche précédent au prône de la grand'messe. (D. du 30 déc. 1809, art. 10.)

Quant aux séances extraordinaires, c'est au président à convoquer l'assemblée. Cette convocation doit être faite par lettre remise à domicile, et, autant que possible, quelques jours avant celui fixé pour la réunion.

§ II. — Tenue des assemblées.

Dans les sessions ordinaires, le conseil peut délibérer sur tous les objets qui rentrent dans ses attributions ; dans les sessions extraordinaires, il ne peut s'occuper que des matières pour lesquelles l'autorisation de se réunir a été accordée.

Ses réunions doivent avoir lieu, à l'issue de la grand'messe ou des vêpres, dans l'église, dans un lieu attenant à l'église, ou dans le presbytère. (D. du 30 déc. 1809, art. 10.)

La durée de chaque session n'est point fixée ; on peut tenir, en cas de besoin, plusieurs séances, soit le jour même, soit le lendemain et les jours suivants, car, d'après les principes de droit public, tout corps constitué, régulièrement assemblé, est réputé réuni pendant tout le temps requis pour l'expédition des affaires.

Le conseil ne peut délibérer que lorsqu'il y a plus

de la moitié des membres *en exercice* présents à l'assemblée. Tous les membres présents signent la délibération, qui est prise à la majorité des voix. En cas de partage, la voix du président est prépondérante, et donne le même droit que la majorité. (D. du 30 déc. 1809, art. 9.)

La police de l'assemblée appartient au président, conformément à ce qui se pratique dans toutes les assemblées légales. C'est à lui à faire les propositions qui sont l'objet des délibérations, mais sans exclusion pour les autres membres, surtout à l'égard du curé, qui mieux que personne est en état de les faire. C'est à lui à prévenir et à réprimer les discussions confuses, ou celles qui sont inutiles, ou celles qui ne sont pas à l'ordre du jour; en un mot, à maintenir le bon ordre, en rappelant à la question ceux qui s'en écartent. Enfin c'est au président à recueillir les voix et à clore la discussion.

§ III. — Des délibérations.

Les délibérations du conseil ne peuvent être verbales sous peine de nullité. Elles doivent être rédigées par le secrétaire du conseil, avec mention du nombre de membres qui y ont pris part, et signées séance tenante. Elles sont rédigées par ordre de date sur un registre uniquement destiné à cet usage, et qui est coté et parafé par le président du conseil. Pour la facilité des recherches ultérieures, il convient de consigner sommairement l'objet de chaque délibération en marge du registre et en regard de l'acte. — *Voy.* au Formulaire le n° 1.

Le style des délibérations doit être clair et concis. En tête du procès-verbal de chaque délibération, il faut écrire l'an, le jour, en toutes lettres et non en chiffres, le lieu de la séance et les noms des délibérants. La forme de la convocation, la circonstance et le lieu où elle a été faite ne doivent pas être omis; il faut dire si c'est à l'église et au prône, ou à domicile. Si la séance est extraordinaire, il faut énoncer la date de l'acte qui l'autorise, et l'autorité dont il émane, savoir: l'évêque ou le préfet.

Les propositions doivent être clairement exprimées; on doit dire par qui elles ont été faites, par quels motifs et par qui adoptées; pour quels motifs et par qui combattues; enfin quelle résolution a été prise. Avant de faire signer les délibérations, il faut les lire à l'assemblée, faire mention de cette lecture, du nom des signataires, de ceux qui n'ont pas voulu ou n'ont pas pu signer. S'il y a des interlignes ou des ratures, ou des mots changés, il doit y avoir une approbation signée de ces modifications.

Si, avant de signer la délibération, mais après qu'elle a été discutée et arrêtée, il se retirait un nombre suffisant d'opposants pour que les membres restants ne formassent plus la moitié plus un du conseil, la délibération n'en serait pas moins valide si d'ailleurs ils formaient la majorité de ceux qui se sont rendus à la séance et ont pris part à la discussion. L'adhésion ou l'opposition subséquente des fabriciens absents, non-seulement au moment de la signature, mais pendant toute la séance, sont de nulle valeur, soit pour compléter le nombre des délibérants exigé par la loi, soit pour changer la majorité des votants.

Telles sont les règles générales à suivre pour la rédaction des délibérations ; mais, à la rigueur, les formalités nécessaires pour valider les délibérations se réduisent aux points suivants : 1° que le nombre requis des fabriciens soit présent ; 2° qu'il y ait liberté suffisante des votes ; 3° que la mesure votée n'excède pas le pouvoir du conseil ; 4° que la délibération ait été prise dans un lieu et dans un temps conformes à la loi ; 5° qu'elle soit écrite et signée. — *Voy*. au Formulaire les n°s 2 et 3.

Lorsqu'il y a lieu de produire des expéditions ou copies des délibérations, c'est le président et le secrétaire du conseil qui ont seuls qualité pour les certifier et délivrer. — *Voy*. au Formulaire le n° 4.

SECTION III.

Fonctions du conseil.

Aussitôt que le conseil a été formé, il choisit au scrutin, parmi ses membres, ceux qui, comme marguilliers, doivent entrer dans la composition du bureau. Dans la suite, il fait également chaque année, le dimanche de *Quasimodo*, élection de celui de ses membres qui doit remplacer le marguillier sortant. (D. du 30 décembre 1809, art. 11.)

Sont soumis à la délibération du conseil :

1° Le budget de la fabrique ;

2° Le compte annuel de son trésorier ;

3° L'emploi des fonds excédant les dépenses, du montant des legs et donations, et le remploi des capitaux remboursés ;

4° Toutes les dépenses extraordinaires (1) au delà de cinquante francs dans les paroisses au-dessus de 1,000 âmes, et de cent francs dans les paroisses d'une plus grande population ;

5° Les procès à entreprendre ou à soutenir, les beaux emphytéotiques ou à longues années, les aliénations ou échanges, et généralement tous les objets excédant les bornes de l'administration ordinaire des biens des mineurs. (D. du 30 déc. 1809, art. 12.)

CHAPITRE III. — Du bureau de la fabrique.

SECTION Ire.

Formation du bureau.

Le bureau se compose de trois membres que l'on appelle marguilliers, et en outre du curé ou desservant, qui en est membre perpétuel et de droit. (D. du 30 déc. 1809, art. 13.)

---

(1) Par *dépenses extraordinaires* on ne doit pas entendre ici seulement les dépenses qui prennent cette désignation spéciale dans les budgets et les comptes, mais bien toutes les dépenses quelles qu'elles soient, qui n'ont pas été prévues au budget voté par le conseil et approuvé par l'évêque, et sur lesquelles il y a lieu de délibérer dans le cours de l'exercice.

Les marguilliers sont choisis, au scrutin, par le conseil et dans le conseil. Lorsqu'un conseil de fabrique est nommé pour la première fois, ou qu'il est intégralement renouvelé, il doit, aussitôt après sa formation ou son renouvellement intégral, nommer les trois membres du bureau. (D. du 30 déc. 1809, art. 11.)

Chaque année, le dimanche de *Quasimodo*, l'un des marguilliers cesse d'être membre du bureau, et est remplacé. (*Idem*, art. 15 ; — O. du 12 janvier 1825, art. 2.) — *Voy.* au Formulaire le n° 7.

Des trois marguilliers qui sont pour la première fois nommés par le conseil, deux sortent successivement par la voie du sort, à la fin de la première et de la seconde année, et le troisième sort de droit la troisième année révolue. (D. du 30 déc. 1809, art. 16.)

Dans la suite, c'est toujours le marguillier le plus ancien en exercice qui doit sortir. (*Idem*, art. 17.)

Le marguillier sortant peut toujours être réélu.

Lorsque l'élection n'est pas faite à l'époque fixée, il y est pourvu par l'évêque. (*Idem*, art. 18.)

Dans le cas de vacance par mort ou démission, l'élection en remplacement doit être faite dans la première séance du conseil de fabrique qui suit la vacance. Si, un mois après, le conseil n'a pas procédé à l'élection, l'évêque nomme (1). Le nouveau marguillier n'est élu que pour le temps qui restait à celui

---

(1) Le bureau, devant toujours être en activité, doit toujours être au complet. Ainsi, lorsqu'il y a vacance pour mort ou démission, il doit être à l'instant pourvu au remplacement. (Décision ministérielle du 18 février 1812.)

qu'il remplace. (O. du 12 janvier 1825, art. 3 et 4.)

Ne peuvent être, en même temps, membres du bureau, les parents et alliés jusques et y compris le degré d'oncle et de neveu. (D. du 30 déc. 1809, art. 14.)

L'organisation intérieure du bureau n'appartient pas au conseil ; il doit se borner à nommer les membres qui doivent le composer, sans leur assigner leurs fonctions. Ce sont les marguilliers qui se les distribuent eux-mêmes.

Ils nomment entre eux un président, un secrétaire et un trésorier. (D. du 30 déc. 1809, art. 19.) — *Voy.* au Formulaire le n° 9.

Dans les paroisses où l'usage existe de nommer des marguilliers d'honneur, il peut en être choisi deux par le conseil parmi les principaux fonctionnaires publics domiciliés dans la paroisse. Ces marguilliers, ainsi que les membres du conseil, ont une place au banc de l'œuvre, dans lequel le curé occupe la première place. (*Idem*, art. 21.)

SECTION II.

Des séances du bureau.

Le bureau s'assemble tous les mois, à l'issue de la messe paroissiale, au lieu indiqué pour la tenue des séances du conseil. (D. du 30 déc. 1809, art. 22.)

Dans les cas extraordinaires, le bureau est convoqué soit d'office par le président, soit sur la demande du curé ou desservant. (*Idem*, art. 23.)

Les membres du bureau ne peuvent délibérer s'ils ne sont au moins au nombre de trois. En cas de partage, le président a voix prépondérante. Toutes les délibérations doivent être signées par les membres présents. (D. du 30 déc. 1809, art. 20.)

Les délibérations du bureau sont rédigées sur un registre coté et parafé par le président. Ce registre doit être distinct de celui des délibérations du conseil. Les règles qui ont été indiquées au chapitre précédent pour la rédaction des délibérations du conseil s'appliquent également aux délibérations du bureau. — *Voy.* au Formulaire le n° 5.

SECTION III.

Fonctions du bureau.

Le bureau des marguilliers dresse le budget de la fabrique et prépare les affaires qui doivent être portées au conseil ; il est chargé de l'exécution des délibérations du conseil et de l'administration journalière du temporel de la paroisse. (D. du 30 déc. 1809, art. 24.)

Les marguilliers sont chargés de veiller à ce que toutes les fondations soient fidèlement acquittées et exécutées suivant l'intention des fondateurs, sans que les sommes puissent être employées à d'autres charges. (*Idem*, art. 26.)

Ils fournissent l'huile, le vin, le pain, l'encens, la cire, et généralement tous les objets de consommation nécessaires à l'exercice du culte ; ils pourvoient également aux réparations et achats des ornements, meubles et ustensiles de l'église et de la sacristie. (D. du 30 déc. 1809, art. 27.)

Tous les marchés sont arrêtés par le bureau des marguilliers, et signés par le président, ainsi que les mandats. (*Idem*, art. 28.)

Le bureau doit constater la prise de possession du curé ou desservant et l'installation des vicaires rétribués par l'État, et envoyer une expédition de chaque procès-verbal de prise de possession ou installation à l'évêque et au préfet, pour servir à la formation des états de traitements. (O. du 13 mars 1832.) — *Voy.* au Formulaire le n° 10.

Il nomme les prédicateurs sur la proposition du curé ou desservant, et détermine leurs honoraires, ainsi que ceux des prêtres habitués. (D. du 30 déc. 1809, art. 32.)

Dans les villes, il nomme et révoque l'organiste, les chantres, les sonneurs, les bedeaux, les suisses et autres serviteurs, sur la proposition du curé ; dans les communes rurales, ces nomination et révocation appartiennent au curé, desservant ou vicaire chapelain. (D. du 30 déc. 1809. art. 33 ; — O. du 12 janv. 1825, art. 7.)

Le bureau doit examiner, tous les trimestres, les bordereaux présentés, par le trésorier, de la situation active et passive de la fabrique pour le trimestre précédent. Le bureau détermine, dans la même séance, les sommes nécessaires pour les dépenses du trimestre suivant. (D. du 30 déc. 1809, art. 34.)

Les marguilliers, et spécialement le trésorier, sont tenus de veiller à ce que toutes les réparations soient bien et promptement faites. Ils pourvoient sur-le-champ, et par économie, aux réparations locatives ou autres qui n'excèdent pas 50 francs dans les paroisses de moins de mille âmes, et de 100 francs dans celles d'une population supérieure, mais sans préjudice toutefois des dépenses réglées pour le culte. (D. du 30 déc. 1809, art. 41.)

Le bureau règle le prix des chaises de l'église aux différents offices, sauf l'approbation du conseil; il remplit les formalités prescrites pour la mise en ferme des chaises et des bancs, ou pour les concessions de places et de bancs dans l'église. (*Idem*, art. 64, 69 et 70.)

Il donne son avis sur les dons et legs qui sont faits à la fabrique. (*Idem*, art. 59.)

Le bureau est chargé d'affermer, de régir et d'administrer les maisons et biens ruraux appartenant à la fabrique. (*Idem*, art. 60.)

Il fait les baux emphytéotiques, les aliénations ou acquisitions, après avoir obtenu la sanction du conseil, pris l'avis de l'évêque, et obtenu l'autorisation de l'empereur. (*Idem*, art. 62.)

Il soutient les procès intentés à la fabrique ou par elle, après avoir reçu l'autorisation du conseil de préfecture. (*Idem*, art. 77.)

Enfin il veille à la conservation des deniers, des titres et autres objets appartenant à la fabrique. (*Idem*, art. 50 et 57.)

§ Ier. — Fonctions du président et du secrétaire.

Le président du bureau a, dans les réunions du bureau, les mêmes prérogatives dont le président du conseil jouit dans les assemblées qu'il préside.

Il est seul ordonnateur des dépenses. Aucun payement ne peut, en conséquence, être fait sur les fonds de la fabrique qu'en vertu d'une ordonnance ou mandat de payement par lui délivré.

Tous les marchés sont signés par lui, après qu'ils ont été arrêtés par le bureau des marguilliers. (D. du 30 déc. 1809, art. 28.)

Il doit avoir une des trois clefs de la caisse ou armoire qui contient les deniers de la fabrique. (*Idem*, art. 50.)

C'est à lui qu'il appartient de viser et de coter les registres du trésorier, et le registre des délibérations du bureau (1).

Le secrétaire est chargé de la rédaction des délibérations qui sont prises par le bureau ; il doit aussi tenir un sommier sur lequel sont inscrits les baux à ferme ou à loyer, les titres des biens-fonds, des rentes, des fondations, des dons et legs, et des autres revenus fixes de la fabrique. (D. du 30 déc. 1809, art. 56.)

Le secrétaire du bureau peut être le même que celui du conseil.

---

(1) Dans quelques fabriques, on fait coter, viser et arrêter les registres par le président du conseil; nous pensons qu'il y a là irrégularité et que cette formalité doit être remplie, ainsi qu'il a été décidé pour les établissements de bienfaisance, par l'ordonnateur des dépenses.

§ II. — Fonctions du trésorier.

Le trésorier est chargé de procurer la rentrée de toutes les sommes dues à la fabrique, soit comme faisant partie de son revenu annuel, soit à tout autre titre. Par suite, il lui appartient de faire tous actes conservatoires pour le maintien des droits de la fabrique, et toutes diligences nécessaires pour le recouvrement de ses revenus. (D. du 30 déc. 1809, art. 25 et 78.)

Le trésorier est également chargé d'acquitter les dépenses, mais seulement après qu'elles ont été mandatées par le président du bureau. (*Idem*, art. 28.)

Toute la dépense de l'église et les frais de sacristie sont faits par le trésorier, et en conséquence il n'est rien fourni par aucun marchand ou artisan sans un mandat du trésorier (1), au pied duquel le sacristain, ou toute personne apte à recevoir la livraison, certifie que le contenu audit mandat a été rempli. (*Idem*, art. 35.)

Comme chargé des recettes et des dépenses, le trésorier a des comptes à rendre; il doit, en conséquence, présenter au bureau, le premier dimanche du mois de mars de chaque année, son compte pour l'année précédente : ce compte est communiqué au conseil, avec les pièces justificatives, le dimanche de

---

(1) Il ne faut pas confondre le mandat de dépense et le mandat de payement. Le premier, qui appartient au trésorier et s'adresse à un ouvrier ou à un marchand, prescrit une fourniture; le second, qui appartient au président du bureau et s'adresse au trésorier, prescrit à celui-ci de faire le payement d'une dépense effectuée.

Quasimodo. (D. du 30 déc. 1809, art. 85 ; — O. du 12 janvier 1825, art. 2.)

Il doit en outre rédiger, à l'expiration de chaque trimestre, et présenter au bureau un bordereau de la situation active et passive de la fabrique. (*Idem*, art. 34.)

Lorsque des dons ou legs sont faits à la fabrique, c'est au trésorier qu'il appartient de réunir tous les documents propres à éclairer le bureau sur la question d'acceptation. C'est sur son rapport que le bureau rédige sa délibération, qui est ensuite transmise au sous-préfet ; c'est lui qui doit accepter au nom de la fabrique lorsque la donation est autorisée et s'en mettre en possession selon les formes prescrites par le Code civil. (D. du 30 déc. 1809, art. 59 ; — Instruction du 12 avril 1819.)

Le trésorier est chargé de défendre devant les tribunaux les droits de la fabrique : dans ce cas, il doit exposer au conseil de la fabrique les motifs qu'elle a de soutenir ou d'intenter un procès. Si le conseil juge à propos de plaider, la délibération prise est transmise au préfet, qui fait décider par le conseil de préfecture s'il est avantageux à la fabrique de soutenir le procès. Ce n'est pas au nom du trésorier, c'est au nom de la fabrique que le procès doit être soutenu ; mais c'est au premier à faire toutes les diligences nécessaires. (D. du 30 déc. 1809, art. 78 et 79.)

Enfin le trésorier doit veiller à la conservation des titres, des propriétés et des deniers de la fabrique. Il est responsable des fonds qu'il recouvre tant qu'ils restent entre ses mains ; sa responsabilité ne cesse que lorsqu'il en a fait l'emploi régulier, ou effectué le dépôt dans la caisse de la fabrique sur un récépissé des autres membres du bureau.

On voit par ce qui précède que le trésorier ne se borne pas à la recette des fonds, et qu'il est chargé, sauf les délégations et autorisations requises, de la défense de tous les droits réels de la fabrique. Comme membre du bureau et du conseil, il concourt d'ailleurs à toutes les délibérations de l'administration fabricienne.

Ces diverses attributions lui imposent d'importantes obligations, une constante sollicitude ; elles exigent de lui des notions toutes spéciales qu'il ne peut acquérir que par l'étude et par la pratique. Ainsi, lorsqu'une fabrique a trouvé dans son sein un comptable zélé et capable, il est de son intérêt de le maintenir aussi longtemps que possible dans ses honorables fonctions. Rien ne s'oppose à ce qu'il les conserve tant qu'il fait partie de la fabrique, puisque, lors même qu'il sortirait du bureau après trois ans d'exercice, il est toujours rééligible soit par le conseil comme marguillier, soit par le bureau comme trésorier.

§ III. — Fonctions et priviléges du curé dans le bureau.

Le curé, membre de droit du bureau, y occupe la première place après le président ; il y a voix délibérative comme les autres membres, et peut s'y faire remplacer par un de ses vicaires.

Le curé a de plus dans le bureau des **attributions** spéciales.

C'est à lui qu'il appartient de proposer les dépenses nécessaires à l'exercice du culte ; il dresse à cet effet un état qui doit contenir le détail de tous les objets de consommation, d'achat ou de réparations d'ornement, d'ustensiles d'église et de meubles, lequel est porté ensuite au budget annuel. (D. du 30 déc. 1809, art. 45.)

Il prévient le bureau des réparations nécessaires à l'église, afin que celui-ci prenne les moyens de droit pour y pourvoir.

Le curé doit veiller, concuremment avec le président du bureau et le trésorier, à la conservation des titres et des deniers de la fabrique. (*Idem*, art. 50.)

Il doit avoir une clef de la caisse qui renferme les deniers de la fabrique, et un double de l'inventaire du mobilier de l'église et de la sacristie ; il signe le récolement annuel qui doit être fait de cet inventaire. (*Idem*, art. 55.)

Chaque pièce transcrite par le secrétaire du bureau sur le sommier des titres de la fabrique est signée et certifiée conforme à l'original par le curé ou desservant, de même que par le président du bureau. (*Idem*, art. 56.)

Tout notaire devant lequel il a été passé un acte contenant donation entre-vifs ou disposition testamentaire au profit de la fabrique est tenu d'en donner avis au curé ou desservant. (*Idem*, art. 58.)

Il agrée les prêtres habitués qui ont des pouvoirs

de l'évêque et qui sont autorisés à exercer dans la paroisse. (D. du 30 déc. 1809, art. 33.)

Dans les paroisses rurales, il a seul droit de nommer et de révoquer les serviteurs de l'église. Dans les villes, le bureau ne peut les nommer ou les révoquer que sur la proposition du curé ou desservant. (*Idem*, art. 33; — O. du 12 janv. 1825, art. 7.)

Le curé fixe le placement des bancs et des chaises dans l'église, sauf le recours à l'évêque. (D. du 30 déc. 1809, art. 30.)

Il occupe la première place au banc de l'œuvre (*Idem*, art. 21.)

Le curé ayant la responsabilité de tous les objets enfermés dans l'église, c'est à lui seul naturellement qu'il appartient d'en avoir la clef.

Le droit de régler la sonnerie appartient aussi au curé, qui doit être seul dépositaire de la clef du clocher.

TITRE II.

Des biens des fabriques.

Les biens des fabriques sont ceux à la propriété ou au produit desquels elles ont un droit acquis.

Les règles qui s'appliquent à la régie des différentes sortes de biens que les fabriques peuvent posséder sont indiquées, pour chaque espèce d'actes, aux titres III et IV ci-après, relatifs, l'un aux recettes l'autre aux dépenses des fabriques.

Nous nous bornerons à émettre ici quelques notions générales sur la propriété des églises, presbytères et cimetières, ainsi que sur les biens-fonds et les rentes que l'on désigne le plus communément sous le nom de *biens de fabriques*, et à indiquer les mesures que la loi a prescrites pour la surveillance et la conservation des deniers, des titres et du mobilier des fabriques,

CHAPITRE Ier. — Des biens-fonds.

Il y a des biens-fonds sur lesquels la fabrique exerce seulement certains droits sans en avoir la propriété : tels sont l'église, le presbytère et le cimetière, lorsqu'ils appartiennent à la commune ; et d'autres qui appartiennent à la fabrique, soit à titre de propriété, soit à titre d'usufruit.

SECTION Ire.

De l'église, du presbytère et du cimetière.

§ Ier. — Propriété de l'église et du presbytère.

Les églises et les presbytères de nos paroisses sont, pour la plupart, d'anciens édifices destinés au culte qui, par suite des lois révolutionnaires prononçant la confiscation des biens ecclésiastiques, étaient tombés entre les mains de la nation, et qui furent rendus à leur destination en exécution de l'article 72 de la loi du 18 germinal an x. La question de savoir à qui, des communes ou des fabriques, appartient la propriété de ces édifices, a été résolue en faveur des communes par les avis du conseil d'État des 3 nivôse, 4 pluviôse an XIII et 3 novembre 1836. Après la construction d'une nouvelle église, c'est donc à la commune qu'il appartiendrait de disposer de l'ancienne église et de la vendre s'il y avait lieu.

Aux termes d'un décret du 30 mai 1806, les églises et les presbytères des anciennes paroisses qui n'ont pas été rétablies à la suite de la nouvelle organisation ecclésiastique, effectuée en vertu de la loi du 18 germinal an x, et des décrets des 11 prairial an xii, 5 nivôse an xiii et 3 septembre 1807, appartiennent aux fabriques des églises auxquelles ont été réunies les églises ainsi supprimées. Ces fabriques peuvent disposer de ces bâtiments, ainsi que des emplacements sur lesquels ils sont construits, soit en les louant, soit en les échangeant ou les aliénant. Mais, si les anciennes églises étaient de nouveau affectées au culte, la commune devrait dès lors être considérée comme propriétaire, la disposition du décret du 30 mai 1806 cessant d'avoir son effet en vertu de l'article 75 de la loi du 18 germinal an x et par suite de l'affectation nouvelle. (Avis du comité de législation du conseil d'État, du 12 février 1841.)

Les communes sont, en outre, propriétaires des églises et des presbytères qu'elles ont fait construire, depuis le rétablissement du culte en l'an x, soit à l'aide d'impositions ou autres ressources locales, soit à l'aide des secours qui leur ont été accordés par le gouvernement sur les fonds de l'État.

Les fabriques, de leur côté, ont la propriété des églises et des presbytères qui, depuis la même époque de l'an x, ont été construits ou acquis par elles, de leurs deniers, ou qui leur ont été donnés ou légués. Il en est de même des presbytères dans lesquels des fabriques ont établi leurs curés, en consacrant à cette destination des bâtiments qui déjà étaient antérieurement leur propriété.

Quant aux édifices qui ont été donnés ou légués aux curés ou desservants, en cette qualité, pour être consacrés à servir de presbytère, ils n'appartiennent niaux communes ni aux fabriques; ils constituent des biens de cures ou de succursales, et sont régis conformément au décret du 6 novembre 1813.

Mais s'il y a lieu d'établir, relativement à la propriété des églises et des presbytères, les diverses distinctions ci-dessus, ces distinctions sont sans aucune influence relativement à la jouissance de ces édifices et aux conditions indispensables à remplir, soit pour en changer la destination, soit pour en distraire une partie quelconque.

Du moment où un presbytère a été légalement affecté à cette destination, que ce presbytère soit la propriété de la commune ou de la fabrique, aucune partie, ne peut en être distraite, s'il y a opposition de l'évêque, qu'en vertu d'un décret impérial, le conseil d'État entendu. Toute demande à cet effet doit être revêtue de l'avis de l'évêque et du préfet, et accompagnée d'un plan qui figure le logement à laisser au curé ou desservant, et la distribution à faire pour isoler le logement. Le préfet a le droit de statder, lorsqu'il n'y a pas opposition de l'évêque. (O. du 3 mars 1825; D. 25 mars 1852, tableau A, n° 45.)

Les mêmes principes sont applicables aux églises. Le droit de propriété, qui appartient aux communes, n'a pas pour effet de leur donner la facilité de retirer ces édifices au culte catholique, qui en a la jouissance, pour les affecter à tout autre objet.

Si la fabrique est propriétaire du presbytère, elle en a la jouissance pendant la vacance de la cure ; si la commune est propriétaire, elle en a également la jouissance pendant le même temps. La commune ou la fabrique peut l'affermer, en y mettant la condition expresse que le locataire le rendra immédiatement, s'il est nommé un desservant, ou si l'évêque autorise un curé, vicaire ou desservant voisin à y biner.

§ II. — Du cimetière.

Suivant la jurisprudence du comité de l'intérieur du conseil d'État, la propriété des cimetières appartient toujours aux communes, attendu qu'ils servent à tous les habitants sans distinction de culte ; en conséquence, dit le comité, ils ne sauraient appartenir ni à un hospice, ni à un établissement public, ni, à plus forte raison, à un particulier. (Avis des 22 octobre 1822 ; 12 janvier et 23 mars 1825 ; 7 septembre 1832 et 15 mars 1833.)

Il en résulte qu'une fabrique ne pourrait pas être autorisée à acquérir un cimetière, ni à accepter le legs ou la donation d'un immeuble destiné par le donateur à servir de cimetière. (Avis des 3 mai 1826 et 27 septembre 1833.)

Il en résulte de plus que, si un cimetière avait été acquis par une fabrique ou tout autre établissement par suite d'une autorisation donnée contrairement à cette règle, la commune devrait s'entendre avec cet établissement, lui en rembourser le prix et en devenir propriétaire. (Avis du cons. d'État des 26 octobre 1825 et 15 mars 1833.)

Dans les communes où l'on professe différents cultes, chaque culte doit avoir un lieu d'inhumation particulier ; et, lorsqu'il n'y a qu'un seul cimetière, on doit le partager par des haies, murs ou fossés, en autant de parties qu'il y a de cultes différents, avec une entrée particulière pour chacune. (D. du 23 prairial an XII, art. 15.)

Quant aux enfants morts sans baptême et aux adultes privés de la sépulture ecclésiastique, on peut leur réserver une portion de terrain séparée par un mur ou un fossé dans l'enceinte consacrée au culte catholique. (Avis du cons. d'État, du 29 avril 1831.)

La fabrique n'a pas le droit de faire à des particuliers des concessions de terrain dans les cimetières et de les autoriser à y ériger des monuments ; ce droit appartient à la commune. (D. du 23 prairial an XII, titre III, art. 10.)

Les produits spontanés du cimetière appartiennent à la fabrique. (D. du 30 déc. 1809, art. 36.)

Les frais de premier établissement et la clôture du cimetière sont à la charge de la commune. (L. du 18 juillet 1837, art. 30.)

§ III. — Des charges de la commune par rapport aux réparations de l'église, du presbytère et du cimetière.

Les frais d'entretien de l'église, du presbytère et

du cimetière sont à la charge de la fabrique, sauf, en cas d'insuffisance de ses revenus, son recours à la commune afin d'obtenir le supplément nécessaire. (D. du 30 déc. 1809, art. 37.)

Mais les grosses réparations sont à la charge de la commune. Seulement, si les revenus de la fabrique présentent un excédant après l'acquit des charges ordinaires et du traitement des vicaires légitimement établis, cet excédant doit être affecté aux grosses réparations. Si cet excédant n'est point suffisant, la commune doit compléter la somme nécessaire à la dépense. (*Idem*, art. 46 et 92.)

Lorsque la fabrique est dans le cas de faire un appel à la commune pour les réparations dont elle a reconnu l'urgence, le bureau fait son rapport au conseil, et celui-ci prend une délibération tendant à ce qu'il y soit pourvu par la commune. Cette délibération est envoyée par le président ou par le trésorier au préfet, par l'intermédiaire du sous-préfet. (D. du 30 déc. 1809, art. 49 et 94.) — *Voy.* au Formulaire le n° 66.

Le préfet nomme les gens de l'art par lesquels, en présence du conseil municipal et de l'un des marguilliers, il doit être dressé, le plus promptement possible, un devis estimatif des réparations. Le préfet, sur l'avis du conseil municipal, ordonne, s'il y a lieu, que les réparations soient faites par la commune, et, en conséquence, qu'il soit procédé par l'autorité municipale, en la forme accoutumée, à leur adjudication au rabais. (*Idem*, art. 95.)

SECTION II.

Des biens ruraux, bois et autres propriétés de la fabrique.

Les biens-fonds dont les fabriques ont actuellement la possession sont ou des biens restitués ou des biens acquis depuis le rétablissement du culte en l'an x.

Les biens restitués sont ceux dont les lois des 19-24 août et 3 novembre 1793 avaient prononcé la confiscation au profit de l'État, et qui ont été rendus aux fabriques depuis le 26 juillet 1803, date du premier décret de restitution. Ils comprennent : 1° les biens dont l'aliénation n'avait pas été faite et qui étaient restés entre les mains de l'État; 2° les biens dont les hospices ou des tiers avaient été mis indûment en possession; 3° les biens qui avaient été celés à la régie.

Il est maintenant bien peu de fabriques qui puissent encore réclamer des biens, parce qu'en général la prescription est acquise à ceux qui en restent détenteurs. Cependant une fabrique serait fondée à revendiquer aujourd'hui un immeuble qui lui appartenait autrefois, qui avait été affermé par elle avant sa confiscation, et qui depuis serait toujours resté en la possession du fermier ou de ses héritiers; mais elle devrait préalablement obtenir du préfet un envoi en possession. (Arrêts de cass. des 4 avril 1838 et 13 août 1839.)

Les autres biens dont les fabriques ont pris possession depuis le concordat sont ceux qu'elles ont acquis, soit à titre gratuit, c'est-à-dire par donations ou legs, soit à titre onéreux, c'est-à-dire à prix d'argent, par échange, transaction ou expropriation,

Les maisons et biens ruraux appartenant aux fabriques sont régis et administrés par le bureau des marguilliers, dans la forme déterminée pour les biens communaux. (D. du 30 déc. 1809, art. 60.)

Cette administration comprend : 1° les acquisitions, 2° les aliénations ; 3° les baux et locations ; 4° l'acquit des fondations et autres charges qui pèsent sur les biens. Nous indiquerons plus loin les règles qui sont propres à chacun de ces actes. (*Voy.* p. 63, 87, 116 et 132.)

Il appartient aux marguilliers et particulièrement au trésorier de veiller, comme le ferait un bon père de famille, à ce qu'il ne soit fait ni dégât ni empiétement sur les propriétés, à ce que les fermiers ou locataires se conforment strictement aux clauses stipulées dans les baux, soit pour les réparations locatives des maisons, soit pour la culture des terres, l'entretien des clôtures, etc. Chacun des membres de la fabrique a le droit de proposer, dans les assemblées, les travaux qu'il juge utiles à la conservation et à l'amélioration des biens ; mais il n'appartient à aucun d'eux en particulier, s'il n'y a été dûment autorisé, d'ordonner des ouvrages, de prescrire des changements, lors même qu'ils seraient dans l'intérêt le mieux entendu de la propriété.

Quant aux bois des fabriques, il est des règles particulières pour l'administration et la surveillance de cette nature de propriété ; nous allons les indiquer sommairement.

Les bois qui ont été reconnus susceptibles d'aménagement et d'une exploitation régulière sont soumis au régime des bois de l'Etat; cette reconnaissance a lieu par un arrêté du préfet pris sur la proposition de l'administration forestière et d'après l'avis du conseil de fabrique. Tout changement dans l'aménagement ou dans le mode d'exploitation est assujetti aux mêmes règles. (Code forestier, art. 1 et 90.)

Les fabriques ne peuvent faire aucun défrichement de bois sans l'autorisation du gouvernement. (*Idem*, art. 91.)

Lorsque les fabriques possèdent au moins dix hectares de bois réunis ou divisés, un quart de ces bois est toujours mis en réserve, excepté lorsqu'ils sont entièrement peuplés en arbres résineux. (*Id.*, art. 93.)

Les fabriques entretiennent pour la conservation de leurs bois le nombre de gardes particuliers nécessaire. Ces gardes sont commissionnés par le préfet; ils sont assimilés en tout aux gardes des bois de l'État et soumis à l'autorité des mêmes agents. Leur salaire est à la charge des fabriques. (*Idem*, art. 94, 95, 99 et 108; D. du 25 mars 1852.)

Les coupes, tant ordinaires qu'extraordinaires, dans les bois des fabriques, sont faites et vendues, à la diligence des agents forestiers, dans les formes prescrites pour les bois de l'État. Le produit de ces coupes est principalement affecté au payement des frais de garde et de la contribution assise sur les bois. (Code forestier, art. 100 et 109.)

Il est dû à l'État, pour remboursement des frais d'administration des bois des fabriques soumis au régime forestier, cinq centimes par franc sur les produits principaux de ces bois, sans toutefois que la somme remboursée puisse excéder un franc par hectare de la contenance totale. (L. du 25 juin 1841, art. 5 ; 19 juillet 1845 ; 14 juillet 1856.)

Cette taxe est versée à la caisse du receveur des domaines par le trésorier de la fabrique. Au moyen de cette perception, toutes les opérations de conservation et de régie sont faites, sans aucuns frais, par les agents de l'administration forestière.

CHAPITRE II. — Des rentes.

Les rentes que les fabriques peuvent posséder sont de deux sortes : les rentes sur particuliers, les rentes sur l'État.

SECTION 1re

Rentes sur particuliers.

Ce que nous avons dit au chapitre précédent, page 46, relativement aux biens-fonds restitués depuis le 26 juillet 1803, s'applique également aux rentes constituées qui ont été remises aux fabriques au même titre que ces biens.

Les placements de fonds en rentes sur particuliers étant sujets à de nombreux inconvénients, ce n'est guère que dans le cas où un donateur a assigné cette destination à sa libéralité que ce mode de placement est autorisé.

Les placements de cette nature doivent être autorisés par décret impérial.

Aucun notaire ne peut passer acte de cession, transport ou constitution de rentes au profit d'un établissement ecclésiastique, s'il n'est justifié du décret impérial portant autorisation de l'acte, et qui doit y être entièrement inséré. (O. du 14 janvier 1831, art. 2.)

Les marguilliers, et surtout le trésorier, doivent avoir soin de prévenir les prescriptions à l'égard des rentes qui sont dues à la fabrique, en exigeant des débiteurs des titres nouvels, avant l'expiration des trente années fixées pour la validité des actes : le titre nouvel peut être exigé dès le commencement de la vingt-neuvième année à dater du dernier titre. Ils doivent aussi veiller à ce que les inscriptions hypothécaires prises sur les biens des débiteurs en vertu des titres constitutifs soient renouvelées avant l'expiration des dix années fixées pour leur conservation. Les frais de renouvellement des titres et inscriptions sont à la charge des débiteurs.

Le trésorier, qui aurait négligé d'exiger un titre nouvel assez tôt pour interrompre la prescription à l'égard d'une rente constituée, pourrait être rendu responsable du dommage qui en résulterait pour la fabrique.

C'est également au trésorier qu'il appartient de former tous les actes conservatoires nécessaires pour empêcher les rentes divisées d'être perdues. Si la rente est portée sous le nom d'un seul débiteur et qu'elle ait été divisée depuis sa constitution, il doit rechercher quels sont les héritiers ou ayants cause de celui qui a servi seul la rente à une certaine époque. Il examine ensuite si la fabrique peut user contre eux du privilége de l'hypothèque, ou si elle n'a qu'une action personnelle. S'il y a une hypothèque, alors il réclame la rente de celui qui la doit et, à son défaut, de celui qui possède l'immeuble hypothéqué. Si la fabrique n'a pas d'hypothèque à faire valoir, et que les débiteurs soient solvables, il les force à payer, et, pour assurer la créance à l'avenir, il prend une hypothèque sur les biens de chacun d'eux. Si les débiteurs sont insolvables, ou s'il y a du doute sur la valeur du titre qui établit la rente, la fabrique, avant de faire des frais pour la recouvrer, doit consulter l'évêque.

On trouvera plus loin (pages 95 et 138) l'indication des règles à observer pour les constitutions de rentes sur particuliers, ainsi que pour les remboursements à faire par les débiteurs.

SECTION II.

Rentes sur l'État.

Les fabriques peuvent être propriétaires de rentes sur l'État, soit par suite de donations ou legs, soit par suite d'emploi en rentes de cette nature des capitaux disponibles ou provenant de remboursements faits par des particuliers, d'aliénations, de soultes d'échange, etc.

Aucun transfert, ni inscription de rentes sur l'État, ne peut être effectué au profit d'un établissement ecclésiastique qu'autant qu'il a été autorisé par un décret impérial, ou, lorsqu'il s'agit de fonds provenant d'une libéralité n'excédant pas 1,000 fr., par un arrêté du préfet, dont l'établissement intéressé présente, par l'intermédiaire de son agent de change, expédition en due forme au directeur du grand-livre de la dette inscrite. (O. du 14 janvier 1831, art. 1er; D. 13 avril 1861 et 15 avril 1862.)

Les receveurs généraux des finances sont chargés d'office de faire effectuer pour le compte des particuliers, des communes et des établissements publics, et sans frais, sauf ceux de courtage justifiés par bordereaux d'agent de change, tous les achats et ventes de rentes qui lui sont confiés. (*Voy.* pages 96 et 136.)

CHAPITRE III. — Procès et Transactions.

Les marguilliers ne peuvent entreprendre aucun procès, ni y défendre sans une autorisation du conseil de préfecture. (D. du 30 déc. 1809, art. 77.)

La délibération, qui doit être prise à ce sujet par le conseil et le bureau réunis, est communiquée au conseil municipal pour qu'il donne son avis (L. du 18 juillet 1837, art. 21); elle est ensuite adressée, avec cet avis et les pièces à l'appui de la demande, au conseil de préfecture par l'entremise du sous-préfet.

Si l'autorisation est refusée, la fabrique peut, en vertu d'une nouvelle délibération, se pourvoir au conseil d'État contre la décision du conseil de préfecture.

Les procès sont soutenus au nom de la fabrique,

et les diligences faites à la requête du trésorier, qui donne connaissance de ces procédures au bureau. (D. du 30 déc. 1809, art. 79.)

Toutes contestations relatives à la propriété des biens, et toutes poursuites à fin de recouvrement des revenus, sont portées devant les juges ordinaires. (*Idem.*, art. 80.)

Une nouvelle autorisation est nécessaire pour appeler d'un jugement rendu. (Avis du conseil d'État, du 30 octobre 1823.)

Aucune transaction ne peut être consentie par les fabriques, sans avoir été précédée d'une consultation de trois jurisconsultes désignés par le préfet, de la délibération du conseil de fabrique, de l'avis du conseil municipal et de celui du conseil de préfecture. La transaction est autorisée par arrêté du préfet. (L. 18 juillet 1837, art. 21, § 5; D. 25 mars 1852, art. 1er, tableau A, § 43; Avis du comité de l'int. du conseil d'État, des 17 déc. 1830 et 12 avril 1833.)

L'acte de transaction doit être passé devant notaire; il ne devient exécutoire qu'après l'homologation du préfet.

CHAPITRE IV. — Surveillance et conservation des titres, des deniers et du mobilier de la fabrique.

Les moyens de surveillance et de conservation des deniers, des titres et du mobilier de l'église sont : 1° la caisse de la fabrique; 2° l'armoire des titres ; 3° le sommier des titres ; 4° les inventaires et récolements du mobilier et des archives.

§ 1er. — Caisse de la fabrique. — Placement des fonds libres au Trésor.

Chaque fabrique a une caisse ou armoire fermant à trois clefs (1), dont une reste dans les mains du trésorier, l'autre dans celles du curé ou desservant, et la troisième dans celles du président du bureau. (D. du 30 déc. 1809, art. 50.)

Sont déposés dans cette caisse tous les deniers appartenant à la fabrique, ainsi que les clefs des troncs des églises. (*Idem*, art. 51.)

Nulle somme ne peut être extraite de la caisse sans autorisation du bureau, et sans un récépissé qui y reste déposé. (*Idem*, art. 52.)

Le trésorier a droit d'exiger pareillement pour sa décharge un récépissé des sommes qu'il verse à la caisse. — *Voy.* au Formulaire les nos 86 et 87.

Si le trésorier n'a pas dans les mains la somme fixée à chaque trimestre par le bureau pour la dépense courante, ce qui manque est extrait de la caisse, comme aussi ce qu'il se trouverait avoir d'excédant est versé dans cette caisse. (D. du 30 décembre 1809, art. 53.)

Comme on le voit, tous les fonds libres des fabriques doivent être déposés dans la caisse ou armoire à trois clefs.

---

(1) La caisse de la fabrique doit être placée au siège de l'administration, c'est-à-dire dans le lieu des réunions du conseil et du bureau; on doit prendre toutes les précautions convenables pour la sûreté des deniers.

Cependant les fabriques qui ne voudraient pas laisser ces fonds improductifs ont la faculté, comme les communes et les hospices, de les placer en compte courant avec intérêts au Trésor public.

A cet effet, le trésorier verse au receveur des finances de l'arrondissement, qui lui en délivre un récépissé à talon, toute somme disponible s'élevant à 100 francs au moins.

Ce récépissé est déposé dans la caisse, où il représente le montant des fonds placés.

Lorsque les besoins de la fabrique exigent qu'une partie ou la totalité des fonds soit remboursée par le Trésor, le remboursement est effectué par le receveur des finances sur la présentation d'un mandat délivré par l'évêque, ou par le vicaire général qui serait appelé à le suppléer pour cet objet. (Décis. minist. du 6 déc. 1856.)

§ II. — Armoire des titres.

Sont aussi déposés dans une caisse ou armoire les papiers, titres et documents concernant les revenus et affaires de la fabrique, et notamment les comptes avec les pièces justificatives, les registres des délibérations autres que les registres courants, le sommier des titres et les inventaires ou récolements dont il est mention ci-après. (D. du 30 déc. 1809, art. 54.)

Nul titre ni pièce ne peut être extrait de l'armoire sans un récépissé qui fait mention de la pièce retirée, de la délibération du bureau par laquelle cette extraction a été autorisée, de la qualité de celui qui s'en charge et signe le récépissé, de la raison pour laquelle elle a été tirée de ladite armoire; et, si c'est pour un procès, le tribunal et le nom de l'avoué sont désignés.

Ce récépissé, ainsi que la décharge au temps de la remise, sont inscrits sur le sommier ou registre des titres. (D. du 30 déc. 1809, art. 57.)

L'armoire des titres doit, comme la caisse, être placée dans le lieu des réunions du conseil et du bureau.

Il n'est pas nécessaire qu'elle ferme à trois clefs.

Une seule armoire suffit ordinairement, surtout dans les paroisses de la campagne, pour recevoir les deniers, les clefs des troncs, ainsi que les titres et papiers de la fabrique.

§ III. — Sommier des titres.

Le secrétaire du bureau doit transcrire, par suite de numéros et par ordre de dates, sur un registre sommier : 1° les actes de fondation, et généralement tous les titres de propriété; 2° les baux à ferme ou loyer.

La transcription est entre deux marges, qui servent pour y porter, dans l'une les revenus, et dans l'autre les charges.

Chaque pièce est signée et certifiée conforme à l'original par le curé ou desservant, et par le président du bureau. (D. du 30 déc. 1809, art. 56.)

Ce registre, ainsi qu'il est dit au paragraphe précédent, doit être déposé dans l'armoire des titres.

§ IV. — Inventaires du mobilier de l'église et des archives. — Récolements annuels.

Il est fait dans chaque fabrique, et sans frais, deux inventaires, l'un des ornements, linges, vases sacrés, argenterie, ustensiles, et en général de tout le mobilier de l'église ; l'autre des titres, papiers et renseignements, avec mention des biens contenus dans chaque titre, du revenu qu'ils produisent, de la fondation à la charge de laquelle les biens ont été donnés à la fabrique. Un double inventaire du mobilier est remis au curé ou desservant.

Il est fait, tous les ans, un récolement desdits inventaires, afin d'y porter les additions, réformes ou autres changements ; ces inventaires ou récolements sont signés par le curé ou desservant et par le président du bureau. (D. du 30 déc. 1809, art. 55.)

Les deux inventaires et les récolements annuels sont faits par le bureau des marguilliers ; c'est, par conséquent, au secrétaire du bureau qu'il appartient d'en rédiger les actes.

Dans la rédaction, il convient d'adopter un mode de nomenclature uniforme. Ainsi, l'inventaire des objets mobiliers peut être divisé en trois parties : la première comprend les ornements, linges d'autel et tentures ; la deuxième, les vases sacrés, argenterie et ustensiles ; la troisième, les meubles de l'église et de la sacristie. Il est bon de rappeler, autant que possible, la date de l'achat de chaque objet, le prix d'acquisition ou la valeur estimative. On réserve à cet effet deux colonnes distinctes dans l'inventaire.

L'inventaire des archives peut également présenter trois divisions principales : la première, pour les titres de propriété, de rentes, les baux, marchés, adjudications, transactions, etc.; la seconde, pour les actes de l'administration et la comptabilité ; la troisième, pour la correspondance et les pièces diverses qui n'ont pu trouver place dans les deux divisions précédentes.

Une ou plusieurs pages, selon la quantité des objets, sont consacrées à chaque division, et des pages blanches sont laissées à la suite pour y porter, lors des récolements annuels, les objets qui n'auraient pas encore été inscrits. Ces additions forment autant de suppléments qui doivent être certifiés et signés par les membres du bureau comme l'inventaire principal. Les objets manquants ou hors de service, lors des récolements, sont également signalés.

Nous donnons au Formulaire, sous les n°s 11 et 12, les modèles des deux inventaires. On verra, en les examinant, de quelle manière doivent être consignées les diverses énonciations. Nous ferons observer, toutefois, que les détails doivent être plus nombreux et plus développés suivant que les objets sont plus précieux et plus importants.

TITRE III

Des recettes des fabriques.

CHAPITRE Ier. — Nomenclature et division des recettes.

Les recettes des fabriques sont ordinaires ou extraordinaires.

Les recettes ordinaires se composent :

1° Du prix de ferme des maisons et des biens ruraux ;

2° Du prix des coupes ordinaires de bois ;

3° Des intérêts de rentes sur particuliers ;

4° Des arrérages de rentes sur l'Etat.

5° Des intérêts des fonds placés en compte courant au Trésor ;

6° Du produit spontané des terrains servant de cimetière et des menus produits ruraux et forestiers ;

7° Du produit annuel des concessions de places et de bancs dans l'église ;

8° Du produit annuel de la location des chaises ;

9° Du produit des quêtes pour les frais du culte ;

10° Du produit des troncs placés dans l'**église** pour les frais du culte ;

11° Du produit des oblations en usage dans **la** paroisse ;

12° Du casuel de la fabrique d'après le tarif ;

13° Des droits de la fabrique dans les frais d'inhumation ;

14° Du produit des droits sur la sonnerie ;

15° De la cire revenant à la fabrique ;

16° Du supplément donné par la commune.

Les recettes extraordinaires se composent :

1° De l'excédant des recettes sur les dépenses de l'exercice antérieur ;

2° Du prix des coupes extraordinaires de bois ;

3° Du prix des biens aliénés ;

4° Des dons et legs en argent ;

5° Du remboursement des capitaux exigibles et des rachats de rentes ;

6° Du prix de vente des inscriptions de **rentes** sur l'État ;

7° Du montant des emprunts ;

Et de toutes recettes accidentelles.

Nous allons exposer les règles générales relatives à la perception des produits, et indiquer ensuite les formes à suivre pour l'assiette des droits de la fabrique sur chaque branche de ses revenus, ainsi que les moyens de recouvrement propres à chacun d'eux.

CHAPITRE II. — De la perception des revenus.

Le trésorier est seul chargé de procurer la rentrée de toutes les sommes dues à la fabrique, soit comme faisant partie de son revenu annuel, soit à tout autre titre. (D. du 30 déc. 1809, art. 25.)

Pour remplir cette partie de ses obligations, le trésorier doit avoir : 1° une expédition du budget de la fabrique; 2° une copie du tarif de ses droits casuels; 3° un sommier contenant l'analyse des titres. Il est autorisé à demander, au besoin, que les originaux des baux et autres actes déposés dans l'armoire des titres lui soient remis sur son récépissé.

Le trésorier est tenu de faire tous actes conservatoires pour le maintien des droits de la fabrique, et toutes diligences nécessaires pour le recouvrement de ses revenus. (D. du 30 déc. 1809, art. 78.)

§ Ier. — Quittances du trésorier. — Enregistrement des recettes.

Les quittances du trésorier sont sur papier libre et sans frais, tant que la recette n'excède pas dix francs et qu'elle n'a pas pour objet un à-compte ou un payement final sur une plus forte dette.

Lorsque la recette excède dix francs, ou lorsque, étant inférieure à dix francs, elle a pour objet, soit un à-compte, soit un payement pour solde sur une plus forte dette, la quittance doit être sur papier timbré. (L. du 13 brumaire an VII, art. 16.)

Le prix du timbre de la quittance est à la charge de la partie versante ; si elle se refuse à le payer, il n'est fourni ni reçu ni quittance.

Les quittances du trésorier, pour plus d'ordre et de facilité, peuvent être détachées d'un journal à souche.

Le montant des fonds perçus pour le compte de la fabrique, à quelque titre que ce soit, est, en outre, au fur et à mesure de la rentrée, inscrit avec la date du jour et du mois sur un registre coté et parafé, qui demeure entre les mains du trésorier. (D. du 30 déc. 1809, art. 74.)

On verra plus loin, titre vi, quelles sont les formes à suivre pour la tenue de ce registre.

II. — Des poursuites à exercer contre les débiteurs en retard.

Les fabriques sont, pour le recouvrement de leurs revenus, sous l'empire du droit commun.

Le trésorier doit exercer, en se conformant aux règles ordinaires de la procédure, les poursuites nécessaires contre le débiteur en retard.

Ces poursuites ont trois degrés que le trésorier porteur de titres exécutoires peut employer : le commandement par ministère d'huissier, la saisie-exécution des meubles, et la vente.

Il doit, pour ces deux derniers degrés, observer toutes les formalités prescrites par le Code de procédure civile.

Lorsqu'il y a lieu de procéder à des poursuites judiciaires autres que celles dont il vient d'être parlé, ces poursuites sont également exercées par le trésorier, mais avec l'autorisation du conseil de préfecture.

Il appartient aussi au trésorier, dûment autorisé par le conseil de préfecture, de suivre devant les tribunaux les contestations qui naîtraient d'oppositions légales formées par les débiteurs contre les poursuites dont ils auraient été l'objet. — (*Voy.* p. 52.)

CHAPITRE III. — Assiette des revenus et moyens de recouvrement propres à chacun d'eux.

SECTION 1re.

Recettes ordinaires.

§ Ier. — Prix de ferme des maisons et des biens ruraux.

Les maisons, usines, prés et autres biens ruraux appartenant aux fabriques sont affermés par le bureau des marguilliers dans la forme déterminée pour les biens communaux. (D. du 30 déc. 1809, art. 60.)

Lorsque la durée des baux n'excède pas dix-huit années pour les biens ruraux, et neuf ans pour les autres biens, il suffit, pour autoriser la mise en ferme, que la proposition du bureau soit approuvée par le préfet. Les baux de plus longue durée sont proposés par le bureau, délibérés par le conseil et approuvés par un décret impérial, sur l'avis de l'évêque diocésain. (L. du 18 juillet 1837, art. 17, 19 et 47.)

La mise en ferme est faite sous les clauses et conditions insérées dans un cahier des charges dressé par le bureau, et homologué par le préfet, sur l'avis du sous-préfet. (O. du 7 octobre 1818, art. 2.)

Le cahier des charges détermine le mode et les conditions de payements à faire par l'adjudicataire, et lui impose l'obligation de fournir un cautionnement.

Le bail doit être annoncé un mois d'avance par des publications, de dimanche en dimanche, à la porte de l'église paroissiale et à celles des principales églises les plus voisines, et par des affiches, de quinzaine en quinzaine, aux lieux accoutumés. (L. du 5 novembre 1790, art. 13.)

Les affiches sont sur papier de couleur, au timbre de dimension. Le prix de la feuille de 25 décimètres carrés de superficie est de 10 centimes ; celui de la demi-feuille, de 5 centimes.

Un extrait de l'affiche est en outre inséré dans le journal du lieu de la situation de l'immeuble, et, à son défaut, dans le journal du département. (D. du 12 août 1807, art. 3.)

Le jour indiqué par les affiches, le bureau des marguilliers procède à l'adjudication du bail, à la chaleur des enchères. (O. du 7 octobre 1818, art. 3.) — *Voy.* au Formulaire les n°s 13, 14, 15 et 16.

Aucun membre du bureau ne peut se porter adjudicataire. (D. du 30 décembre 1809, art. 61.)

L'adjudication n'est définitive qu'après avoir été approuvée par le préfet du département. (L. du 18 juillet 1837, art. 47.)

Après cette approbation, acte de l'adjudication doit être passé immédiatement entre le président du bureau et l'adjudicataire, devant le notaire désigné par le préfet. (O. du 7 octobre 1818, art. 5.)

On peut, toutefois, éviter de passer cet acte ultérieur en appelant un notaire à l'adjudication, laquelle est faite néanmoins en présence du bureau des marguilliers.

Dans le délai de vingt jours, à dater de la réception de l'approbation du préfet, le bail doit être enregistré aux frais de l'adjudicataire.

Le trésorier est tenu de suivre, en vertu des actes d'adjudication, le payement aux échéances du prix stipulé en faveur de la fabrique.

Lorsqu'il s'agit d'un bail dont la durée excède dix-huit années pour les biens ruraux, et neuf ans pour les autres biens, son autorisation est soumise aux formalités suivantes :

La délibération du conseil doit être suivie d'une enquête *de commodo et incommodo* ordonnée par le sous-préfet. Le juge de paix est ordinairement désigné comme commissaire-enquêteur ; il est assisté du trésorier. L'enquête est annoncée par des affiches apposées huit jours auparavant. Chacun est admis à émettre son avis sur le projet de bail ; les déclarations pour ou contre le projet sont consignées dans un procès-verbal et signées par le déclarant et par le commissaire ; ce procès-verbal est transmis au préfet avec la délibération du conseil et l'avis du sous-préfet.

Le préfet, après avoir pris l'avis de l'évêque, émet aussi son opinion sur le projet de bail et transmet toutes les pièces au ministre des cultes, sur le rapport duquel il est statué par décret impérial.

Les formalités relatives à l'adjudication sont les mêmes que celles qui viennent d'être indiquées pour les baux de moindre durée.

§ II. — Coupes ordinaires de bois.

Lorsque les fabriques possèdent des bois soumis au régime forestier, les trois quarts de ces bois sont réglés en coupes ordinaires de taillis au moins de dix ans. Ces coupes sont faites dans les formes prescrites pour les bois de l'État et d'après des procès-verbaux d'assiette, balivage et martelage dressés par les agents de l'administration des forêts. La vente a lieu par voie d'adjudication, devant le préfet ou le sous-préfet de l'arrondissement dans lequel les coupes sont situées, et en présence du trésorier et d'un membre du bureau.

Le cahier des charges de l'adjudication est basé, quant aux conditions générales, sur le modèle approuvé par le ministre des finances pour les coupes de bois de l'État; la formule en est donnée par les instructions de l'administration générale des forêts. Il détermine le mode et les époques de payement à faire à la fabrique par les adjudicataires. Ordinairement, un dixième du prix d'adjudication est payé comptant, et le surplus en traites aux échéances des 31 mars, 30 juin, 30 septembre et 31 dé-

-cembre de l'année qui suit celle de l'adjudication.

Les cahiers des charges imposent, en outre, aux adjudicataires l'obligation de payer les frais accessoires des ventes.

Le prix principal des coupes doit être recouvré directement par le trésorier.

Lorsque des traites ont été souscrites, elles sont déposées dans la caisse de la fabrique jusqu'au moment de leur échéance. En les recevant de l'adjudicataire, le trésorier fait recette de leur montant au compte de la fabrique sur son livre-journal, et elles sont dès lors considérées comme valeurs de portefeuille. Il n'y a plus d'écriture à passer à ce compte, lors du payement des traites ; il s'opère seulement une conversion de valeurs.

En cas de besoin urgent, les traites peuvent être négociées sur l'autorisation du préfet.

§ III. — Intérêts de rentes sur particuliers.

Le revenu qui résulte pour les fabriques des rentes dues par des particuliers est établi par les titres constitutifs qui engagent les particuliers envers les établissements.

Le recouvrement doit en être suivi contre les débiteurs d'après les règles indiquées au chapitre précédent (p. 61).

Les établissements publics étant soumis aux mêmes prescriptions que les particuliers, il s'ensuit qu'il ne peut être dû légalement à une fabrique, par un même débiteur, que cinq années d'arrérages. Le trésorier doit veiller, en conséquence, à ce que la fabrique n'éprouve aucune perte par suite de prescriptions de cette nature.

§ IV. — Arrérages de rentes sur l'État.

Les arrérages de rentes sur l'État sont reçus à la caisse du payeur du département, sur la production du certificat d'inscription. On peut également les faire toucher à la recette des finances de l'arrondissement ou entre les mains du percepteur de la commune, en déposant les certificats d'inscription contre un récépissé motivé du comptable dépositaire.

§ V. — Intérêts de fonds placés en compte courant au Trésor public.

Comme on l'a vu à la page 55, les fabriques sont admises à placer en compte courant au Trésor public les sommes qui excèdent les besoins de leur service.

Les fonds ainsi placés au Trésor rapportent un intérêt dont le taux est fixé annuellement par le ministre des finances. Les sommes dues aux fabriques pour intérêts sont portées au crédit de leur compte courant au Trésor public, en augmentation des capitaux placés. Ce crédit constitue une recette dont les trésoriers doivent se charger dans leur comptabilité, à titre d'intérêt sur les fonds en compte courant au Trésor public.

Le récépissé, qui lui est délivré par le receveur des finances, est déposé dans la caisse de la fabrique.

§ VI. — Produit spontané des terrains servant de cimetière.

Par produit spontané des cimetières on entend les herbes, les fruits et émondes des arbres qui y croissent sans culture. Ces produits appartiennent à la fabrique, et peuvent être vendus, soit par adjudication publique, lorsqu'ils présentent une certaine importance, soit sur estimation et par convention amiable, lorsqu'ils sont de peu de valeur. — *Voy.* au Formulaire, les nos 43 à 47.

Les arbres qui ont crû spontanément sur les cimetières peuvent aussi être vendus au profit de la fabrique, lorsque le préfet en a accordé l'autorisation, sur l'avis du conseil municipal. Toutefois, la fabrique ne peut être admise à faire valoir son droit sur ces arbres, que s'il est établi qu'ils ont pris naissance postérieurement au décret du 30 décembre 1809, le droit n'existant pour elles qu'en vertu de ce décret. (Avis du comité de législ. du cons. d'État, du 22 janvier 1841.)

Le trésorier opère le recouvrement des sommes dues à la fabrique sur ces divers produits, en vertu des actes d'adjudication ou des conventions amiables faites avec les acquéreurs.

§ VII. — Concessions de places et de bancs dans l'église.

Le bureau des marguilliers peut être autorisé par le conseil, à régir la location des bancs de l'église ou à la mettre en ferme (D. du 30 déc. 1809, art. 66). On suit, dans ces deux cas, les règles indiquées plus loin (p. 72) pour les chaises, auxquelles ces deux modes de location sont particulièrement applicables.

Des concessions de bancs, tribunes ou places dans l'église peuvent aussi être faites, soit par bail, pour une prestation annuelle, soit au prix d'un capital ou d'un immeuble, en observant les formalités suivantes :

S'il s'agit d'une concession moyennant bail et prestation annuelle, la demande en est présentée au bureau des marguilliers, qui préalablement la fait publier par trois dimanches et afficher à la porte de l'église, afin que chacun puisse obtenir la préférence par une offre plus avantageuse. Le bureau fait ensuite son rapport au conseil, et si le conseil est d'avis de faire la concession, sa délibération est un titre suffisant. (D. du 30 déc. 1809, art. 69 et 70.) — *Voy.* au Formulaire, les n°s 17 à 22.

Lorsqu'il s'agit d'une concession au prix d'un capital (1) ou d'un immeuble, la demande est soumise aux mêmes formalités préliminaires que celle

---

(1) Les sommes d'argent que le trésorier peut avoir à recouvrer, pour des concessions de cette nature, doivent être portées en recette **et comprises dans les comptes à titre de recettes extraordinaires.**

qui est relative à une concession par bail pour une prestation annuelle; seulement, s'il s'agit d'un immeuble, le bureau le fait évaluer en capital et en revenu, pour être cette évaluation comprise dans les affiches et publications. L'autorisation est ensuite accordée dans la forme indiquée plus loin (p. 91) pour les dons et legs. (D. du 30 déc. 1809, art. 69, 70 et 71.) — *Voy.* au Formulaire le n° 23.

Aucune concession de places ou de bancs dans l'église ne peut être faite, soit par bail pour une prestation annuelle, soit au prix d'un capital ou d'un immeuble, pour un temps plus long que la vie de ceux qui l'auront obtenue. Il n'y a d'exception à cette règle que dans les cas suivants : celui qui a entièrement bâti une église peut retenir la propriété d'un banc ou d'une chapelle pour lui et sa famille, tant qu'elle existera. Tout donateur ou bienfaiteur d'une église peut obtenir la même concession, sur l'avis du conseil de fabrique approuvé par l'évêque et par le ministre des cultes. (D. du 30 déc. 1809, art. 68 et 72.) — *Voy.* au Formulaire le n° 24.

Mais le mode le plus communément adopté pour la location des bancs et autres places est celui de l'adjudication aux enchères, et pour un temps qui ne dépasse pas trois, six ou neuf années, comme le plus favorable aux intérêts des fabriques. Les clauses et conditions de l'adjudication sont arrêtées par une délibération du conseil; avant de procéder à l'adjudication, le bureau doit, comme lorsqu'il s'agit d'une concession, la faire publier par trois dimanches et la faire afficher pendant un mois à la porte de l'église.

Le procès-verbal d'adjudication doit être enregistré. Cet acte peut être fait dans la forme des actes administratifs ou sous seing privé ; le bureau a même le droit de constater le consentement et l'obligation des concessionnaires qui ne savent pas signer. — *Voy.*, au Formulaire, les n°s 25 et 26.

§ VIII. — Location des chaises.

Le prix des chaises doit être réglé pour les différents offices par délibération du bureau, approuvée par le conseil ; cette délibération est affichée dans l'église. (D. du 30 décembre 1809, art. 64). — *Voy.* au Formulaire les n°s 27 et 28.

Le bureau des marguilliers peut être autorisé par le conseil, soit à régir la location des chaises, soit à la mettre en ferme. (*Idem*, art. 66.)

Lorsque les chaises sont en régie, le bureau charge une ou plusieurs personnes de percevoir à chaque office le prix fixé par le conseil et dont le tableau est affiché dans l'église. A la fin de chaque journée, le trésorier doit se faire rendre compte des sommes perçues par les préposés, à moins qu'il n'y ait un préposé principal chargé de surveiller les perceptions de détail et d'encaisser les produits, pour en compter au trésorier à la fin de chaque semaine ou de chaque mois. Dans ce dernier cas, il convient de tenir à la sacristie un carnet sur lequel on inscrit la recette après chaque office. Quant au prix des locations par abonnement, il est versé directement et d'avance entre les mains du trésorier. La location commence à courir à dater de ce versement. — *Voy.* au Formulaire les n°s 29, 30 et 31.

Lorsque la mise en ferme est adoptée, le conseil doit dresser un cahier des charges qui indique les clauses et conditions de l'adjudication. Ce cahier des charges est soumis à l'approbation du préfet.

L'adjudication a lieu après trois affiches apposées de huitaine en huitaine.

Les enchères sont reçues au bureau de la fabrique par soumission, et l'adjudication est faite au plus offrant, en présence des marguilliers ; de tout quoi il est fait mention dans le bail auquel est annexée la délibération qui a fixé le prix des chaises. (D. du 30 décembre 1809, art. 67.) — *Voy.* au Formulaire les n°s 32, 33 et 34.

Le bail est soumis, comme celui des biens ruraux, à l'approbation du préfet, et, dans les vingt jours qui suivent cette approbation, à la formalité de l'enregistrement, aux frais de l'adjudicataire.

Aucun membre de la fabrique ne peut se présenter comme adjudicataire de la ferme des chaises.

Le trésorier doit exiger de l'adjudicataire que le prix de ferme soit acquitté exactement aux époques déterminées par le cahier des charges.

§ IX. — Quêtes pour les frais du culte.

Tout ce qui concerne les quêtes dans les églises est réglé par l'évêque sur le rapport des marguilliers, sans préjudice des quêtes pour les pauvres, lesquelles doivent toujours avoir lieu dans les églises toutes les fois que les bureaux de bienfaisance le jugent convenable. (D. du 30 décembre 1809, art. 75.)

Les quêtes de la fabrique doivent être inscrites à mesure qu'elles sont perçues, avec la date du jour et du mois, sur le livre-journal du trésorier. Cependant si ce travail paraissait trop minutieux, on pourrait les déposer dans un tronc, et, à chaque réunion du bureau, le trésorier se chargerait en recette du produit et l'inscrirait sur son registre.

La levée du tronc des quêtes doit être constatée par un procès-verbal dressé par les membres du bureau qui en ont fait l'ouverture ; ce procès-verbal est remis au trésorier pour lui servir de justification dans son compte annuel.

Lorsqu'on n'est pas dans l'usage de déposer dans un tronc le produit des quêtes, il convient de tenir à la sacristie un carnet sur lequel on enregistre la recette à chaque office. — *Voy.*, au Formulaire, les modèles n°s 40 et 41.

§ X. — Des troncs placés dans l'église pour les frais du culte.

Le placement des troncs est réglé de la même manière que les quêtes, c'est-à-dire par l'évêque sur la proposition du bureau des marguilliers.

Les clefs des troncs sont déposés dans la caisse ou armoire fermant à trois clefs.

Les sommes trouvées dans les troncs entrent immédiatement dans la caisse de la fabrique.

Le trésorier en fait recette comme du produit des quêtes et de tous autres revenus de la fabrique. Il classe dans sa comptabilité, comme pièce justificative, le procès-verbal de levée des troncs dressé par le bureau. — *Voy.* au Formulaire, le modèle n° 42.

§ XI. — Des oblations en usage.

Il y a des oblations qui sont tarifées et d'autres qui ne le sont pas.

Ces dernières, qui sont purement libres, appartiennent à la fabrique quand elles lui sont attribuées par l'usage, ou par la volonté, soit formelle, soit présumée, des donateurs.

En général, il faut distinguer entre les oblations qui sont faites à l'autel et celles qui sont faites au banc de l'œuvre, dans la nef ou dans les chapelles : les premières appartiennent au curé ou desservant;

les autres sont la propriété exclusive des fabriques. (Déc. minist. du 18 sept. 1835 et du 31 mars 1837.)

§ XII. — Des droits casuels de la fabrique.

Les droits casuels de la fabrique sont fixés par un tarif arrêté pour tout le diocèse.

Ce tarif est divisé par classes; il comprend trois espèces de droit : celui de la fabrique, celui du curé, des vicaires et autres prêtres, celui des chantres et des serviteurs de l'église.

Le droit de la fabrique est perçu par le trésorier. Le droit du curé et des autres prêtres doit être perçu par le curé ou par un membre du clergé. Celui des serviteurs de l'église est perçu par eux-mêmes.

Le trésorier peut être chargé, s'il y consent, de percevoir ces derniers droits en même temps que celui de la fabrique, sauf à en tenir compte ensuite aux intéressés.

En cas de contestations pour l'acquit des droits, c'est aux juges de paix qu'il appartient de statuer sur les poursuites exercées et de condamner au payement les débiteurs. (Décis. minist. des 10 avril et 14 octobre 1807.)

§ XIII. — Droits de la fabrique dans les frais d'inhumation.

La fabrique jouit seule du droit de fournir les voitures, tentures et ornements, et de faire généralement toutes les dispositions nécessaires pour les enterrements, pour la décence ou la pompe des funérailles. (D. du 25 prairial an XII, art. 22.)

On doit distinguer, en cette matière, le service des cérémonies intérieures de l'église et celui de la pompe extérieure des convois.

Les droits de la fabrique sur la tenture, et pour les autres fournitures relatives au service intérieur de l'église, sont établis par un tarif ou règlement gradué par classes, qui doit être dressé par le conseil de fabrique; ce tarif est ensuite communiqué au conseil municipal, au sous-préfet et à l'évêque, et soumis, avec leur avis, à l'approbation du préfet. (D. du 25 mars 1852, tableau A, § 46.)

Quant au transport des corps et aux fournitures que réclament ce transport et l'inhumation, le tarif des droits et frais à payer doit être délibéré par le conseil municipal, communiqué au conseil de fabrique, et soumis, avec son avis et celui du sous-préfet et de l'évêque, à l'approbation du préfet (*idem*). Toutefois, ces fournitures, comme celles relatives au service intérieur de l'église, étant faites par les fabriques et à leur profit, celles-ci doivent faire connaître au conseil municipal si elles veulent user de ce droit, et comment elles entendent l'exercer. Le conseil municipal prend alors, pour les convois, des mesures analogues à celles qui sont prises pour les cérémonies intérieures de l'église. Il est désirable d'ailleurs que les deux projets soient dressés au moyen d'un travail commun et présentés simultanément à l'approbation du **préfet.**

Il est interdit, dans ces règlements et marchés, d'exiger aucune surtaxe pour les présentations et stations à l'église, toute personne ayant également le droit d'y être présentée. (D. du 18 mai 1806, art. 12.)

Il est, en outre, interdit à toutes fabriques d'église ou autres ayants droit de faire les fournitures requises pour les funérailles et de livrer lesdites fournitures, à tous curés et desservants d'aller lever aucun corps, et de l'accompagner hors des églises, qu'il ne leur apparaisse de l'autorisation donnée par l'officier de l'état civil pour l'inhumation. (D. du 4 thermidor an XIII, art. 1er.)

Dans les communes qui n'ont ni entreprises ni marchés pour les sépultures, comme sont les villages, les bourgs et quelques petites villes, et où les fabriques ne perçoivent point de droits, le mode de transport des corps est réglé par les conseils municipaux et les préfets. (D. du 18 mai 1806. art. 9.)

Il y a trois modes de perception en ce qui concerne les droits de la fabrique dans les frais d'inhumation, savoir : la régie simple, la régie intéressée, le bail à ferme. (D. du 18 mai 1806, art. 14.)

La régie simple est l'exécution du service et la perception des droits sous la direction immédiate du bureau.

La régie intéressée consiste à traiter, avec un régisseur, à la condition d'un prix fixe et d'une portion déterminée dans les produits excédant le prix principal et la somme abonnée pour les frais.

La ferme est l'adjudication pure et simple, moyennant un prix convenu, sans partage de bénéfices et sans allocation de frais.

Lorsque la fabrique régit elle-même le service de la tenture, elle y emploie, soit les serviteurs ordinaires de l'église, soit des préposés spéciaux. Le montant des droits doit être acquitté sans retard par les débiteurs : s'il est compté entre les mains d'un préposé principal, celui-ci doit le remettre immédiatement au trésorier.

On doit porter en recette le produit brut, et en dépense le salaire des préposés et les autres frais de régie.

Si la mise à ferme ou en régie intéressée a été adoptée, le bureau, après l'avoir annoncée par voie d'affiches, procède à l'adjudication. Lorsque l'entreprise présente de l'importance, il est bon que l'adjudication soit faite devant notaire.

Les conditions de l'entreprise sont déterminées par un cahier des charges proposé par la fabrique, délibéré par le conseil municipal et arrêté définitivement par le préfet, d'après l'avis de l'évêque. (D. du 18 mai 1806, art. 14.)

Au nombre des conditions imposées à l'adjudicataire doit se trouver particulièrement celle de fournir un cautionnement en immeubles, en numéraire ou en effets publics. Le cahier des charges doit stipuler, en outre, que l'adjudication ne sera définitive qu'après l'approbation du bail par le préfet.

En général, l'adjudication ne doit pas excéder le terme de trois années, excepté lorsqu'il y a lieu d'y comprendre l'année commencée, et, dans tous les cas, elle doit avoir pour terme le 31 décembre.

Dans les grandes villes, toutes les fabriques se réunissent pour ne former qu'une seule entreprise. (D. du 18 mai 1806, art. 8.)

Les contestations qui peuvent s'élever entre les adjudicataires, les communes et les fabriques, relativement au sens et à l'exécution des actes d'adjudication, sont réglées par les conseils de préfecture. (O. du 17 août 1825.)

Les pauvres sont exempts des taxes portées par les tarifs, toutes les fois que leur indigence est attestée par un certificat de la mairie. (D. du 18 mai 1806, art. 4.)

Le produit des droits sur les inhumations est affecté, comme les autres revenus, au payement des charges ordinaires des fabriques, sauf les cas où l'emploi en aurait été spécialement déterminé par le règlement qui a fixé la rétribution attachée à chaque classe.

§ XIV. — Droits sur la sonnerie.

Le produit de la sonnerie appartient à la fabrique seule, qui est chargée de payer le salaire des sonneurs. Les droits de la fabrique sont fixés par un règlement particulier à la paroisse ou par le tarif du diocèse. S'il n'existait aucun règlement, soit général, soit particulier, autorisé par le gouvernement, la perception du droit sur la sonnerie serait illégale, car il est de principe qu'il ne doit exister aucune taxe de ce genre sans l'autorisation du gouvernement.

Comme il est à peu près impossible de faire un règlement général pour tout un diocèse, les évêques peuvent être autorisés par décret impérial à approuver eux-mêmes les règlements particuliers qui leur seraient présentés par les fabriques.

Le règlement particulier est dressé par la fabrique et envoyé à l'évêque, qui l'approuve, s'il y est autorisé; s'il n'a pas ce pouvoir, il y joint son avis et transmet les pièces au ministre des cultes, sur le rapport duquel intervient l'homologation impériale.

Le produit des droits sur la sonnerie doit entrer intégralement dans la caisse de la fabrique; le salaire des sonneurs ne pourrait être payé préalablement sur ce produit; il doit être acquitté par le trésorier en même temps et de la même manière que celui des autres serviteurs de l'église.

§ XV. — Droits sur la cire.

Les droits sur la cire sont fixés par les décrets des 30 décembre 1809 et 26 décembre 1813.

Les cierges qui appartiennent à la fabrique sont :

1° ceux qui sont offerts sur le pain bénit ; 2° ceux qui sont délivrés pour les annuels ; 3° une partie de ceux qui sont offerts aux enterrements. (D. du 30 déc. 1809, art. 76.)

Les *cierges offerts sur le pain bénit* appartiennent à la fabrique ; mais si, outre les cierges placés sur pain bénit ou autour, la personne qui l'offre en porte un à la main, celui-ci appartient au curé et non à la fabrique.

Les *cierges délivrés pour les annuels*, c'est-à-dire tout ce qu'il en reste après le service, appartiennent également à la fabrique. Les parents, au lieu de faire cette fourniture, peuvent préférer qu'elle soit faite par la fabrique moyennant une somme convenue ; le trésorier, dans ce cas, porte cette somme en recette dans ses écritures, et porte en dépense le prix des cierges employés pour le service.

Quant aux *cierges offerts aux enterrements*, la partie qui est attribuée à la fabrique est fixée ainsi qu'il suit : les cierges qui, aux enterrements et services funèbres, sont portés par les membres du clergé leur appartiennent ; les autres cierges placés autour du corps et à l'autel, aux chapelles et aux autres parties de l'église, appartiennent, savoir : une moitié à la fabrique, et l'autre moitié aux membres du clergé qui y ont droit ; ce partage se fait en raison du poids de la totalité des cierges. (D. du 26 déc. 1813, art. 1.)

Les cierges qui reviennent à la fabrique à ces différents titres forment un revenu en nature qui, pour être porté dans les budgets, les écritures et les comptes, doit être évalué en argent suivant le prix moyen de la cire dans la localité où au marché le plus voisin. Le trésorier, d'après le poids des cierges reçus, en évalue le prix, qu'il porte en recette au compte général de la fabrique; et, lorsque la cire est employée au service de l'église, il fait dépense du prix estimatif des cierges mis en usage.

§ XVI. — Supplément donné par la commune.

Les charges des communes relativement au culte sont :

1° De suppléer à l'insuffisance des revenus de la fabrique pour acquitter, soit les frais indispensables du culte, soit les dépenses nécessaires pour le maintien de sa dignité, soit les gages des officiers et serviteurs de l'église, soit les réparations des bâtiments, ou pour fournir à la subsistance de ceux des ministres que l'église ne salarie pas (D. du 30 décembre 1809, art. 49 et 92) ;

2° De suppléer à l'insuffisance des revenus de la fabrique pour acquitter le traitement des vicaires légitimement établis (*Idem*, art. 39) ;

3° De fournir également, en cas d'insuffisance des ressources de la fabrique, au curé ou desservant, un presbytère, ou, à défaut de presbytère, un logement; ou, à défaut de presbytère et de logement, une indemnité pécuniaire (*Idem*, art. 92 et 93 ; — L. du 18 juillet 1837, art. 30).

Dans les deux derniers cas, la commune acquitte ordinairement les dépenses à sa charge, aux créanciers eux-mêmes et sans l'intervention de la fabrique ; il n'y a lieu, par conséquent, à aucune opération comptable de la part du trésorier. Mais il n'en est pas de même dans le premier cas ; les fonds que la commune doit fournir pour les dépenses nécessaires du culte sont versés par douzième, de mois en mois, entre les mains du trésorier, qui demeure chargé d'en faire et d'en justifier l'emploi.

Le trésorier doit avoir soin de se faire délivrer par le maire, à la fin de chaque mois, ou du moins de chaque trimestre, le mandat nécessaire pour toucher les fonds de subvention à la caisse municipale. Il délivre une quittance timbrée de la somme reçue, et s'en charge immédiatement en recette, dans la même forme que pour tout autre produit de la fabrique.

On a vu à la page 44 quelles sont les formalités à remplir lorsque la fabrique est dans le cas de faire un appel au conseil municipal pour les grosses réparations dont elle a reconnu la nécessité. Les moyens qu'elle doit employer pour obtenir de la commune le supplément annuel nécessaire à l'acquit de ses charges ordinaires seront indiqués au titre v, relatif à la formation du budget (p. 154).

SECTION II.

Recettes extraordinaires.

§ Ier. — Excédant des recettes sur les dépenses de l'exercice précédent.

Le règlement des comptes de chaque exercice fait ressortir l'excédant des recettes sur les dépenses ; cet excédant est ajouté aux ressources de l'exercice suivant.

L'insertion de cet article dans le budget des fabriques ne donne lieu à aucune opération de recette de la part des trésoriers, puisque les recouvrements faits dans le cours de l'exercice expiré, lesquels ont produit l'excédant dont il s'agit, ont été successivement compris dans les écritures de ce même exercice.

§ II. — Prix des coupes extraordinaires de bois.

Lorsque les bois des fabriques sont soumis au régime forestier, les trois quarts de ces bois, ainsi qu'on l'a dit à la page 66, sont réglés en coupes de taillis ; l'autre quart est réservé pour croître en futaie.

Les fabriques ne peuvent faire aucune coupe sur ce quart en réserve avant d'avoir obtenu l'autorisation du gouvernement. (O. du 7 mars 1817, art. 1er.)

Les propositions de coupes extraordinaires, soit par contenance, soit par pieds d'arbres à exploiter pour l'année suivante, doivent être adressées au préfet par les établissements propriétaires, avant le 15 juin de chaque année (arrêté du ministre des finances du 4 février 1837). Les demandes qui ne seraient pas parvenues à la préfecture avant cette époque seraient renvoyées à l'année suivante.

L'adjudication des coupes autorisées sur le quart en réserve est faite dans les formes indiquées à la page 66 pour les coupes ordinaires.

Les receveurs généraux des finances sont chargés de recouvrer le prix des coupes extraordinaires. La responsabilité et l'obligation de ces comptables, à l'égard des recouvrements qu'ils ont à faire pour le compte des fabriques, sont les mêmes que celles qu'ils encourent pour le recouvrement du produit des coupes de bois de l'État.

Les adjudicataires souscrivent, au profit des fabriques, des traites qui doivent être stipulées payables au domicile des receveurs généraux, et dont les échéances, déterminées par les cahiers des charges, sont ordinairement fixées au 31 mars, 30 juin, 30 septembre et 31 décembre de l'année qui suit celle de l'adjudication.

Le receveur général reçoit les traites des adjudicataires, et il transmet au trésorier de la fabrique une déclaration constatant la réception et le dépôt des traites entre ses mains. Le trésorier, muni de cette déclaration, se charge immédiatement en recette du prix principal de la vente représenté par les traites souscrites. La déclaration du receveur général est dès lors considérée comme valeur de portefeuille, et classée comme telle dans la comptabilité.

Les traites d'adjudicataires de coupes de bois des établissements publics ne peuvent être négociées. Au fur et à mesure de l'acquittement aux échéances, le montant de chaque traite est placé par le receveur général en compte courant au trésor public, afin d'y rester à la disposition de l'établissement propriétaire, ainsi qu'il a été dit à la page 54.

§ III. — Prix des biens aliénés.

Par *aliénation* on entend en général tout acte, sous quelque dénomination que ce soit, qui transfère à un autre la propriété, en tout ou en partie, d'un fonds ou d'une chose.

Les fabriques peuvent aliéner quand il y a nécessité ou du moins une grande utilité. Mais elles ne peuvent le faire sans y avoir été autorisées par décret impérial. (D. du 30 déc. 1809, art. 62 : L. du 2 janvier 1817, art. 3; O. du 14 janvier 1831, art. 2.)

Lorsque des immeubles appartenant à une fabrique sont dans le cas d'être vendus, la vente en est proposée par le conseil. Sa délibération doit présenter les motifs de l'aliénation projetée et indiquer la nature, la contenance et le produit des immeubles. (D. du 30 décembre 1809, art. 12.)

La vente doit, en général, avoir lieu aux enchères (C. du 29 janvier 1831); cependant une vente à l'amiable peut être autorisée : 1° lorsque l'objet est d'une valeur très-minime ; 2° dans le cas où il y a un avantage tellement évident pour la fabrique que la formalité des enchères devient tout à fait inutile ; 3° lorsqu'il s'agit d'une vente faite par la fabrique à un autre établissement public. (Avis du comité de l'intérieur du conseil d'Etat, des 27 février 1833 et 18 décembre 1835.)

L'estimation de l'immeuble à aliéner est faite par un seul expert au choix de la fabrique, si la vente a lieu aux enchères publiques ; dans le cas où elle est faite à l'amiable sur soumission, il doit y avoir deux experts, l'un nommé par la fabrique, l'autre par le soumissionnaire. Le procès-verbal d'estimation doit être sur papier timbré ; il doit être enregistré dans les vingt jours de sa date.

Un plan figuré des lieux est joint au procès-verbal de description et d'évaluation. Le capital fixé par les experts forme la mise à prix, si la vente a lieu par adjudication publique ; si elle est faite à l'amiable, l'acquéreur doit écrire, au pied du procès-verbal d'expertise, sa soumission de prendre l'immeuble au prix d'estimation, si ce n'est à un prix supérieur.

La délibération du conseil, le procès-verbal d'estimation, le plan figuré des lieux, et, s'il y a lieu, la soumission de l'acquéreur sont envoyés au sous-préfet, accompagnés du budget de la fabrique. Cet administrateur, sur le vu des pièces, peut ordonner une enquête administrative *de commodo et incommodo*, et nommer le commissaire enquêteur. L'enquête doit être faite conformément aux dispositions de la circulaire du ministre de l'intérieur, du 20 août 1825.

Le sous-préfet peut, d'après les résultats de l'enquête, autoriser une nouvelle convocation du conseil de fabrique, afin d'obtenir son avis définitif sur l'aliénation.

Toutes les pièces sont envoyées au préfet, avec l'avis du sous-préfet. Le préfet les communique à l'évêque et les transmet ensuite au ministre des cultes, sur le rapport duquel intervient le décret impérial.

L'autorisation obtenue, le bureau doit dresser un cahier des charges, clauses et conditions de la vente, dans lequel il stipule que le payement sera fait entre les mains du trésorier avant la prise de possession de l'immeuble. Si un délai est accordé pour le payement, le terme doit en être fixé avec stipulation d'intérêts et avec réserve de poursuivre le débiteur, en payement du capital, par saisie de biens, réadjudication sur folle enchère, ou rescision d'adjudication.

L'adjudication se fait, devant le bureau des marguilliers, dans les formes prescrites pour toutes les adjudications aux enchères, après avoir été annoncée un mois à l'avance, par affiches et publications.

Si la vente par amiable composition est autorisée, le bureau passe avec l'acquéreur un contrat qui doit renfermer relativement au payement les réserves qui viennent d'être indiquées pour les ventes aux enchères.

Si l'acquéreur le demande, il est passé, à ses frais un acte de vente devant notaire.

Lorsqu'une fabrique est dans la nécessité de faire une aliénation quelconque, le produit en est porté en recette au chapitre des recettes extraordinaires, sauf à en faire l'emploi indiqué dans le décret d'autorisation.

§ IV. — Vente d'objets mobiliers et de produits ruraux ou forestiers.

Les fabriques n'ont pas besoin d'autorisation pour vendre ou échanger des objets mobiliers hors de service; l'usage généralement reçu est de les vendre ou échanger, quand il y a lieu, sans autre formalité que le consentement du conseil de fabrique. Cependant, il résulte d'une décision du ministre de l'intérieur, en date du 12 juillet 1819, que les bois, les pierres et autres matériaux provenant de démolition ne peuvent être vendus que de l'avis de l'évêque et avec l'autorisation du préfet.

Les fabriques peuvent également, avec l'autorisation du préfet, vendre à leur profit les arbres épars sur leurs propriétés, les fascines provenant de l'élagage des arbres ou des haies, les chablis dans leurs forêts, etc.

Ces ventes doivent être faites, en général, par adjudication publique aux enchères. Quant aux objets d'un prix minime ou qui ne seraient pas de nature à être mis en adjudication, on peut les vendre à l'amiable, sur simple estimation. — *Voy.* au Formulaire les nos 43 à 47.

§ V. — Dons et Legs.

La donation est un acte sur lequel le donateur se dépouille actuellement et irrévocablement d'une chose en faveur du donataire, qui l'accepte. (Code civil, art. 894.)

Le legs est une donation faite par testament pour le temps où le testateur n'existera plus. (*Idem*, art. 895.)

L'acceptation des dons et legs aux fabriques des églises est autorisée par les préfets, sur l'avis préalable des évêques, lorsque ces libéralités n'excèdent pas la valeur de 1,000 francs, ne donnent lieu à aucune réclamation et ne sont grevées d'autres charges que l'acquit de fondations pieuses dans les églises paroissiales et de dispositions charitables au profit des hospices, des pauvres et des bureaux de bienfaisance. Toutefois, les arrêtés des préfets qui seraient contraires aux lois et règlements, ou qui donneraient lieu aux réclamations des parties intéressées, peuvent être annulés ou réformés par arrêté ministériel. (D. du 15 février 1862, art. 1 et 3.)

Quant aux dons et legs d'une valeur supérieure à mille francs, ou qui sont l'objet de réclamations, ou grevés de charges autres que celles mentionnées ci-dessus, ils ne peuvent être acceptés qu'après avoir été autorisés par l'empereur, le conseil d'Etat entendu, et sur l'avis préalable de l'évêque et du préfet. (O. du 2 avril 1817, art. 1er.)

Dans tous les cas, l'autorisation n'est accordée

qu'après l'approbation provisoire de l'évêque diocésain, s'il y a charges de services religieux. (O. du 2 avril 1817, art. 2; D. du 15 février 1862, art. 2.)

Une instruction du ministre de l'instruction publique et des cultes, en date du 10 avril 1862, a rappelé et coordonné les règles précédemment édictées ou consacrées par la jurisprudence du conseil d'Etat pour l'instruction des demandes en autorisation des dons et legs faits aux fabriques et autres établissements ecclésiastiques et religieux. On trouvera à l'*Appendice* cette instruction, que les fabriques devront toujours consulter le cas échéant.

Ne peuvent être autorisées les donations faites aux fabriques, avec réserve d'usufruit en faveur du donateur. (O. du 14 janvier 1831, art. 4.)

Les legs et donations dûment autorisés sont acceptés par le trésorier au nom de la fabrique. (O. du 2 avril 1817, art. 2.)

L'acceptation a lieu par un acte authentique, et elle doit être notifiée au donateur, conformément à l'article 932 du Code civil.

L'acceptation est de l'essence de la donation; elle ne doit ni précéder l'autorisation, ni être postérieure au décès du donateur. Les donations entre-vifs n'étant irrévocables qu'après l'acceptation, elles seraient nulles si le donateur mourait avant qu'elles fussent acceptées. Il est donc important que les fabriques fassent sans retard les diligences nécessaires pour obtenir le plus promptement possible l'autorisation qui doit précéder l'acceptation.

A l'égard des legs, la faculté de les accepter ou de

les répudier ne se prescrit que par trente ans.

Tout notaire devant lequel il a été passé un acte contenant donation entre-vifs, ou disposition testamentaire au profit d'une fabrique, est tenu d'en donner avis au curé ou desservant. (D. du 30 décembre 1809, art. 58.)

Tout acte contenant des dons ou legs en faveur d'une fabrique est remis au trésorier, qui doit en faire son rapport à la prochaine séance du bureau. (*Idem*, art. 59.)

Le bureau prend une délibération dans laquelle il émet son avis sur le legs ou la donation. A l'appui de sa demande d'autorisation, il doit fournir les pièces spécifiées ci-après.

Pour un legs : 1° extrait du testament ; 2° acte de décès du testateur ; 3° procès-verbal d'évaluation de l'objet légué ; 4° budget de la fabrique, approuvé par l'évêque ; 5° copie de l'acte extrajudiciaire constatant que les héritiers connus ont été appelés à prendre connaissance du testament ; 6° leur consentement à la délivrance du legs : au cas contraire, le bureau, en sollicitant l'autorisation, joint leur mémoire aux autres pièces, et fait connaître le nombre des réclamants, le montant d'hoirie et la portion afférente à chacun d'eux. S'il n'y a pas d'héritiers connus, on joint un acte constatant les affiches du testament au chef-lieu de la mairie du domicile du testateur, et l'insertion dans le journal judiciaire de l'arrondissement ou du département.

Pour une donation, les pièces à produire sont les suivantes : 1° expédition, sur papier timbré, de l'acte notarié contenant la libéralité; 2° évaluation de l'objet donné; 3° certificat de vie du donateur; 4° budget de la fabrique, approuvé par l'évêque. (C. du 12 avril 1819; O. du 14 janvier 1831, art. 3 et 5.) — *Voy.* au Formulaire les n°s 35 à 39.

La délibération du bureau et les pièces sus-désignées sont envoyées au sous-préfet, qui, après avoir donné son avis, les transmet à la préfecture. Le préfet, après avoir consulté l'évêque, statue s'il s'agit d'une libéralité n'excédant pas 1,000 fr., ou adresse les pièces au ministre des cultes, en y joignant ses propres observations, si l'autorisation doit être accordée par décret impérial.

Immédiatement après la réception du décret impérial, ou de l'arrêté du préfet portant autorisation, le trésorier doit accepter. L'autorisation doit être mentionnée dans l'acte d'acceptation.

Lorsqu'une libéralité est faite collectivement à une fabrique et à d'autres établissements publics, chacun de ces établissements doit accepter en ce qui le concerne, mais un seul décret les autorise à faire cette acceptation.

Si, au lieu d'une libéralité faite à plusieurs établissements désignés pour la recevoir directement, un seul était désigné à cet effet, mais avec charge d'en faire profiter un ou plusieurs autres; dans ce cas, il y aurait donation directe pour le premier, et donation indirecte pour les autres. Toutefois, les formalités à remplir seraient les mêmes; chacun des établissements intéressés accepterait séparément et y serait autorisé par un seul décret.

Les dons manuels sont soumis, comme les autres libéralités, aux principes du droit commun sur la capacité des personnes et la quotité disponible. L'autorisation prescrite par l'article 910 du Code Napoléon est dès lors nécessaire pour leur validité. (Inst. du 10 avril 1862.)

Les dons et legs qui font partie des recettes des fabriques ne peuvent concerner que des sommes d'argent (1).

Le trésorier doit requérir le versement du montant des legs et donations autorisés, des héritiers du donateur ou du testateur, ou autres détenteurs de fonds. En cas de refus ou de retard de la part de ceux-ci, le trésorier, avec l'autorisation du conseil de préfecture, en poursuivrait judiciairement la rentrée.

§ VI. — **Remboursement de capitaux.** — **Rachat de rentes constituées.**

Le remboursement des capitaux placés sur des particuliers peut être fait aux fabriques quand les débiteurs le proposent; mais ceux-ci doivent avertir les marguilliers, dans la personne du trésorier, un mois au moins à l'avance, afin que la fabrique avise pendant ce temps au moyen de placement et demande les autorisations nécessaires.

---

(1) A l'égard des immeubles, rentes et autres objets mobiliers, c'est également au trésorier à en prendre possession au nom de la fabrique, mais sans en faire écriture dans sa comptabilité.

Le débiteur doit présenter une demande en forme de pétition, sur papier timbré. Il y joint la dernière quittance et le titre de la rente, s'il est possible. Ces pièces, accompagnées de la délibération du bureau, sont transmises au préfet, qui statue en conseil de préfecture.

Le trésorier ne doit accepter le remboursement qu'après s'être assuré que les formalités ci-dessus prescrites ont été remplies.

Le débiteur d'une rente constituée en perpétuel peut être contraint au rachat : 1° s'il cesse de remplir ses obligations pendant deux années ; 2° s'il manque à fournir au prêteur les sûretés promises par le contrat. (Code civil, art. 1912.)

Le capital de la rente constituée en perpétuel devient aussi exigible en cas de faillite ou de déconfiture du débiteur. (*Idem*, art. 1913.)

Dans le cas de remboursement forcé, comme dans celui de remboursement volontaire, l'autorisation du préfet est nécessaire.

§ VII. — Ventes des inscriptions de rentes sur l'État.

Les fabriques des églises ne peuvent vendre des inscriptions de rentes sur l'Etat qu'en vertu d'un décret impérial. (O. du 14 janvier 1831.)

Les receveurs généraux des finances, sur la représentation des décrets qui accordent les autorisations de vente, sont chargés de faire les dispositions nécessaires pour la vente des inscriptions de rentes appartenant aux établissements publics, et en versent le produit aux receveurs ou trésoriers de ces établissements.

Le produit de la vente des inscriptions de rentes devant faire partie des ressources prévues aux budgets, il en est fait recette comme de tous autres produits des fabriques.

§ VIII. — Emprunts.

Les fabriques ayant droit à être secourues par les conseils municipaux, quand elles manquent de fonds, ne peuvent être autorisées à recourir à un emprunt que dans une grande difficulté. Aussi la loi n'a-t-elle pas prévu le cas où elles en auraient besoin. Lorsqu'il se présente, les formalités à suivre sont : 1° une délibération du conseil, constatant la nécessité, la quotité, les conditions, l'emploi de l'emprunt et les moyens de le rembourser ; 2° l'avis du sous-préfet, du préfet, de l'évêque et l'autorisation du gouvernement.

A défaut de ces formalités, les prêteurs n'auraient point action contre la fabrique, mais seulement contre les fabriciens qui auraient consenti l'acte ; ceux-ci ne pourraient se libérer que sur leurs biens personnels, et non avec les deniers de l'église.

La fabrique doit joindre à sa demande les pièces suivantes :

1° Un relevé présentant, dans des colonnes distinctes, le total des recettes et le total des dépenses ordinaires, d'après les comptes des trois derniers exercices, afin que l'autorité puisse juger, par la moyenne des revenus ordinaires, si la fabrique est en état de se libérer dans le temps fixé ;

2° Un état, dûment certifié, des dettes de la fabrique, engagements obligatoires, travaux en cours d'exécution, achats d'ornements, etc., en un mot, du passif de la caisse de la fabrique ; cet état doit faire comprendre exactement l'échéance de ces dettes, année par année, afin qu'on aperçoive facilement, d'une part, la situation où la fabrique est placée par ses engagements antérieurs ; de l'autre, l'effet des nouveaux engagements qu'elle veut contracter ;

3° Le projet des travaux à exécuter, ou l'énoncé des charges auxquelles l'emprunt proposé a pour but de subvenir ;

4° Le budget de la fabrique réglé pour l'exercice courant.

L'autorisation est accordée par décret impérial.

Il est procédé ensuite à la réalisation de l'emprunt, soit par voie d'adjudication publique, soit par traité de gré à gré, suivant ce qui a été prescrit par le décret d'autorisation.

Lorsque l'adjudication publique a été ordonnée, le premier soin du bureau est de dresser et de soumettre au conseil un cahier des charges énonciatif du mode et des termes de payement, du maximum de l'intérêt comme mise à prix, et enfin de toutes les autres conditions de l'entreprise ; ce cahier des charges est basé, en général, sur les dispositions contenues en la délibération du conseil et le décret impérial portant homologation. Il est soumis à l'approbation du préfet.

L'emprunt doit être contracté avec publicité et concurrence. L'adjudication est faite en faveur de la soumission qui exige l'intérêt le moins élevé ; toute soumission dont le prix dépasserait le maximum fixé par le cahier des charges serait rejetée.

Le versement du montant de l'emprunt est effectué en une seule ou plusieurs fois, selon les termes du cahier des charges, entre les mains du trésorier, qui en délivre des récépissés. Ces récépissés valent reconnaissance au profit des prêteurs, avec l'intérêt au taux fixé par l'adjudication, à partir du jour de chaque versement.

Lorsque la fabrique est autorisée à traiter de gré à gré, le traité ne doit apporter aucun changement dans les époques de remboursement fixées par l'acte d'autorisation ; le taux de l'intérêt fixé par cet acte ne peut non plus, dans aucun cas, être dépassé.

Le procès-verbal de l'adjudication ou le traité de gré à gré est soumis à l'approbation du préfet et à la formalité de l'enregistrement, aux frais de l'adjudicataire, dans les vingt jours qui suivent cette approbation.

Le produit des emprunts doit figurer au budget et dans les comptes de la fabrique ; le trésorier se charge en recette des sommes qui lui sont versées au fur et à mesure de leur encaissement.

TITRE IV.

Des Dépenses des fabriques.

CHAPITRE Ier. — Nomenclature et classification des dépenses.

Les dépenses des fabriques sont ordinaires ou extraordinaires.

Sont ordinaires les dépenses suivantes :

1° Les frais nécessaires de la célébration du culte ;

2° Le supplément de traitement accordé au curé ou au desservant ;

3° Le traitement des vicaires ;

4° Les honoraires des prédicateurs de l'avent, du carême et des autres solennités ;

5° Les gages des officiers et serviteurs de l'église ;

6° L'acquit des fondations ;

7° Les contributions assises sur les biens ;

8° Les frais annuels d'administration ;

9° Les réparations de simple entretien aux édifices consacrés au culte ;

10° Le secours accordé pour les prêtres infirmes.

Les dépenses extraordinaires comprennent :

1° Les remboursements et intérêts d'emprunt;

2° Les achats d'ornements, de vases sacrés, de linge, etc.;

3° Les grosses réparations aux édifices;

4° Les acquisitions d'immeubles;

5° Les achats de rentes sur l'État;

6° Le placement des capitaux disponibles en rentes sur particuliers.

Les dépenses ordinaires sont celles qui se reproduisent chaque année, et qui tiennent aux services ordinaires de la fabrique.

Les dépenses extraordinaires sont celles qui ne sont pas de nature à se représenter périodiquement, et qui sont imposées temporairement aux fabriques pour travaux ou fournitures, acquisitions, etc.

CHAPITRE II. — Des crédits.

On appelle *crédit* l'autorisation donnée par l'autorité compétente d'employer une certaine somme à une dépense déterminée.

En général, les crédits en vertu desquels les dépenses doivent être acquittées sont ouverts dans les budgets dont ils forment les articles de dépense.

Cependant lorsque, dans le cours d'un exercice, les crédits ouverts par le budget sont reconnus insuffisants, ou lorsqu'il doit être pourvu à des dépenses non prévues lors de la formation du budget, des crédits supplémentaires doivent être ouverts par des décisions spéciales.

Dans tous les cas, les crédits sont ouverts par articles, c'est-à-dire qu'une somme déterminée est allouée pour une dépense ou une nature de dépense déterminée.

Lorsqu'un crédit a été affecté à une dépense, le président du bureau et le trésorier, ne peuvent l'employer à une autre dépense. Le conseil de fabrique ne pourrait pas davantage autoriser un changement de destination à moins d'une approbation de l'évêque, ce qui constituerait alors une annulation ou une réduction de l'ancien crédit, et l'ouverture d'un nouveau crédit.

La spécialité des crédits doit donc être rigoureusement observée.

Les crédits sont, en outre, limitatifs : les ordonnateurs et les comptables ne peuvent en excéder la quotité. Une seule dérogation est admise à ce principe, à raison du peu d'importance des sommes auxquelles elle s'applique et des formalités administratives qu'elle permet d'éviter, c'est lorsque le montant effectif d'une dépense régulièrement autorisée excède d'une très-faible somme le crédit porté au budget pour cette dépense : on tolère le payement de ces légers excédants sur le crédit porté au même budget pour dépenses imprévues,

Les crédits ouverts par le budget, ou par décisions spéciales, ne peuvent être employés qu'à des dépenses faites dans l'année même à laquelle ils appartiennent, c'est-à-dire du 1er janvier au 31 décembre. Tout crédit alloué pour une dépense qui n'a pas été entreprise dans le cours de l'année est annulé de droit au 31 décembre ; si la dépense a été faite en partie, il n'y a d'annulée que la portion du crédit qui excède le montant de la dépense effectuée.

CHAPITRE III. — Ordonnancement des dépenses.

Aucune dépense ne peut être acquittée par le trésorier de la fabrique, si elle n'a préalablement été ordonnancée par le président du bureau, qui est seul chargé des fonctions d'ordonnateur. (D. du 30 déc. 1809, art. 28.)

Les mandats doivent être délivrés au nom des créanciers directs de la fabrique. Ils doivent contenir l'indication de l'exercice auquel la dépense appartient et la désignation du crédit sur lequel le payement est imputé. — *Voy.* au Formulaire les nos 81 et 83.

Pour que le mandat puisse être délivré au nom d'un tiers, il faut que celui-ci joigne au mandat un acte de cession ou la procuration authentique du créancier direct de la fabrique.

Le payement des dépenses relatives aux acquisitions d'objets mobiliers se mandate sur le vu : 1° de la commande du trésorier ou du marché arrêté par le bureau, si la dépense a fait l'objet d'un marché ; 2° de la facture ou mémoire du marchand ou artisan, revêtu du certificat de réception des objets fournis (D. du 30 déc. 1809, art. 35). Il importe peu que ce certificat soit au bas de la commande ou au bas de la facture ou mémoire. Si la livraison a été faite au trésorier lui-même, son certificat de réception dispense de produire la commande par écrit. Dans tous les cas, le visa approbatif, apposé par le trésorier à la suite d'une facture ou mémoire, supplée suffisamment la commande et le certificat de réception.

Le payement, pour travaux de peinture, de maçonnerie et autres que ceux faits au mobilier, est mandaté sur le vu du mémoire de l'ouvrier, comparé au devis, s'il y en a un, et d'après le témoignage du ou des marguilliers chargés de surveiller les travaux. Si ces travaux exigeaient la vérification d'un architecte, il faudrait que cette vérification fût faite et certifiée au président.

Les traitements et suppléments de traitement, les contributions assises sur les biens, sont payables par douzièmes ou par quarts ; les mandats relatifs à ces dépenses sont, en conséquence, délivrés à la fin de chaque mois ou de chaque trimestre, selon l'importance des sommes à payer.

Les frais d'entretien des propriétés et du mobilier, **ceux de constructions, reconstructions et** grosses réparations, le prix des acquisitions diverses, ne pouvant être payés qu'après que les services ont été faits, le montant n'en est ordonnancé qu'au fur et à mesure de l'exécution de ces services.

CHAPITRE IV. — Acquittement des dépenses.

Les mandats délivrés par le président du bureau doivent être appuyés des pièces nécessaires pour justifier de la réalité de la dette et valider le payement.

Les pièces justificatives qu'il convient de produire à l'appui des mandats sont indiquées au chapitre suivant, où l'on trouvera tous les détails relatifs à chaque nature de dépenses.

Les trésoriers ne peuvent se refuser à acquitter les mandats qui leur sont présentés, ni en retarder le payement que dans les seuls cas : 1° où la somme ordonnancée ne porterait pas sur un crédit ouvert, ou excéderait ce crédit; 2° où les pièces produites seraient insuffisantes ou irrégulières; 3° où il y aurait opposition, dûment signifiée entre ses mains, contre le payement réclamé; 4° enfin, où, par suite de retard dans le recouvrement des revenus, il y aurait insuffisance de fonds dans la caisse.

En payant, le trésorier reçoit le mandat de payement; ce mandat doit être quittancé ou accompagné d'une quittance régulière. Il le conserve pour le produire à l'appui de son compte avec les autres pièces justificatives.

Les quittances des parties prenantes, pour les payements effectués par les trésoriers, doivent être timbrées, sauf toutefois les exceptions qui vont être spécifiées.

Les quittances des sommes de 10 francs et au-dessous sont affranchies du timbre, lorsqu'elles n'ont pas pour objet un à-compte ou un payement final sur une plus forte somme. (L. du 13 brumaire an VII, art. 16.)

Les quittances des vicaires et des employés de l'église, délivrées pour le payement de leur traitement, lorsqu'il n'excède pas 300 francs par année, sont également exemptes du timbre. (Décision min. du 17 octobre 1809.)

Il est interdit de mettre plusieurs quittances sur la même feuille de papier timbré. Toutefois l'état de répartition des traitements des employés, qui est annexé comme pièce justificative au mandat de payement, et qui doit être timbré, conformément à la loi du 13 brumaire an VII, à moins qu'il ne comprenne aucun traitement excédant 300 francs, peut, sans contravention, être revêtu de l'acquit des différents employés, ces acquits se rapportant alors à une seule dépense et à un seul mandat. (Décision min. du 31 décembre 1827.)

Lorsque les quittances, au lieu d'être délivrées sur des feuilles spéciales, sont données au pied des mandats de payement, ces mandats doivent être timbrés s'il s'agit d'une dépense au-dessus de 10 francs.

Les mandats pour le payement du prix de fournitures ou de travaux doivent être appuyés de la facture ou du mémoire des fournisseurs ou de l'ouvrier, et cette facture doit être sur papier timbré. Toutefois, lorsqu'il s'agit d'une dépense qui n'excède pas 10 francs, les créanciers peuvent être dispensés de produire une facture timbrée, mais alors le détail des fournitures ou des travaux doit être énoncé dans le corps des mandats ; à défaut de cette énonciation, la facture doit être timbrée.

Lorsqu'à l'appui des mandats de payement, on produit des mémoires ou factures sur papier timbré et revêtus de la quittance des marchands ou fournisseurs, cette quittance libère la fabrique ; et la seconde quittance portée sur le mandat, n'étant plus que de pure forme, se trouve exempte du timbre. (Décision min. du 21 mars 1828.)

Lorsque les fabriques n'ont pas pris les mesures convenables pour faire payer les frais de timbre par qui de droit, elles doivent faire porter ces frais dans leurs budgets avec les autres frais d'administration, l'article 1248 du Code civil les mettant à la charge du débiteur.

Les parties prenantes doivent dater elles-mêmes leurs quittances et y désigner, non-seulement le jour, mais encore le lieu où le payement est fait.

Dans le cas où le porteur d'un mandat ne saurait point signer, et lorsque le mandat n'excède pas 150 francs, le trésorier peut en effectuer le payement en présence de deux témoins, qui certifient avec lui sur le mandat la déclaration faite par la partie prenante. Si le mandat excède 150 francs, la quittance doit être donnée devant notaire. (Code civil, art. 1341.)

CHAPITRE V. — Règles particulières à chaque nature de dépenses.

SECTION Ire

Dépenses ordinaires.

§ 1er. — Frais nécessaires de la célébration du culte.

Les dépenses jugées nécessaires pour la célébration du culte consistent : 1° dans l'achat des objets de consommation : pain d'autel pour les prêtres et pour les fidèles, vin pour le saint sacrifice, cire, huile pour la lampe du Saint Sacrement, encens, sel, veilleuses, charbon et autres menues dépenses, bois de chauffage pour la sacristie, etc. ; 2° dans l'entretien du mobilier de l'église : blanchissage de linge, réparations aux vases sacrés, aux ornements, au linge, aux meubles et ustensiles de l'église et de la sacristie.

Le pain d'autel pour les prêtres et pour les fidèles est ordinairement fourni par le curé ou desservant, ou par le sacristain, moyennant une somme fixe qui lui est allouée annuellement. Le mandat de payement, dûment quittancé, suffit pour justifier la dépense ; mais si elle excède 10 francs, la quittance doit être sur papier timbré.

Le vin pour le saint sacrifice est fourni par le curé ou desservant, par le sacristain ou par toute autre personne, en vertu d'un marché arrêté par le bureau. Le prix de cette fourniture est payé sur la production d'un mandat de payement, appuyé du mémoire et de la quittance du fournisseur. Le mémoire doit être établi sur papier timbré, mais la quittance peut être délivrée au pied du mémoire, afin d'éviter un second droit de timbre si le prix total de la fourniture pour l'année excède 10 fr.

La cire doit faire l'objet d'un marché entre le bureau et un fournisseur. Ce marché détermine le prix auquel la cire nécessaire à l'église sera fournie pendant un laps de temps fixé. Lorsqu'il y a lieu de réclamer une livraison, le trésorier délivre un mandat qu'il remet au sacristain ou à une autre personne attachée à l'église ; celui-ci reçoit la livraison, ce qu'il certifie au pied du mandat. Quant au payement, il est fait au fournisseur, soit immédiatement après chaque livraison, soit à de certaines époques déterminées par le marché. Le mandat de payement est appuyé : 1° de la commande du trésorier, au bas de laquelle se trouve le certificat de réception ; 2° de la facture et de la quittance du fournisseur, établies sur une même feuille de papier timbré pour éviter un double droit.

L'huile pour la lampe du Saint Sacrement peut

faire également l'objet d'un marché. On suit, dans ce cas, pour réclamer les livraisons et pour en payer le prix, la marche qui vient d'être tracée pour la cire. Cependant, comme la quantité d'huile nécessaire pour l'année peut être facilement connue, il est quelquefois préférable de l'acheter en une seule fois et sans convention préalable, car on obtient souvent, par un achat à l'amiable et en gros, des conditions plus avantageuses que par un marché fait pour des fournitures en détail et pour un temps déterminé sans stipulation de quantité. Le payement est fait par le trésorier, sur la présentation du mandat de l'ordonnateur, appuyé de la facture et de la quittance du vendeur.

L'encens, le sel, les veilleuses, le charbon, etc., sont fournis sur commande du trésorier. Lorsque la dépense n'excède pas 10 francs, on peut dispenser le marchand de produire une facture timbrée, en insérant le détail de la livraison dans le corps même du mandat de payement. Ce mandat dûment quittancé suffit alors pour justifier de la dépense.

Le bois de chauffage pour la sacristie, dans les églises où cela est nécessaire pour la conservation du linge et des ornements, peut faire l'objet d'un marché de gré à gré ou d'une adjudication au rabais. Ce dernier mode demande plus de formalités que le premier, mais il est préférable, parce qu'il peut en résulter une diminution notable dans les prix. Le mandat de payement, délivré par le président du bureau au profit du vendeur, doit être appuyé du traité de gré à gré ou du procès-verbal d'adjudication, de l'état des livraisons et de la quittance du fournisseur établie sur papier timbré, si elle n'est pas donnée au pied d'un mandat ou d'un mémoire déjà soumis au timbre.

Le blanchissage et le raccommodage du linge doivent être confiés à des personnes aptes à ce genre de travail, moyennant un prix fixe déterminé pour l'année. La somme allouée à forfait est payée en une seule ou plusieurs fois, au gré de la personne chargée du service, et d'après les mandats de l'ordonnateur.

Les réparations aux vases sacrés et aux ornements doivent être faites par des ouvriers habiles dans ces sortes d'ouvrages. On doit exiger d'eux préalablement une soumission écrite d'exécuter toutes les réparations nécessaires conformément au devis qui en a été fait, ou, s'il n'y a pas de devis, d'après les indications du bureau, et particulièrement du curé ou desservant. Le mandat délivré pour le payement des réparations doit être appuyé du devis, s'il y en a un, de la soumission de l'orfèvre, du passementier ou de l'ouvrier avec lequel il a été traité, du mémoire des réparations et d'un certificat de réception. La quittance est soumise au timbre lorsqu'elle excède 10 francs, et qu'elle n'est pas donnée au bas d'un mandat ou d'un mémoire déjà revêtu de cette formalité.

Les réparations au mobilier et aux ustensiles de l'église et de la sacristie, lorsqu'elles présentent quelque importance, doivent être mises en adjudication publique, surtout dans les localités où il se trouve plusieurs ouvriers pouvant être admis à la concurrence. Cependant, si la mise en adjudication devait occasionner des formalités et des retards que ne permettrait pas l'urgence des réparations, ou si ces réparations étaient de peu d'importance, on pourrait traiter de gré à gré avec un entrepreneur, ou les réparations pourraient être faites par voie d'économie, sous la surveillance d'un membre du bureau. Les mandats de payement sont appuyés, selon les cas, du procès-verbal d'adjudication, de la soumission de l'entrepreneur, ou du mémoire des réparations procurées par économie, certifié et visé par le marguillier chargé de la surveillance. Ces pièces, ainsi que la quittance, doivent être sur papier timbré.

Pour les actes relatifs à ces différentes natures de dépenses, *voyez* au Formulaire, les n° 48 à 52.

§ II. — Supplément de traitement accordé au curé ou desservant.

Ordinairement la commune se charge de ce traitement, qui est payé directement par le receveur municipal ; dans ce cas, la fabrique n'a pas à comprendre la dépense dans son budget ni dans ses comptes.

Lorsque le supplément est fourni par la fabrique, il est payé par quart, à la fin de chaque trimestre, sur mandat du président du bureau. La quittance n'est pas soumise au timbre lorsque le traitement n'excède pas 300 francs.

§ III. — Traitement des vicaires.

Le nombre de prêtres et de vicaires habitués à chaque église est fixé par l'évêque, après que les marguilliers en ont délibéré, et que le conseil municipal de la commune a donné son avis (D. du 30 déc. 1809, art. 38.)

Les communes qui ont une chapelle vicariale, ou celles qui, ayant une cure ou succursale, auraient, en sollicitant l'érection d'un vicariat, pris l'engagement de payer le vicaire, doivent toujours fournir le traitement, quelle que soit d'ailleurs la situation financière de la fabrique.

Dans les autres communes, le traitement n'est dû par elles qu'à défaut des ressources de la fabrique.

Le traitement des vicaires est de 500 francs au plus, et de 300 francs au moins (D. du 30 décembre 1809, art. 40.)

Ce traitement est payable par douzième, à la fin de chaque mois, ou par quart, à la fin de chaque trimestre.

Lorsque la somme allouée annuellement n'excède pas 300 francs, la quittance jointe au mandat de payement n'est pas soumise au timbre.

§ IV. — Honoraires des prédicateurs de l'avent, du carême et des autres solennités.

Les prédicateurs sont nommés par les marguilliers sur la proposition faite par le curé ou desservant, et à la charge par lesdits prédicateurs d'obtenir l'autorisation de l'ordinaire. (D. du 30 déc. 1809, art. 32.)

Les honoraires des prédicateurs ne forment pas un traitement fixe. Le payement en est fait par le trésorier, sur la production d'un mandat de l'ordonnateur et d'une quittance timbrée délivrée par la partie prenante.

§ V. — Traitement des employés et des serviteurs de l'église.

Dans les paroisses rurales, la nomination et la révocation des chantres, sonneurs et sacristains, sont faites par le curé, desservant ou vicaire chapelain. Dans les villes, la nomination et la révocation de l'organiste, des bedeaux, suisses, sonneurs et autres serviteurs de l'église, appartiennent aux marguilliers, sur la proposition du curé ou desservant. (D. du 30 déc. 1809, art. 33; — O. du 12 janv. 1825, art. 7.)

Le traitement des employés de l'église est, dans tous les cas, réglé par le conseil de fabrique, sauf approbation de l'évêque; il est payable par mois, ou bien par trimestre, selon l'importance des traitements.

Il n'est pas nécessaire de délivrer des mandats individuels, il suffit d'un mandat présentant la masse des traitements à payer, et délivré au nom de l'un des principaux employés. Mais ce mandat doit être appuyé d'un état émargé de toutes les parties prenantes, visé et arrêté par l'ordonnateur. — *Voy.* au Formulaire le n° 84.

Le mandat doit être en outre quittancé par l'employé principal chargé du payement individuel.

L'état d'émargement est seul soumis au timbre, lorsqu'il comprend des traitements supérieurs à 300 francs.

§ VI. — Acquit des fondations.

Par fondation, on entend l'affectation perpétuelle d'un bien à une fabrique, à charge d'un service. Ce service consiste ordinairement dans des messes, des prières, des instructions ou des aumônes.

L'acceptation des fondations est soumise aux mêmes formes que celles des dons et legs ; ces formes sont indiquées à la page 91.

Les fondations doivent être exécutées au lieu et en la manière prescrite par le fondateur. L'impossibilité morale de remplir l'engagement contracté, en tout ou en partie, peut seule faire cesser ou modifier le service de la fondation.

Les marguilliers sont chargés de veiller à ce que toutes les fondations soient fidèlement acquittées et exécutées suivant les intentions des fondateurs, sans que les sommes puissent être employées à d'autres charges. Un extrait du sommier des titres, contenant les fondations qui doivent être desservies dans le cours d'un trimestre, doit être affiché dans la sacristie au commencement de chaque trimestre, avec les noms du fondateur et de l'ecclésiastique qui acquittera chaque fondation. Il est rendu compte, à la fin de chaque trimestre, au bureau des marguilliers, par le curé ou desservant, des fondations acquittées pendant le cours du trimestre. (D. du 30 décembre 1809, art. 26.)

Le curé ou desservant doit se conformer aux règlements de l'évêque pour ce qui concerne l'acquittement des charges pieuses imposées par les bienfaiteurs, sauf les réductions qui seraient faites par l'évêque, conformément aux règles canoniques, lorsque le défaut de proportion des libéralités et des charges qui en sont la condition l'exige. (*Idem*, art. 29.)

Outre les marguilliers et les évêques, les héritiers des fondateurs ont droit de veiller à l'exécution des fondations.

Le revenu des biens chargés de fondations fait partie des recettes des fabriques et doit être, avec celui des autres biens, inscrit dans les budgets et dans les comptes à titre de produit d'immeubles ou de rentes ; l'acquit des fondations doit par conséquent être considéré comme une charge annuelle, et figurer aussi dans les budgets et dans les comptes.

Les fondations sont exécutées par les personnes désignées dans l'acte de fondation. Si personne n'est spécialement indiqué, ou si cette personne n'existe pas, ou s'il y a impossibilité légale, canonique ou morale de lui confier la fondation, elle doit être exécutée par le curé et les vicaires ; ce n'est qu'à leur défaut qu'elle peut être acquittée par les prêtres habitués et autres ecclésiastiques. (D. du 30 déc. 1809, art. 31.)

Le prêtre chargé du service doit recevoir l'honoraire entier que le titre de la fondation, ou le règlement épiscopal qui l'a réduite, a déterminé. La fabrique ne doit retenir que la somme qui lui est assignée par le titre ou par le règlement susdit.

L'honoraire est payé par le trésorier, sur la présentation d'un mandat de payement, appuyé d'un état dressé par le curé ou desservant, et constatant que les services religieux imposés par la fondation ont été célébrés. La quittance de la partie prenante doit être sur papier timbré, si l'honoraire excède 10 francs. — *Voy.* au Formulaire les n°s 53 et 54.

§ VII. — Contributions assises sur les biens. — Taxe des biens de mainmorte.

Les biens des fabriques, autres que ceux employés aux services du culte, sont grevés de contributions directes comme ceux des particuliers. Il est établi, en outre, sur ces biens une taxe annuelle représentative des droits de transmission entre-vifs et par décès. Cette taxe est calculée à raison de 62 c. 1/2 pour franc du principal de la contribution foncière, et prend le nom de *taxe des biens de mainmorte*. Sont toutefois exemptés de la taxe les immeubles qui ne donneraient pas lieu à une cote supérieure à 15 centimes.

Ces contributions et taxe sont payables par douzièmes; cependant, lorsqu'elles ne s'élèvent pas à des sommes de quelque importance, on peut s'entendre avec le percepteur chargé de leur recouvrement, et ne faire, par chaque année, que deux, trois ou quatre payements.

Les mandats de payement doivent être appuyés des extraits de rôles, et des quittances à souche délivrées par le percepteur.

§ VIII. — Frais annuels d'administration.

Les frais de bureau ou d'administration consistent dans les achats de papier, encre, plumes, imprimés, registres, dans les frais de correspondance, de timbre, etc.

Lorsque le curé, ou tout autre membre du bureau, a fait l'avance, pendant un mois, un trimestre ou une année, des frais divers d'administration, et qu'il désire en obtenir le remboursement, il doit produire un état détaillé de ses avances et y joindre, s'il est possible, les mémoires des marchands qui ont fourni les divers objets qu'il a payés de ses deniers. Cet état est joint au mandat délivré par le président du bureau. La quittance peut être donnée au pied de l'état.

§ IX. — Frais d'entretien de l'église, du presbytère et des propriétés de la fabrique.

Les dispositions suivantes doivent être observées

toutes les fois que la fabrique est dans le cas de faire des réparations de simple entretien.

Les marguilliers, et spécialement le trésorier, doivent veiller à ce que toutes les réparations soient bien et promptement faites. Ils doivent visiter les bâtiments, avec les gens de l'art, au commencement du printemps et de l'automne. (D. du 30 déc. 1809, art. 41.)

Ils pourvoient sur-le-champ, et par économie, aux réparations locatives et autres qui n'excèdent pas 50 francs dans les paroisses au-dessous de 1,000 âmes, et 100 francs dans les paroisses d'une plus grande population. (*Idem*, art. 12 et 41.) — *Voy.* au Formulaire les n°s 55 à 59.

Lorsque les réparations excèdent la somme ci-dessus indiquée, le bureau est tenu d'en faire son rapport au conseil, qui peut ordonner toutes les réparations qui ne s'élèvent pas à plus de 100 francs dans les paroisses au-dessous de 1,000 âmes, et de 200 francs dans celles d'une plus grande population. (*Idem*, art. 42.)

Au-dessus de ces proportions, les réparations sont autorisées par le préfet. (O. 8 août 1821, art. 4.)

Les réparations doivent être précédées d'un devis estimatif dressé par un architecte; il n'y a d'exception que pour les menues réparations faites par économie, sous la surveillance d'un membre du bureau. Lorsque l'autorisation du préfet est nécessaire, le devis est soumis à son approbation.

Lorsque la dépense est approuvée, l'adjudication

doit être passée devant les membres du bureau, après trois affiches renouvelées de huitaine en huitaine. (D. du 30 déc. 1809, art. 42.)

L'adjudication peut être faite au rabais, à la criée et à l'extinction des feux, ou sur soumissions cachetées.

On préfère ordinairement ce dernier mode pour les réparations de simple entretien, parce qu'il offre plus de facilités.—*Voy*. au Formulaire les n°s 60 à 64.

Les réparations autorisées peuvent, par l'acte d'autorisation, être dispensées de la formalité de l'adjudication publique. Elles sont faites alors ou par économie, sous la surveillance d'un membre du bureau, ou sur simple soumission d'entrepreneur agréée par l'administration. — *Voy*. au Formulaire le n° 65.

Les adjudications de travaux et les traités de gré à gré, quelle que soit leur importance, sont toujours soumis à l'approbation du préfet, et ne sont valables et définitifs qu'à dater de cette approbation. Ils sont aussi soumis à l'enregistrement, dans les vingt jours qui suivent l'approbation.

Les mandats délivrés pour le payement des réparations de simple entretien doivent être appuyés des pièces justificatives désignées ci-après :

Pour les *menues réparations*, lorsqu'il y a ni devis ni marché : mémoire timbré des réparations, signé par l'ouvrier qui les a faites, arrêté et visé par le président du bureau ; quittance de la partie prenante au bas du mémoire.

Pour les *réparations par économie* : devis estimatif ; mémoire timbré des réparations, dressé par l'ouvrier, réglé par le marguillier surveillant ; quittance de la partie prenante au bas du mémoire.

Pour les *réparations sur soumission d'entrepreneur* : devis estimatif ; soumission acceptée par le bureau ; procès-verbal de réception des travaux, dressé par l'architecte auteur du devis, et visé par le président du bureau ; quittance timbrée.

Pour les *réparations en vertu d'une adjudication publique* : devis et décision approbative des travaux ; procès-verbal d'adjudication ; états d'avancement des travaux et des à-compte à payer, certifiés par l'architecte et visés par le président du bureau ; procès-verbal de réception des travaux ; quittances timbrées.

§ X. — Secours accordé pour les prêtres infirmes.

Les fabriques doivent, sur le prix de la location des chaises et des bancs, le sixième du produit annuel en faveur des prêtres âgés et infirmes, après déduction des frais qu'elles ont faits pour l'établissement des chaises et des bancs (D. du 1er juillet 1805, art 1er.)

Ce prélèvement est fait conformément à un règlement de l'évêque, approuvé par le gouvernement. (*Idem*, art. 2.)

Dans plusieurs diocèses, l'évêque fait un abonnement avec les fabriques, de manière que le prélèvement annuel reste toujours le même. Les curés doivent veiller à ce que la somme due soit régulièrement acquittée.

Lorsqu'il n'y a pas d'abonnement, le prélèvement est fixé par un décompte arrêté par le bureau, conformément au règlement épiscopal.

Les fonds, dans l'un et l'autre cas, sont versés au secrétariat de l'évêché.

Le mandat de payement doit être appuyé du décompte dressé par le bureau, s'il y a lieu, et d'une quittance non soumise au timbre.

§ XI. — Dépenses imprévues.

Il peut être ouvert au budget un crédit pour dépenses imprévues. Ce crédit sert principalement au payement des portions de dépenses qui se trouveraient excéder les crédits ouverts au budget ; par exemple, lorsqu'une dépense, après sa liquidation, dépasse le chiffre pour lequel elle avait été inscrite au budget lors de sa formation, le président du bureau forme son mandat, avec imputation sur le crédit spécial du montant de ce crédit, et avec imputation de l'excédant sur le fonds de dépenses imprévues.

Le crédit ouvert pour dépenses imprévues peut également servir au payement de dépenses peu importantes et urgentes qu'il y a lieu d'effectuer dans le cours de l'exercice.

Il est ordinairement rendu compte tous les trois

mois, au bureau des marguilliers, des prélèvements qui ont été faits pendant le trimestre écoulé sur le fonds réservé pour dépenses imprévues.

Les mandats de payement doivent être appuyés des diverses justifications d'emploi et de payement que les dépenses comportent.

SECTION II.

Dépenses extraordinaires.

§ Ier. — Remboursement et intérêts d'emprunts. — Déficit et dettes des années précédentes.

Remboursement d'emprunts. — Quels que soient les moyens adoptés pour le remboursement d'un emprunt, mais surtout s'il s'agit de le rembourser au moyen d'un excédant annuel de recettes, la fabrique doit avoir soin de faire figurer dans le budget de chaque exercice, au chapitre des dépenses extraordinaires, outre le montant des intérêts décroissants, la somme affectée à l'amortissement du capital divisé en autant d'annuités que le comportent les termes de l'emprunt. Faute de cette précaution, il pourrait arriver qu'à l'époque fixée pour le remboursement, les ressources qui y étaient destinées ayant été employées à un autre usage, la fabrique se trouvât hors d'état de satisfaire à son engagement.

Le remboursement du capital s'opère au domicile

du trésorier, sur mandats de l'ordonnateur expédiés au nom des porteurs d'obligations.

Le payement de l'intérêt se fait, par semestre échu, également au domicile du trésorier et sur mandats de l'ordonnateur.

Les obligations et coupons d'intérêts, revêtus de l'acquit des porteurs, sont joints par le trésorier aux mandats de l'ordonnateur comme pièces justificatives.

Déficit de l'année précédente. — Les budgets ne doivent jamais être arrêtés en déficit, puisque les communes sont tenues de pourvoir à l'insuffisance des revenus des fabriques pour l'acquit de leurs dépenses nécessaires. Le compte d'un exercice ne pourrait donc présenter un excédant de dépenses que dans les cas suivants : 1° si, par des causes imprévues ou accidentelles, le recouvrement de quelques-uns des produits ordinaires n'avait pu être effectué dans le cours de l'exercice, et avait été remis à l'exercice suivant; 2° par suite de l'admission en non-valeur d'une créance sur laquelle on avait compté lors de la formation du budget, et qui avait servi à établir la balance des recettes et des dépenses.

L'excédant de dépense constaté en fin d'exercice forme une avance personnelle du comptable; il en est couvert ou sur les ressources restant à réaliser et transportées au nouvel exercice, ou, à défaut de restes à recouvrer, sur les ressources de l'exercice suivant. Mais, dans ce dernier cas, un crédit spécial **doit être ouvert au budget du nouvel exercice**; et, pour obtenir le remboursement de ses avances, le trésorier doit se faire délivrer, par le président du bureau, un mandat dûment motivé, sur lequel il appose sa quittance, et qu'il joint à son compte comme pièce justificative.

En général, les trésoriers doivent éviter de présenter une semblable situation. Ils ont le droit de refuser le payement des mandats qui leur sont présentés, quoique réguliers, lorsque les deniers dont la fabrique peut disposer ne permettent pas d'y satisfaire. Une circonstance grave, un payement urgent, pourraient seuls motiver suffisamment une avance personnelle, qui est toujours contraire aux principes de la comptabilité.

Dettes des années précédentes.—Les fabriques peuvent avoir des dettes à régler, outre celles dont il vient d'être parlé, dans le cas où elles auraient traité avec un entrepreneur pour une construction, une réparation, des travaux d'embellissement intérieur de l'église, la fourniture d'une cloche, d'ornements, etc., avec stipulation que cet entrepreneur ne serait payé qu'en plusieurs années, et à charge par l'établissement de lui tenir compte de l'intérêt de ses avances. Mais de semblables conventions sont considérées, en général, comme constituant de véritables emprunts, et ne peuvent, suivant le conseil d'État, être mises à exécution sans l'accomplissement des formalités exigées en matière d'emprunts. Toutefois, dans la pratique, l'application rigoureuse de cette règle serait souvent une cause d'embarras et de retards préjudiciables aux intérêts des fabriques. C'est au préfet et à l'évêque qu'il appartient d'apprécier les circonstances qui permettraient d'y déroger.

Les dettes de cette nature doivent être exactement portées au budget, tant en capital qu'en intérêts, et les fonds nécessaires doivent être scrupuleusement réservés pour leur acquittement. Les mandats délivrés aux créanciers par l'ordonnateur doivent être motivés avec soin, rappeler la date et les circonstances de la liquidation des dépenses auxquelles les payements se rapportent, et indiquer les pièces justificatives qui ont été jointes aux ordonnances délivrées précédemment relativement à la même dépense.

§ II. — Achats d'ornements, de vases sacrés, linge, etc.

Outre les achats d'ornements, de vases sacrés et de linge, on doit comprendre au budget, dans le même article de dépense, l'achat des ustensiles, des livres de chant, des meubles nécessaires à l'église et à la sacristie.

L'évêque peut prescrire l'achat des objets qu'il juge indispensables.

Pour toute acquisition d'objets mobiliers, un devis estimatif doit préalablement être dressé par le bureau ou à la demande du bureau ; ce devis est soumis à l'approbation du conseil de fabrique. Si le détail des objets dont l'achat est projeté n'a pas été mis sous les yeux de l'évêque avec le budget de l'exercice, le devis doit lui être envoyé pour recevoir son approbation.

La soumission du marchand ou fournisseur doit contenir l'engagement de se conformer exactement à toutes les conditions stipulées au devis. Elle est suivie de l'acceptation du bureau des marguilliers. — *Voy.* au Formulaire les n°s 50, 51 et 52.

Le curé, le trésorier, ou toute autre personne chargée de recevoir la fourniture, doit accuser réception des objets à la suite du devis ou au bas de la facture.

Ces différents actes sont joints au mandat de payement, comme pièces justificatives.

Lorsque la fourniture est faite en vertu d'un marché sans soumission préalable, ce marché doit contenir le détail des objets à fournir et des prix convenus, ainsi que toutes les conditions qui ont été arrêtées d'un commun accord; il doit être fait double, sur papier timbré, et passé entre le président du bureau et le fournisseur.

Le certificat de réception est délivré au bas du marché, sur le double conservé par le marchand, ou au pied de la commande, de la facture ou du mémoire.

Le marché et la facture quittancée sont joints au mandat de payement.

Quant aux fournitures mises en adjudication publique, on doit suivre les mêmes formalités que pour les grosses réparations dont il est parlé ci-après.

§ III. — Décoration et embellissement intérieurs de l'église.

Les travaux pour la décoration ou l'embellissement intérieur de l'église peuvent être considérés ou comme réparations de simple entretien, ou comme réparations extraordinaires. Dans le premier cas, on suit les règles qui ont été tracées à la page 119 pour les réparations de simple entretien des bâtiments paroissiaux ; dans le second cas, on suit celles qui sont tracées au paragraphe suivant pour les grosses réparations.

IV. — Constructions, reconstructions et grosses réparations.

Ainsi qu'on l'a vu à la page 45, les grosses réparations de l'église et du presbytère ne sont à la charge de la fabrique que lorsque ses revenus présentent un excédant disponible après l'acquit des dépenses nécessaires du culte et du traitement des vicaires légitimement établis. Il est rare que les fabriques se trouvent dans une position financière assez satisfaisante pour qu'elles puissent pourvoir par elles-mêmes à ces sortes de réparations ; aussi, presque toujours, cette dépense est à la charge des communes. Dans ce dernier cas, la commune fait exécuter les réparations en se conformant aux règles prescrites pour tous les travaux communaux, et elle en acquitte directement le prix aux entrepreneurs avec lesquels elle a traité. Le budget et les comptes de la fabrique restent par conséquent étrangers à la dépense ; seulement les marguilliers ont le droit d'émettre leur avis sur la direction à donner aux travaux et d'en surveiller l'exécution.

Lorsque les grosses réparations, constructions ou reconstructions sont au compte de la fabrique, les dispositions suivantes doivent être observées :

1° Le devis des travaux à exécuter est dressé par un architecte choisi par le bureau ; ce devis est soumis à l'approbation du préfet, lorsque les réparations excèdent la somme de 100 francs dans les communes au-dessous de 1,000 âmes, et celles de 200 francs dans les communes d'une plus grande population. S'il s'agissait de travaux de construction ou de reconstruction dont la dépense s'élèverait à plus de 20,000 francs, les plans et devis devraient être soumis au ministre des cultes. (O. 8 août 1821, art. 4.)

2° Un cahier des charges, clauses et conditions de l'entreprise, est ensuite dressé par le bureau et présenté à l'approbation du préfet ; il détermine la nature et l'importance des garanties que l'entrepreneur aura à fournir pour répondre de l'exécution de ses engagements. Il est toujours et nécessairement stipulé que tous les ouvrages exécutés en dehors des autorisations régulières demeureront à la charge personnelle de l'entrepreneur, sans répétition contre la fabrique.

3° L'avis de l'adjudication à passer doit être publié, un mois à l'avance, par la voie des affiches et par tous les moyens ordinaires de publicité. Les affiches font connaître le lieu où l'on peut prendre connaissance du devis et du cahier des charges, les autorités chargées de procéder à l'adjudication, le lieu, le jour et l'heure fixés pour l'adjudication.

4° Les adjudications de travaux sont faites au rabais, sur soumissions d'entrepreneurs. Les soumissions doivent toujours être remises, cachetées, en séance publique. Un maximum de prix, ou un minimum de rabais, arrêté d'avance par l'autorité qui procède à l'adjudication, doit être déposé cacheté, sur le bureau, à l'ouverture de la séance.

Dans le cas où plusieurs soumissionnaires ont offert le même prix, il est procédé à une adjudication entre ces soumissionnaires seulement, soit sur de nouvelles soumissions, soit à l'extinction des feux.

Les résultats de l'adjudication sont constatés par un procès-verbal relatant toutes les circonstances de l'opération. — *Voy.* au Formulaire les n°s 67 à 73.

Les adjudications sont subordonnées à l'approbation du préfet et ne sont valables et définitives, à l'égard des fabriques, qu'à dater de cette approbation.

5° Les travaux sont exécutés sous la direction de l'architecte auteur du devis, et sous la surveillance d'un membre du bureau, délégué à cet effet.

6° L'entrepreneur est payé du montant de son adjudication au fur et à mesure de l'avancement des travaux, constaté par un certificat de l'architecte, signé par le marguillier surveillant et visé par l'ordonnateur.

7° Les mandats de payement, délivrés à l'adjudicataire par le président du bureau, doivent être appuyés de quittances timbrées et des pièces justificatives désignées ci-après :

Pour le premier à-compte, décision approbative des travaux, procès-verbal d'adjudication publique, état d'avancement des travaux, établi comme il est dit ci-dessus ;

Pour les à-comptes suivants, certificat d'avancement des travaux, présentant le décompte des payements antérieurs ;

Pour le solde, procès-verbal de réception définitive, certifié par l'architecte et arrêté par le bureau.

§ V. — Acquisition d'immeubles.

Les acquisitions d'immeubles faites par les fabriques, à quelque somme qu'elles s'élèvent, doivent être autorisées par un décret impérial. (O. du 14 janvier 1831, art. 2.)

Les formalités à suivre par les fabriques, pour les acquisitions d'immeubles, sont indiquées ci-après :

1° L'estimation de l'immeuble à acquérir doit être faite contradictoirement par deux experts nommés, l'un par le bureau, l'autre par le propriétaire. Ces experts font dresser un plan figuré des lieux, au bas duquel le soumissionnaire écrit son consentement, et ils le joignent à leur procès-verbal de description et d'évaluation.

2° Le sous-préfet nomme un commissaire qui procède à une information *de commodo et incommodo;*

cette enquête est faite conformément à l'instruction du 20 août 1825. S'il s'agit de l'achat d'un terrain pour un presbytère ou une église, l'enquête est faite par deux commissaires, l'un nommé par l'évêque, l'autre par le préfet.

3° Toutes les pièces sont mises sous les yeux du conseil de fabrique, qui prend une délibération motivée d'après les considérations de l'évaluation et du résultat de l'information. Le conseil municipal est alors appelé à émettre son avis, et sa délibération est jointe à celle de la fabrique.

4° Ces deux délibérations, accompagnées du procès-verbal de description et d'évaluation, du plan figuré des lieux, de la soumission du vendeur et du procès-verbal d'enquête, sont envoyées au sous-préfet. Celui-ci, après avoir donné son avis, transmet au préfet toutes les pièces, qui sont communiquées à l'évêque pour avoir son avis, et transmises ensuite au ministre des cultes. Le rapport de ce ministre devient la base du décret portant homologation.

5° Lorsque la fabrique a reçu l'autorisation d'acquérir, le trésorier souscrit avec le vendeur, devant notaire, le contrat d'acquisition. Les frais, sauf convention contraire, sont à la charge de l'acquéreur.

6° Les acquisitions et les échanges faits par les établissements publics doivent être transcrits au bureau des hypothèques dans l'arrondissement duquel les biens sont situés. A cet effet, une copie dûment certifiée du contrat est transmise immédiatement au conservateur des hypothèques.

Lorsque les immeubles acquis sont grevés de priviléges ou hypothèques légales, judiciaires ou conventionnelles, la purge de ces priviléges ou hypothèques doit avoir lieu dans la forme prescrite par le Code civil.

Les diligences relatives à la transcription et à la purge des hypothèques peuvent être faites, au nom de la fabrique, par le notaire qui a reçu l'acte.

7° Le payement du prix d'acquisition est fait au vendeur après la réception des certificats du conservateur, constatant la transcription du contrat au bureau des hypothèques, ainsi que la non-existence d'inscriptions ou la radiation de celles qui existaient à l'expiration du délai de quinze jours après la transcription.

S'il existe des inscriptions hypothécaires ou oppositions qui empêchent que le payement puisse être fait au vendeur même, le versement du prix d'acquisition se fait à la caisse des dépôts et consignations, sur la production, soit de l'état des inscriptions ou du certificat qui en tient lieu, soit des actes d'opposition signifiés au trésorier. S'il s'agit de biens dotaux ou d'incapables, le contrat d'acquisition doit rappeler les conditions fixées, soit par le tribunal, soit par le contrat de mariage pour le remploi du prix.

8° Les pièces justificatives à joindre aux mandats délivrés par le président du bureau pour le prix des acquisitions d'immeubles sont les suivantes :

Lorsque le payement est fait au vendeur, ampliation du décret impérial autorisant l'acquisition ; copie certifiée du contrat (sur papier timbré); certificat du conservateur, constatant la transcription au bureau des hypothèques, ainsi que la non-existence d'inscriptions ou la radiation de celles qui existaient à l'expiration du délai de quinze jours après la transcription ;

Et, pour justifier de la purge des hypothèques, certificat du greffier du tribunal civil, constatant le dépôt et l'affiche du contrat au greffe pendant deux mois ; copie de la signification de ce dépôt au procureur impérial et aux parties désignées dans l'art. 2,194 du Code civil ; journal ou feuille d'annonces dans lequel a été publiée la signification faite au procureur impérial ; certificat du conservateur, constatant que, dans le délai de deux mois, il n'a été pris aucune inscription sur les immeubles vendus.

Lorsque le payement ne peut être fait au vendeur, ampliation du décret autorisant l'acquisition ; copie certifiée du contrat ; récépissé du préposé de la Caisse des dépôts et consignations qui a reçu les fonds.

§ VI. — Placement des capitaux disponibles en rentes sur l'État ou en rentes sur particuliers.

Les fabriques sont obligées d'employer les deniers provenant de donations ou legs dont l'emploi ne serait pas déterminé par la fondation, les remboursements de rentes, les prix de vente ou soulte d'échange, ainsi que les revenus excédant l'acquit des charges ordinaires.

Le placement des fonds disponibles peut être fait de trois manières différentes, savoir : en biens-fonds, en rentes sur l'État, en rentes sur particuliers. On a vu, au paragraphe précédent, les règles qui doivent être suivies pour les acquisitions d'immeubles ; nous allons indiquer celles qui ont rapport aux acquisitions de rentes sur l'État et aux constitutions de rentes sur particuliers.

Achat de rentes sur l'État. — En général, le mode d'emploi des fonds en rentes sur l'État doit être préféré par les fabriques, comme celui qui offre le plus d'avantages.

Pour l'effectuer, le conseil de fabrique prend une délibération par laquelle il fait connaître l'origine des fonds et en demande l'emploi en rentes sur l'État.

Cette délibération, avec l'avis de l'évêque, est transmise au préfet, qui statue lorsque les capitaux à placer proviennent de remboursement de rentes ou créances. (D. 13 avril 1861, art. 4.)

Lorsqu'il s'agit de fonds provenant de donations ou legs n'excédant pas 1,000 francs, le préfet, compétent pour statuer sur la libéralité, l'est également pour statuer, par le même arrêté, sur l'emploi de la somme donnée à l'achat d'une rente sur l'État. (D. 15 février 1862 ; Inst. min. des cultes, 10 avril 1862.)

Dans tous les autres cas, notamment lorsque la somme provient des économies de la fabrique, des excédants annuels de ses recettes, le placement doit être autorisé par décret impérial, conformément à l'ordonnance du 14 janvier 1831.

A la réception de l'expédition du décret ou de l'arrêté d'autorisation, le trésorier remet cette expédition, en même temps que les fonds, au receveur général, qui fait opérer l'inscription de la rente.

La rente, sur la demande de l'acquéreur, peut être inscrite directement au grand-livre; dans ce cas, l'extrait de l'inscription est envoyé au receveur général par le directeur du mouvement général des fonds, avec le bordereau de l'agent de change.

Mais, si la rente est en inscription départementale, le receveur général reçoit de la direction de la dette inscrite une lettre de crédit portant autorisation de l'inscrire sur son livre auxiliaire des rentes, et d'en délivrer l'extrait.

Les extraits d'inscriptions et les bordereaux d'achat sont remis par le receveur général, soit directement, soit par l'entremise des receveurs particuliers, aux établissements intéressés. Si, comme il arrive presque toujours, la somme employée à l'achat n'est pas exactement la même que celle qui a été versée, les receveurs restituent aux parties intéressées, sur leur quittance, ou se font rembourser le montant de la différence.

Les versements de fonds faits par les trésoriers des fabriques pour achat de rentes sur l'État constituent une véritable dépense, puisqu'il y a dessaisissement de deniers, et doivent être, par conséquent, constatés dans les écritures et compris dans les budgets et dans les comptes.

Le président du bureau mandate le versement au nom du receveur général du département, et joint au mandat la délibération du conseil de fabrique et une ampliation du décret impérial par lequel le placement a été autorisé. Comme il n'est pas fourni par les receveurs des finances de récépissés à talon des versements qui leur sont faits pour achats de rentes sur l'État, attendu que ces opérations ne peuvent donner lieu à aucun recours en garantie contre le Trésor, il suffit, pour suppléer la quittance, d'une simple attestation de versement donnée au pied du mandat. Le duplicata de bordereau, délivré et transmis par l'agent de change, après l'acquisition, peut ensuite être joint au mandat comme pièce justificative.

Indépendamment de la faculté qu'ont les fabriques de faire effectuer les acquisitions de rentes par l'intermédiaire des receveurs généraux des finances, elles peuvent, si elles le préfèrent, se servir, pour ces opérations, d'un fondé de pouvoirs auquel elles remettent le décret impérial portant autorisation.

Constitution de rentes sur particuliers. — Comme on l'a vu à la page 49, les fabriques ne peuvent placer leurs fonds libres en rentes sur particuliers qu'après y avoir été autorisées par un décret impérial.

L'acte constitutif de la rente doit être passé devant notaire, et l'inscription hypothécaire sur tous les biens du débiteur doit être prise, sans retard, à la diligence du trésorier.

Le président du bureau délivre un mandat pour le versement des fonds, et la partie prenante doit, en outre des clauses du contrat relatives à la remise des fonds, délivrer au trésorier une quittance motivée, sur papier timbré, laquelle est jointe au mandat comme pièce justificative.

TITRE V.

Du Budget.

CHAPITRE Ier. — Du budget et de l'exercice. Nécessité du budget.

Le *budget* est un tableau dressé par prévision des dépenses autorisées annuellement et des fonds ou revenus affectés à ces dépenses.

L'*exercice* est la période de temps fixée pour l'exécution du budget.

L'exercice commence le 1er janvier et finit le 31 décembre.

Cependant, le trésorier n'étant tenu, comme on le verra plus loin, de présenter son compte de l'exercice au bureau des marguilliers que dans le courant du mois de mars, la clôture de l'exercice peut être différée, sans inconvénient, au dernier jour de février de l'année suivante.

Mais on ne peut user de ce délai que pour payer des dépenses faites pendant la durée de l'exercice, c'est-à-dire jusqu'au 31 décembre, et non pour en faire de nouvelles.

L'utilité d'un budget pour les fabriques est facile à comprendre : c'est un moyen de ne pas se laisser aller à des dépenses hors de proportion avec les ressources, et d'éviter de se trouver peut-être, au dernier moment, sans moyen de pourvoir aux frais les plus nécessaires non-seulement à la dignité, mais à l'exercice même du culte.

Une autre raison qui nécessite la confection du budget, c'est que tous les payements opérés, sans y avoir été portés dans les formes légales, peuvent être attaqués comme illégaux, et laissés à la charge personnelle des fabriciens qui ont eu l'imprudence de les effectuer.

Aux termes de l'article 5 de l'ordonnance du 12 janvier 1825, le ministre des cultes est autorisé à révoquer tout conseil de fabrique qui n'aurait pas rendu de compte ou présenté de budget, lorsque ce conseil, requis de remplir ce devoir, aura refusé ou négligé de le faire.

CHAPITRE II. — Formation du budget.

SECTION Ire.

Projet et éléments du budget.

Le budget de chaque exercice doit toujours être formé et arrêté dans l'année qui précède l'exercice auquel il s'applique. Ainsi, en 1863, on doit discuter et arrêter le budget de 1864.

Le bureau est chargé de la rédaction du projet de budget. (D. du 30 décembre 1809, art. 24.)

Il le dresse dans sa séance du mois de mars, et le soumet au conseil de fabrique dans la séance de ce conseil, qui doit avoir lieu le dimanche de *Quasimodo*. (D. du 30 déc. 1809, art. 47; — O. du 12 janvier 1825, art. 2.)

Avant la rédaction du projet de budget, le curé ou desservant doit présenter au bureau un état par aperçu des dépenses nécessaires à l'exercice du culte, soit pour les objets de consommation, soit pour réparations et entretien d'ornements, meubles et ustensiles d'église. Cet état, après avoir été, article par article, approuvé par le bureau, est porté *en bloc* (1), sous la désignation de *dépenses intérieures*, dans le projet de budget général, auquel il est annexé. (D. du 30 déc. 1809, art. 45.)

En présentant l'état de ses propositions, le curé doit fournir tous les renseignements propres à le justifier; le chiffre des dépenses pour les objets de consommation se justifie par les comptes des exercices antérieurs; celui des dépenses pour l'entretien des objets mobiliers, par les devis des réparations nécessaires.

Les marguilliers, et notamment le trésorier, qui,

---

(1) Cette prescription du décret réglementaire de 1809 n'est pas généralement observée. Les cadres de budget en usage dans la plupart des diocèses reproduisent avec détail, et non *en bloc*, les dépenses nécessaires à la célébration du culte.

par la nature de ses fonctions, est plus que les autres en position d'avoir et de fournir les renseignements nécessaires, surtout en ce qui touche les moyens de couvrir les dépenses proposées, doivent, en dressant le projet de budget, avoir soin que les ressources et les besoins de l'exercice y soient prévus aussi exactement que possible.

Ils doivent, en outre, préparer tous les éléments justificatifs de leur projet, tels que les budgets et les comptes des années antérieures, les devis détaillés des acquisitions et des travaux, les marchés, etc.

Si les marguilliers n'étaient pas d'accord sur quelques articles du budget, il devrait être rédigé d'après l'avis de la majorité; mais on ferait mention des oppositions, et le conseil, après avoir pesé les motifs allégués de part et d'autre, prononcerait, sauf le règlement de l'évêque.

SECTION II.

Division et forme du budget.

Un modèle de budget a été transmis aux évêques par le ministre des cultes, le 22 avril 1811. C'est d'après ce modèle que sont établies les formules en usage aujourd'hui dans les différents diocèses, sauf quelques modifications que l'expérience ou les convenances locales ont fait adopter.

Aujourd'hui, les cadres du budget contiennent, en général, sept colonnes destinées à recevoir les désignations suivantes :

Pour la recette : 1° le numéro d'ordre de chaque

article (1) ; 2° la nature des recettes : 3° le montant des recettes proposées par le bureau ; 4° le montant des recettes réglées par le conseil; 5° le montant des recettes arrêtées par l'évêque ; 6° les observations du conseil de fabrique et les motifs qui l'auraient porté à modifier ou à supprimer les sommes proposées par le bureau ; 7° les observations de l'évêque, à qui appartient le droit de décider en dernier ressort ;

Pour la dépense : 1° le numéro d'ordre de chaque article ; 2° la nature des dépenses; 3° les crédits proposés par le bureau ; 4° les crédits votés par le conseil ; 5° les crédits alloués par l'évêque ; 6° les observations du conseil de fabrique; 7° les observations de l'évêque.

Le budget se divise en deux titres, l'un de l'actif ou des recettes, l'autre du passif ou des dépenses.

Chaque titre du budget se subdivise en deux chapitres, qui contiennent autant d'articles qu'il y a d'objets différents formant des recettes ou des dépenses.

Le premier chapitre du *titre des recettes* comprend les recettes ordinaires, c'est-à-dire celles qui forment le revenu annuel de la fabrique. On suit dans l'énumération des recettes ordinaires l'ordre que nous allons indiquer. On commence par les revenus fixes, c'est-à-dire ceux qui sont susceptibles d'être

---

(1) Dans les budgets de plusieurs diocèses, il est recommandé de former une série de numéros par chapitre. Nous croyons qu'il y a là une complication inutile et qu'il est préférable de ne former que deux séries, l'une pour la recette, l'autre pour la dépense.

connus exactement, tels que le produit des biens-fonds affermés, des rentes sur particuliers et sur l'État, des concessions de places et de bancs dans l'église, de la ferme des chaises, etc. On porte ensuite les revenus variables, c'est-à-dire qui ne peuvent être calculés qu'approximativement, tels que le produit des quêtes, des troncs, des oblations, des droits sur la sonnerie, sur la cire, etc. On termine par le supplément donné par la commune.

Le deuxième chapitre comprend les recettes extraordinaires, c'est-à-dire celles qui ne sont pas de nature à se produire tous les ans. On inscrit à ce chapitre, comme premier article, l'excédant présumé de l'exercice courant. Quant aux autres recettes extraordinaires, il ne peut y avoir d'ordre à indiquer pour leur inscription au budget.

Les deux chapitres sont additionnés séparément, et le résultat de chacun d'eux est rapporté à la fin du titre pour former la somme totale des recettes.

Le premier chapitre du *titre des dépenses* se compose des dépenses ordinaires. L'article 1er est destiné aux *dépenses intérieures*, dont on ne donne aucun détail, se contentant de renvoyer à l'état fourni par le curé, et qui doit être joint au budget (1). On place dans le deuxième article les réparations

---

(1) Lorsque le détail des dépenses intérieures est reproduit dans le budget, ce qui nous paraît préférable, ces dépenses forment deux articles : le premier comprenant les objets de consommation, et le deuxième les frais d'entretien. Dans ce cas, les réparations d'entretien des bâtiments, que nous indiquons ci-dessus comme formant l'article 2, deviennent l'article 3, et ainsi de suite.

de simple entretien aux édifices consacrés au culte, et dans les articles suivants : le supplément de traitement alloué au curé ou desservant, lorsque ce supplément est fait par la fabrique ; le traitement des vicaires ; les honoraires des prédicateurs de l'avent, du carême et des autres solennités ; les gages des officiers et serviteurs de l'église ; l'acquit des fondations ; les contributions assises sur les biens ; les frais annuels d'administration ; le secours accordé pour les prêtres infirmes ; enfin, un dernier article peut déterminer une somme pour les dépenses imprévues.

Le deuxième chapitre est consacré aux dépenses extraordinaires ; ces dépenses doivent être indiquées dans l'ordre suivant : le premier article se compose du remboursement et des intérêts des emprunts, ainsi que du déficit et des dettes de l'année précédente ; on indique les dettes avec précision, si elles sont liquidées ; on les indique approximativement, si elles ne le sont pas. Le deuxième article doit comprendre les achats d'ornements, de vases sacrés, de linge d'autel, etc. Le troisième chapitre comprend les sommes destinées aux grosses réparations des édifices ; on inscrit ensuite le prix des acquisitions d'immeubles, de rentes sur l'État, le placement des capitaux disponibles, etc.

Comme au titre des recettes, on additionne séparément les sommes dont se compose chacun des deux chapitres de dépenses, puis on rapporte à la fin du titre le résultat des deux chapitres pour en former une somme totale.

Le budget doit se terminer par une récapitulation générale. A cet effet, on rappelle la somme totale des recettes et la somme totale des dépenses; puis on fait ressortir la différence qui constitue un excédant ou un déficit imputable à l'exercice suivant (1). — *Voy.* au Formulaire les n°s 74 et 75.

---

(1) Cette récapitulation, destinée à faire connaître quelle sera la situation financière de la fabrique à la fin de l'année pour laquelle le budget est rédigé, ne remplit ordinairement, cela se conçoit, que très-imparfaitement le but. Comme on l'a vu à la page 142, le budget est arrêté huit mois environ avant sa mise à exécution : il est presque impossible que, pendant ces huit mois et dans le cours même de l'exercice, il ne se produise pas de nouvelles recettes ou de nouvelles dépenses, ou bien que les recettes ou les dépenses prévues au budget ne subissent pas des augmentations ou des diminutions qui en modifient sensiblement les résultats. De là des embarras réels lorsqu'il s'agit d'établir avec quelque certitude des prévisions, comme dans le cas où la fabrique est obligée de demander une subvention au conseil municipal pour suppléer à l'insuffisance de ses revenus.

On peut remédier à ces inconvénients au moyen de deux *chapitres additionnels* au budget, tels que ceux qui ont été prescrits, par l'instruction ministérielle du 10 avril 1835, pour les budgets des communes et des établissements de bienfaisance.

Ces chapitres additionnels, qu'on désigne aussi sous le nom de *budget supplémentaire*, sont formés de la même manière et à la même époque que le *budget primitif*, mais seulement dans l'année suivante (c'est-à-dire dans l'année même à laquelle appartient le budget), et après que le résultat définitif de l'exercice clos a pu être constaté d'après le compte du trésorier.

Par leur formation, l'excédant définitif de l'exercice précédent est reporté immédiatement au budget en exécution; les restes à recouvrer et les restes à payer de l'exercice clos sont également reportés au nouveau budget, sans que les articles ainsi reportés soient confondus avec les autres recettes et dépenses propres à l'exercice courant, mais de manière à conserver la trace de l'origine de ces allocations et à les rattacher au service dont elles dépendaient primitivement; enfin, l'on peut compléter le budget en exécution, en portant à ces chapitres supplémentaires toutes les recettes et dépenses autorisées ou à autoriser sur l'exercice, et qui n'ont pu être prévues lors de la formation du budget primitif.

SECTION III.

Observations sur la rédaction du Budget.

Les ressources et les besoins de l'exercice doivent être prévus au budget de manière à n'omettre, autant que possible, aucun article de recette ni de

Les chapitres additionnels sont l'un et l'autre partagés en deux sections.

La première section du chapitre des recettes contient : 1° le report de l'excédant de l'exercice clos ; 2° les restes à recouvrer de l'exercice clos. La deuxième section reçoit toutes les recettes, de quelque nature qu'elles soient, et qui, non prévues au budget primitif, sont autorisées supplémentairement dans le cours de l'année, telles, par exemple, qu'un legs ou une donation, un remboursement de capitaux, et, en un mot, tout recouvrement qui ne rentre pas, par sa nature, dans un des articles de recettes prévues au budget primitif.

La première section du chapitre des dépenses supplémentaires contient les reports des crédits ou portions de crédits reportés du budget précédent, pour restes à payer sur les crédits annulés. La deuxième section reçoit tous les crédits supplémentaires qui ont été et qui doivent être autorisés sur l'exercice courant.

De la formation des deux chapitres additionnels au budget de chaque exercice, et qui se reproduisent naturellement dans le compte, il résulte que le budget primitif ne reçoit aucune modification par suite des recettes et dépenses autorisées supplémentairement dans le cours de l'exercice, toutes ces recettes et dépenses se trouvant rattachées de droit au troisième chapitre ajoutent à effet cet à chaque titre du budget.

Ce système, qui fonctionne depuis vingt-cinq ans avec régularité dans la comptabilité des communes et des établissements de bienfaisance, nous semble pouvoir être appliqué également avec avantage à la comptabilité des fabriques. Nous conseillons surtout aux fabriques des paroisses urbaines et à toutes celles qui ont des revenus de quelque importance d'apporter ce perfectionnement à leur comptabilité. — *Voy.* au Formulaire le n° 75 *bis.*

dépense. Une rédaction inexacte et fautive laisserait subsister les nombreux inconvénients que l'on veut prévenir par l'établissement des budgets.

Les recettes et dépenses fixes doivent être évaluées exactement; les recettes et dépenses variables ne peuvent l'être qu'approximativement. On parvient à une évaluation aussi juste que possible des recettes et des dépenses variables en se reportant aux comptes des années antérieures, qui sont les guides les plus sûrs.

Quant aux dépenses extraordinaires, elles seront difficilement évaluées comme il convient, si l'on ne se procure des devis détaillés et dressés par un marchand, pour les acquisitions, et par un homme de l'art, pour les travaux.

En réglant les évaluations du budget, il faut avoir soin de ne pas dissimuler les ressources et de ne pas exagérer les besoins.

Les articles des dépenses extraordinaires, pour acquisitions et pour travaux, doivent être détaillés de manière à présenter toutes les données nécessaires pour la vérification des prix. Comme ces détails ne peuvent le plus souvent entrer dans le budget, on y supplée par les devis qui ont servi à établir les évaluations. Dans ce cas, les devis sont relatés dans la colonne des observations du conseil, et, après avoir été revêtus du visa et de l'approbation du conseil, sont joints au budget, auquel ils doivent rester annexés.

Chaque observation du conseil doit être précédée d'une lettre de l'alphabet, entre parenthèses, qui figurera également à l'article qui aura motivé cette observation. Cette précaution est nécessaire, parce qu'il est rare que l'on puisse mettre une observation sur la même ligne que l'article qui en fait l'objet.

SECTION IV.

Discussion et vote du Budget.

On a vu à la page 143 que le projet du budget, dressé par le bureau, doit être soumis à la délibération du conseil dans sa session du dimanche de *Quasimodo*. Cette session, s'il en est besoin, peut être prorogée au dimanche suivant.

Le bureau doit justifier chacune de ses propositions, surtout en ce qui concerne les dépenses. Cette justification se fait, s'il s'agit de dépenses ordinaires, par les comptes antérieurs, par la notoriété du prix des objets, ou par les bordereaux des marchands; s'il s'agit de dépenses extraordinaires, par les devis dans lesquels les objets dont l'achat est projeté sont évalués.

Le conseil discute séparément chacun des articles; il peut modifier les évaluations, ajouter certains articles et en supprimer d'autres; il consigne, dans la colonne qui lui est destinée, les observations qu'il croit nécessaires.

Les résolutions sont prises à la majorité des voix; mais les membres de la minorité sont fondés à demander qu'il soit fait mention de leur avis contraire, pour éclairer la religion de l'évêque.

A la fin du budget doit être écrit un arrêté énonçant, en toutes lettres, le montant des recettes, celui des dépenses, et l'excédant ou le déficit en résultant, puis la date de la délibération.

Tous les membres présents à la séance signent ensuite, ou il est fait mention des noms et du refus de ceux qui ne pourraient ou ne voudraient signer.

La formation du tableau du budget ne dispense pas le conseil de consigner au registre de ses délibérations le résultat sommaire de ses votes. — *Voy.* au Formulaire le modèle n° 76.

CHAPITRE III. — Approbation du budget.

Le budget, auquel on doit annexer l'état des dépenses de la célébration du culte, lorsque ces dépenses ne sont pas inscrites avec détail au chapitre 1er des dépenses, est envoyé à l'évêque immédiatement après la délibération du conseil (D. du 30 déc. 1809, art. 47). On doit envoyer deux minutes, l'une destinée aux archives de l'évêché, l'autre qui doit être renvoyée à la fabrique avec le règlement de l'évêque. L'envoi a lieu sous bandes croisées et contre-signées par le curé ou desservant.

Il faut joindre les devis pour achats et travaux, **s'il en a été dressé.**

L'examen de l'évêque porte principalement sur les dépenses.

Les dépenses votées par le conseil peuvent être rejetées ou réduites par l'ordonnance qui règle le budget. L'évêque peut également augmenter ces dépenses ou en introduire de nouvelles au budget, lorsque ces dépenses ou augmentations de dépense sont relatives à des objets nécessaires à l'exercice, à la décence ou à la dignité du culte.

Quant aux recettes, l'évêque les examine ordinairement, moins pour les arrêter que comme moyen de régler plus convenablement les dépenses. Elles peuvent cependant devenir, de sa part, le sujet d'observations et même de décisions qui trouveraient leur place dans la colonne à ce destinée.

L'évêque peut réclamer les documents propres à l'éclairer. Par exemple, s'il s'agit d'achats ou de réparations, il peut exiger des devis.

Si une fabrique refusait son vote pour dépenses urgentes ou convenables, l'évêque pourrait les inscrire lui-même sur le budget.

Il peut, de même, augmenter les dépenses qui lui paraissent insuffisantes, réduire ou même retrancher celles qui lui paraîtraient exagérées ou inopportunes.

Le conseil de fabrique ne peut se refuser à exécuter les décisions de l'évêque (1).

(1) Dans le cas où on dresserait un budget supplémentaire de l'exercice courant, ce budget proposé par le bureau et voté par le conseil dans la même séance que le budget du prochain exercice, devrait être, comme celui-ci, soumis à l'approbation de l'évêque et envoyé en double minute.

CHAPITRE IV. — Recours au conseil municipal, en cas d'insuffisance des revenus de la fabrique.

La communication du budget au conseil municipal est nécessaire lorsque la commune est appelée à suppléer à l'insuffisance des ressources de la fabrique.

Nous avons indiqué, à la page 44, quelles sont les charges de la commune par rapport aux réparations de l'église, du presbytère et du cimetière, et, à la page 83, dans quel cas la commune doit un supplément ; il nous reste à indiquer comment doit être exercé le recours de la fabrique au conseil municipal, lorsque, par la délibération du budget, elle se voit dans la nécessité de demander un secours pour pourvoir à ses charges.

Le budget de la fabrique, qui constate l'insuffisance, et le compte de l'année précédente doivent être déposés à la mairie avant l'ouverture de la session de mai du conseil municipal, dans laquelle est délibéré le budget de la commune (1). A défaut par la fabrique d'effectuer ce dépôt dans le délai

---

(1) Les conseils municipaux peuvent aussi réclamer la production des pièces justificatives à l'appui des comptes, mais sans toutefois que leurs investigations, quant aux dépenses faites et aux comptes arrêtés, puissent avoir pour résultat d'infirmer l'approbation qu'y aurait donnée l'autorité diocésaine, dont la décision doit être respectée. (Avis du conseil d'Etat, 20 novembre 1839 ; Circulaire du ministre de l'intérieur, 16 janvier 1840.)

susdit, le supplément qui lui serait nécessaire ne pourrait être voté avec l'ensemble du budget communal, et exigerait dans la suite une convocation spéciale du conseil municipal, laquelle serait sujette à des retards et à des formalités qu'il importe d'éviter.

Le conseil municipal avise aux moyens de subvenir aux besoins de la fabrique, ou sur ses ressources ordinaires, ou par une imposition extraordinaire.

Lorsqu'il est besoin de recourir à une imposition extraordinaire dans les communes dont le revenu est inférieur à 100,000 francs, les plus imposés aux rôles de la commune sont appelés à délibérer avec le conseil municipal, en nombre égal à celui des membres en exercice. La délibération est exécutoire en vertu d'un arrêté du préfet. (L. 18 juillet 1837, art. 40 et 42.)

Si le conseil municipal est d'avis de demander une réduction sur quelques articles de dépense de la célébration du culte, sa délibération doit en porter les motifs. Cette délibération, à laquelle est joint le budget de la fabrique, est transmise au préfet par l'intermédiaire du sous-préfet. Le préfet communique les pièces à l'évêque diocésain pour avoir son avis. Dans le cas où l'évêque et le préfet seraient d'avis différents, il peut en être référé, soit par l'un, soit par l'autre, au ministre des cultes. (D. du 30 déc. 1809, art. 93 et 96.)

Si le conseil municipal n'allouait pas les fonds exigés ou n'allouait qu'une somme insuffisante, l'allocation nécessaire serait inscrite au budget par arrêté du préfet en conseil de préfecture, pour les communes dont le revenu est inférieur à 100,000 francs, et par décret impérial pour les autres communes. Dans tous les cas, le conseil municipal est préalablement appelé à en délibérer. (L. 18 juillet 1837, art. 30 et 39.)

Lorsque la paroisse est composée de plusieurs communes, elles doivent contribuer, chacune au marc le franc de sa contribution personnelle et mobilière, aux subventions qui peuvent être dues pour couvrir les dépenses ordinaires de la célébration du culte ou pour faire face aux réparations d'entretien, et au marc le franc de ses contributions foncière et mobilière, s'il s'agit de grosses réparations ou constructions. (L 14 février 1810.)

A cet effet, la fabrique envoie sa délibération et son budget à chacune de ces communes, et chaque conseil municipal avise, pour ce qui le concerne, aux moyens de subvenir aux besoins de la fabrique.

Lorsque la paroisse ne comprend qu'une section de commune, c'est à la commune entière à supporter la dépense.

La marche qui vient d'être indiquée pour réclamer un secours à la commune, en cas d'insuffisance des ressources de la fabrique, est conforme aux dispositions de la loi du 18 juillet 1837 et du décret du 30 décembre 1809. On peut, cependant, lorsque la fabrique et le conseil municipal sont d'accord, se dispenser de suivre toute la filière de ces formalités, en faisant arrêter, une fois pour toutes, par l'évêque et par le préfet, l'état des dépenses et des recettes de la fabrique, et fixer un secours annuel égal au déficit constaté. La subvention ainsi réglée devient obligatoire pour la commune.

Dans le cas où il est reconnu que les habitants d'une paroisse sont dans l'impuissance de fournir aux réparations ou reconstructions, même par imposition extraordinaire, la commune peut se pourvoir auprès du ministre des cultes, afin d'obtenir un secours sur le crédit spécial ouvert au budget de l'État pour cette destination. (D. du 30 déc. 1809, art. 100.)

La demande de ce secours doit être adressée au préfet, appuyée des pièces désignées ci-après : 1° délibération du conseil de fabrique; 2° budget de la fabrique; 3° devis estimatif des réparations; 4° état de la situation financière de la commune.

TITRE VI.

Des Écritures et des Comptes.

CHAPITRE Ier. — Ecritures.

En principe, les trésoriers des fabriques, comme tous les autres comptables publics, doivent décrire *tout ce qui se fait, et rien que ce qui se fait;* ils doivent constater les opérations *au fur et à mesure qu'elles ont lieu, sans lacune, surcharge ni rature;* conséquemment les écritures faites ne peuvent jamais éprouver d'altération, et, si des erreurs ont été commises, elles doivent être rectifiées par de nouvelles écritures.

Les règles d'après lesquelles les écritures des fabriques doivent être tenues sont indiquées ci-après; nous indiquerons ensuite celles qu'il convient de suivre : 1° pour l'établissement du bordereau de situation que le trésorier est tenu de présenter au bureau à l'expiration de chaque trimestre; 2° pour constater, en cas de mutation de trésorier, les résultats de la gestion de l'ancien et du nouveau comptable ; 3° enfin, pour la fourniture aux fabriques des imprimés qui leur sont nécessaires pour leur service annuel.

SECTION Ire.

Des Registres.

La comptabilité des fabriques exige ordinairement l'emploi des livres désignés ci-après :

1° Un *Sommier des titres*, servant au trésorier à suivre la rentrée des revenus fixes de la fabrique ;

2° Un *Journal* dans lequel les recettes et les dépenses de la fabrique sont inscrites au fur et à mesure qu'elles ont lieu ;

3° Un *Livre des comptes* ouverts par nature de recettes et de dépenses ;

4° Un *Livre à souche* des quittances délivrées par le trésorier ;

5° Un *Registre des mandats* délivrés par le président du bureau sur la caisse de la fabrique.

Les quatre premiers sont tenus par le trésorier, le dernier par le président du bureau. Toutefois, pour les fabriques dont le revenu est peu important et dont le budget ne comprend qu'un petit nombre d'articles, on peut se dispenser de tenir le sommier, les deux registres à souche et même le livre des comptes, mais le journal des recettes et des dépenses est toujours indispensable.

§ Ier. — Sommier des titres, servant au trésorier à suivre la rentrée des revenus fixes de la fabrique.

Si la fabrique a des biens-fonds ou des rentes, le trésorier doit avoir un sommier contenant l'analyse des titres de propriété sur ces biens, le nom des débiteurs, les sommes dues annuellement, avec une colonne pour l'inscription des payements.

Ce registre dispense le trésorier de parcourir les titres qui ne sont pas et ne doivent pas être entre ses mains.

Les titres de location des places, bancs et chaises de l'église peuvent également être portés par extraits sur ce sommier, ou faire l'objet d'un registre particulier. — *Voy.* au Formulaire le n° 77.

Le sommier du trésorier est indépendant de celui que doit tenir le secrétaire du bureau, conformément aux règles retracées à la page 56.

§ II. — Journal des recettes et des dépenses.

Le montant des fonds perçus pour le compte de la fabrique, à quelque titre que ce soit, est, au fur et à mesure de la rentrée, inscrit, avec la date du jour et du mois, sur un registre coté et parafé, qui demeure entre les mains du trésorier. (D. du 30 décembre 1809, art. 74.)

Le trésorier porte également les dépenses sur le même journal.

Dans le mode le plus généralement suivi pour la

tenue de ce registre, les recettes et les dépenses sont inscrites successivement par ordre de dates et sous une seule série de numéros d'ordre ; seulement on fait ressortir, dans des colonnes distinctes, les sommes reçues et les sommes payées, de manière à ce que ces colonnes puissent être additionnées séparément. — *Voy.* au Formulaire le n° 78.

Toutefois, pour rendre plus faciles les recherches et donner plus de clarté aux écritures, il nous semble préférable d'inscrire tous les articles de recettes sur une page, et les articles de dépenses sur la page vis-à-vis. Le haut de chacune de ces pages porte l'inscription qui lui est propre : celle de gauche *recettes*, celle de droite *dépenses*. Chaque article de recette ou de dépense doit être écrit séparément et porter un numéro d'ordre. On forme deux séries de numéros, l'une pour la recette, l'autre pour la dépense, et chaque série ne doit pas être interrompue depuis le 1ᵉʳ janvier jusqu'au 31 décembre. — *Voy.* au Formulaire, n° 78 *bis*.

Quel que soit le mode adopté, chaque article du journal doit indiquer, avec la date de la recette ou du payement, le montant des sommes reçues ou payées, par qui et à quel titre les premières ont été versées, à qui et à quel titre les secondes ont été délivrées, ainsi que l'année ou l'exercice auquel elles appartiennent.

Il convient aussi de rappeler, à la suite ou au commencement de chaque article, le numéro du budget auquel il se réfère et d'indiquer, pour les dépenses, le numéro du mandat et des autres pièces justificatives à l'appui, qui s'y rapportent ; ces pièces justificatives doivent porter le même numéro que le mandat.

Le journal des recettes et des dépenses est tenu par année. Le trésorier doit, avant de s'en servir, le faire viser et parafer par le président du bureau. Le 31 décembre, le journal est clos et arrêté par le président du bureau, après que le trésorier a formé les totaux des colonnes de recette et de dépense, et fait ressortir l'excédant à reporter comme premier article au journal de l'année suivante.

La tenue du journal est très-importante : elle offre à tout instant au trésorier un moyen facile de vérification ; il lui suffit de faire le total de ses recettes, celui de ses dépenses, et d'en prendre la différence. En comparant ce résultat avec la somme qu'il y a en caisse, il s'apercevra sur-le-champ si des erreurs ou omissions se sont glissées dans la tenue de ses écritures, et s'il s'est introduit quelque désordre dans sa comptabilité.

Indépendamment du compte général des recettes et des dépenses dont il vient d'être parlé, il peut être ouvert, dans une deuxième section du livre, des comptes servant à constater l'existence des valeurs de caisse et de portefeuille dont le trésorier est comptable. Ce sont : 1° le compte : Caisse de la fabrique ; 2° le compte : Fonds placés au Trésor public.

Nous allons indiquer successivement l'utilité et la forme de chacun d'eux.

Compte de *Caisse*. — On a vu, à la page 54, que

le trésorier est tenu de verser dans la caisse ou armoire à trois clefs tous les fonds qui se trouvent, entre ses mains, excéder les besoins du service, et qu'il peut reprendre dans cette caisse les sommes qui lui sont nécessaires pour l'acquit des dépenses.

Les versements de fonds et retraits doivent être faits, autant que possible, en présence du bureau, lors de sa réunion mensuelle. On attend ordinairement la première séance qui suit l'expiration d'un trimestre, parce qu'alors, la situation des recouvrements et des payements étant établie dans le bordereau du trésorier, il est plus facile de déterminer la somme qui excède les besoins du trimestre suivant, ou celle qu'il est nécessaire de remettre entre les mains du comptable pour l'acquit des dépenses de ce trimestre.

Pour pouvoir, en tout temps, se rendre compte de ces mouvements de fonds et de la somme en caisse, il est nécessaire d'en tenir écriture ; tel est l'objet du compte intitulé : *Caisse de la fabrique*, que nous proposons d'ouvrir dans une deuxième section du journal des recettes et des dépenses.

Ce compte est débité de toutes les sommes versées à la caisse, et crédité de toutes celles qui en sont extraites.

A chaque dépôt de fonds, le trésorier se fait délivrer une déclaration de versement par les autres membres du bureau, et il classe cette pièce dans sa comptabilité comme pièce justificative.

De même, avant chaque retrait de fonds, il se fait délivrer une autorisation motivée, qu'il conserve également comme pièce justificative, et en échange de laquelle il remet un récépissé que l'on dépose dans la caisse ou dans l'armoire des titres. — *Voy.* au Formulaire, les modèles n°s 86 et 87.

Compte : *Trésor public.* — On a vu à la page 55 que les fabriques ont, comme les communes et les établissements de bienfaisance, la faculté de placer en compte courant au Trésor public les fonds qu'elles auraient en caisse en excédant des sommes nécessaires à l'acquit de leurs dépenses.

Les sommes versées à ce titre au receveur des finances de l'arrondissement sont portées au débit d'un compte ayant pour titre : *Fonds placés en compte courant au Trésor public.* Ce compte est crédité des remboursements faits à la fabrique au fur et à mesure de ses besoins.

§ III. — Livre des comptes ouverts par nature de recettes et de dépenses.

Ce registre est nécessaire au trésorier, non-seulement pour classer ses recettes et dépenses dans le même ordre qu'au budget, et lui faciliter l'établissement de son compte annuel ; il lui sert surtout pour pouvoir vérifier, à tout instant, ce qu'il a déjà perçu et ce qu'il lui reste à percevoir sur chaque article de recette, ce qu'il a payé et ce qu'il lui reste à payer sur chaque article de dépense. Il serait très-difficile à un trésorier d'avoir, sans ce registre, une comptabilité bien régulière, surtout si elle a une certaine importance.

On suit exactement, dans le livre des comptes, l'ordre tracé pour la rédaction du budget. Dans le livre, chaque article du budget devient un chapitre ; ce chapitre doit porter le numéro correspondant de l'article.

Le livre des comptes diffère du budget en ce qu'il est plus développé. Dans le budget, le produit des quêtes, par exemple, ne forme qu'un seul article ; dans le livre, il en forme autant qu'il y a eu de versements. Dans le budget, le produit de la location des bancs est porté en un seul article ; dans le livre, s'il y a 40 locataires ou un plus grand nombre, ils doivent être tous inscrits.

La même remarque doit être appliquée aux dépenses.

Pour faciliter les recherches dans le journal du trésorier, il faut que chaque écriture passée au livre des comptes rappelle le numéro du journal sous lequel chaque recette et chaque dépense sont inscrites.

Le budget étant divisé en deux titres principaux, le livre des comptes doit présenter deux divisions correspondantes : la première pour les comptes de recettes ; la deuxième pour les comptes de dépenses.

Le livre des comptes, destiné à constater, par nature de recette et de dépense, les opérations effectuées en exécution du budget, est tenu par exercice, c'est-à-dire qu'il sert à l'enregistrement des recettes et des dépenses propres à chaque exercice, non-seulement pendant l'année qui donne son nom à l'exercice, mais encore pendant la partie de l'année suivante, qui est accordée pour en compléter les opérations. Il s'ensuit que le trésorier, ayant à opérer pendant les deux premiers mois de chaque année, les recettes et les dépenses de l'exercice qui commence, ainsi que celles de l'exercice qui achève sa période, doit tenir concurremment ouverts pendant ce temps, les livres des comptes de ces deux exercices.

Lorsque le trésorier a effectué une recette et a délivré à la partie versante une quittance détachée du journal à souche, il inscrit immédiatement cette recette à son journal, puis il la constate au chapitre du livre des comptes auquel elle se rapporte. De même chaque payement que le trésorier opère entre les mains des créanciers de la fabrique, après avoir été inscrit au journal, est constaté en dépense au chapitre correspondant du livre des comptes auquel la dépense se réfère.

On trouvera au *Formulaire* sous le n° 79, un modèle du livre des comptes ouverts par nature de recettes et de dépenses.

§ IV. — Livre à souche des quittances du trésorier.

L'usage d'un livre à souche, pour la délivrance des quittances, a été adopté depuis longtemps par la plupart des administrations chargées du recouvrement des revenus publics. En ce qui concerne spécialement le service des communes et des établissements de bienfaisance, la tenue de ce registre est obligatoire. Quant aux fabriques, aucun règlement ne leur en prescrit l'usage, mais les avantages qu'il présente pour le bon ordre de la comptabilité, sa commodité pour l'expédition des quittances, doivent le faire admettre également par ces établissements.

Le trésorier y enregistre successivement et avec détail les sommes qui lui sont versées. Cet enregistrement doit être fait de telle sorte que la souche ou le corps du livre présente distinctement : le numéro d'ordre de l'enregistrement ; la date de la recette ; le nom du redevable ; enfin la désignation du produit et de l'exercice sur lequel il est recouvré.

Le trésorier remplit ensuite la quittance attachée à la souche en regard de chaque article de recette, laquelle doit porter le même numéro d'enregistrement, les mêmes noms, les mêmes désignations et la même somme. Il détache cette quittance et la remet à la partie versante, comme récépissé, sur papier libre et sans frais. — *Voy.* au Formulaire, le n° 80.

Lorsque, comme il a été dit à la page 61, la quittance doit être sur papier timbré, et que le débiteur refuse d'en supporter les frais, il ne peut être délivré aucun reçu, déclaration ou autre pièce en tenant lieu. Si le trésorier inscrivait, néanmoins, la recette à son livre à souche sans en détacher la quittance, la partie versante aurait le droit, ainsi qu'il a été décidé pour les communes et les établissements de bienfaisance, de prendre note du numéro et de la date de l'article du livre à souche, qui a rapport à son versement.

§ V. — Journal d'ordonnancement.

Le président du bureau, chargé des fonctions d'ordonnateur des dépenses, doit tenir écriture des mandats qu'il délivre, sur un registre uniquement consacré à cet usage. Il n'est pas nécessaire d'y transcrire textuellement chaque ordonnance de payement, mais on doit y inscrire sommairement : 1° l'exercice auquel la dépense appartient ; 2° le crédit sur lequel le payement est prélevé ; 3° la date du mandat ; 4° les noms et prénoms du créancier au profit duquel le mandat est délivré ; 5° l'objet de la dépense ; 6° la somme à payer ; 7° les pièces justificatives jointes au mandat ou à y joindre avant la présentation au trésorier.

Les mandats sont inscrits au registre successivement et par ordre de dates ; ils prennent un numéro d'inscription, dont la série ne doit pas être interrompue du 1ᵉʳ janvier au 31 décembre.

On peut avoir un registre à souche d'où le mandat est détaché après avoir été rempli ; la souche reste et sert de journal à l'ordonnateur pour l'inscription des mandats.— *Voy*. au Formulaire les nᵒˢ 81, 82 et 83.

SECTION II.

Formation des bordereaux de situation trimestrielle.

Le trésorier est tenu de présenter, à l'expiration de chaque trimestre, au bureau des marguilliers, un bordereau, signé de lui et certifié véritable, de la situation active et passive de la fabrique pendant les trois derniers mois écoulés. Ces bordereaux sont signés de ceux qui ont assisté à l'assemblée, et déposés dans la caisse ou armoire de la fabrique, pour être représentés lors de la reddition du compte annuel. (D. du 30 décembre 1809, art. 34.)

La marche à suivre pour établir ce bordereau consiste à présenter le relevé des recettes et dépenses comprises dans le budget et autorisées supplémentairement, à rapporter, en regard de chaque article, le montant des opérations faites sur l'exercice pendant le trimestre et antérieurement; et à indiquer, également par chaque article, les restes à recouvrer et les restes à payer à l'expiration du trimestre. On doit avoir soin, pour les bordereaux du premier trimestre, de présenter la distinction des recettes et des dépenses propres à l'exercice qui vient d'achever sa période, et de celles qui appartiennent à l'exercice qui commence.

Le trésorier, après avoir établi le détail des recettes et dépenses effectuées pendant le trimestre, forme les totaux des diverses colonnes du bordereau puis la récapitulation, qui doit faire ressortir l'excédant des recettes sur les dépenses. A cet effet, et suivant les indications données par le modèle (*voy.* au Formulaire, le modèle n° 85), le comptable rapporte, en première ligne du cadre destiné à cette récapitulation, l'excédant des recettes sur les dépenses du trimestre précédent. Il y ajoute les recettes faites pendant le trimestre, et déduit de ce total le montant des dépenses également effectuées pendant le trimestre. La différence qui en résulte représente le nouvel excédant de recettes au dernier jour du trimestre. Cet excédant doit toujours être égal à l'excédant constaté par le compte général de la fabrique.

Au moyen de ce document, il est facile au bureau de déterminer, sur l'état réel de la caisse, les dépenses qui devront être effectuées pendant le trimestre suivant. Il en forme un état qui est signé de tous les membres présents et remis au président, pour servir à l'ordonnancement des dépenses. Celui-ci en délivre une copie au trésorier.

Si le trésorier n'a pas entre les mains la somme nécessaire pour les dépenses du trimestre, ce qui manque est extrait de la caisse à trois clefs, comme aussi ce qu'il y aurait d'excédant y est versé. (D. du 30 décembre 1809, art. 53.) — *Voy.* les modèles n°s 86 et 87.

SECTION III.

Remise de service en cas de mutation de trésorier.

En cas de mutation de trésorier, la remise du service doit être faite en présence du bureau des marguilliers.

C'est ordinairement dans une séance extraordinaire du bureau convoquée immédiatement après la session du conseil, qui se tient le dimanche de *Quasimodo*, qu'a lieu l'installation du nouveau trésorier. Il est procédé à la remise de service de la manière suivante.

Le trésorier sortant de fonctions dresse un bordereau conforme à celui de fin de trimestre, dont il vient d'être parlé, et le fait suivre d'une récapitulation qui présente pour résultat l'excédant des recettes sur les dépenses à l'époque de la remise de service. Il doit justifier de la réalité de cet excédant par la représentation des récépissés constatant des versements de fonds dans la caisse de la fabrique, par les valeurs de portefeuille, s'il en existe, et par la somme en numéraire existant entre ses mains.

Le bureau procède à la vérification du bordereau et des valeurs qui y sont énoncées; il dresse ensuite un inventaire des livres, états, tarifs et autres pièces qui étaient entre les mains du comptable, et qui ont dû être déposés sur le bureau à l'ouverture de la séance.

Le trésorier nouvellement élu, reçoit immédiatement le numéraire qui était entre les mains de son prédécesseur, et en prend charge, ainsi que des valeurs de caisse et de portefeuille existant dans la caisse de la fabrique. Il reçoit également tous les registres de comptabilité, ainsi que les tarifs et règlements nécessaires au recouvrement des produits.

Tous les comptes ouverts sur les registres doivent être visés et arrêtés par le président du bureau, de manière à ce qu'on puisse distinguer, dans la suite, les écritures faites par l'ancien et le nouveau comptable.

Le secrétaire du bureau dresse, séance tenante,

un procès-verbal de remise de service, auquel il joint le bordereau de situation dressé par l'ancien comptable. Il doit consigner au procès-verbal toutes les circonstances de l'opération et le faire signer par le trésorier sortant, par le nouveau trésorier et par les autres membres du bureau présents à la séance. Il en lève ensuite une expédition qu'il fait certifier par le président, et qu'il remet au comptable sortant pour servir de décharge, sauf apurement du compte annuel par le conseil de fabrique.

On trouvera au *Formulaire*, sous le n° 91, un modèle de procès-verbal de remise de service.

SECTION IV.

Fourniture aux fabriques des imprimés nécessaires pour la tenue de leur comptabilité.

Afin d'introduire l'uniformité et la régularité dans les écritures, les budgets et les comptes, il est à désirer que l'autorité diocésaine se charge de la fourniture de tous les imprimés et cadres en blanc nécessaires aux fabriques.

Dans les diocèses où cette mesure est adoptée, les trésoriers doivent avoir soin d'adresser au secrétariat de l'évêché, dans le mois de juillet de chaque année, la demande des impressions dont ils ont besoin pour le service de l'année suivante.

Le secrétariat de l'évêché fait l'avance du prix de ces fournitures, et s'en fait rembourser par les trésoriers des fabriques.

CHAPITRE II. — Du compte annuel.

Le trésorier est tenu de rendre, chaque année, le compte de ses opérations pour l'exercice précédent. Ce compte comprend toutes les recettes et les dépenses faites, en exécution du budget, depuis le 1er janvier jusqu'au 31 décembre, et en outre, ainsi qu'il a été dit à la page 141, les recouvrements et les payements effectués pour compléter les opérations de l'exercice pendant les deux premiers mois de l'année suivante.

SECTION Ire.

Formation et présentation du compte.

§ Ier. — Formation du compte.

Le compte du trésorier comprend les recettes et les dépenses de l'exercice pour lequel il est rendu, dans des chapitres et articles correspondants aux chapitres et articles du budget.

Rien de plus facile à rédiger que le compte annuel, au moyen du livre des comptes dont nous avons indiqué la forme à la page 165. On a vu que ce livre devait être tenu dans l'ordre tracé pour la formation du budget, avoir les mêmes divisions, marquées par des chapitres et des numéros correspondants; le compte devant être aussi rendu dans la même forme et le même ordre que le budget, il suffit pour le rédiger, de faire sur le livre des comptes, l'addition des sommes reçues ou livrées, en conservant la spécialité et l'ordre indiqués.

Le compte, rédigé dans cet ordre, présente par colonnes distinctes, — au *titre des recettes* : 1° le numéro de chaque article ; 2° la désignation des chapitres et articles ; 3° les sommes à recouvrer d'après le budget et les autorisations supplémentaires ; 4° la fixation définitive de chaque somme à recouvrer d'après les titres et actes justificatifs ; 5° les sommes recouvrées pendant l'exercice et dont le trésorier est comptable; 6° les restes à recouvrer justifiés et à reporter sur l'exercice suivant ; 7° les observations de toute nature qui peuvent être faites sur les différents articles du compte ; — et au *titre de dépenses* ; 1° le numéro de chaque article; 2° la désignation des chapitres et articles ; 3° le montant des crédits ouverts par le budget et les autorisations supplémentaires ; 4° le montant des dépenses effectuées ; 5° les sommes payées et dont il est fait dépense par le comptable ; 6° les restes à payer à reporter sur l'exercice suivant; 7° l'indication des pièces justificatives à l'appui des dépenses et les diverses observations.

Le reliquat d'un compte forme toujours le premier article du compte suivant. (D. du 30 décembre 1809, art, 72.)

A chacun des articles de recette, soit des rentes, soit des loyers ou autres revenus, il doit être fait mention des débiteurs, fermiers ou locataires, des noms et situation de la maison et héritages, de la qualité de la rente foncière ou constituée, de la date du dernier titre nouvel ou du dernier bail, et des notaires qui les ont reçus, ensemble de la fondation à laquelle la rente est affectée, si elle est connue. (D. du 30 décembre 1809, art. 83.)

Lorsque, soit par le décès du débiteur, soit par le partage de la maison ou de l'héritage qui est grevé d'une rente, cette rente se trouve due par plusieurs débiteurs, il n'est néanmoins porté qu'un seul article de recette, dans lequel il est fait mention de tous les débiteurs, sauf l'exercice de l'action solidaire, s'il y a lieu. (Id., art. 84.)

Ces détails peuvent être donnés dans la colonne d'observations. S'ils paraissaient trop étendus et nuisibles à la clarté du compte, le Trésorier pourrait les abréger en renvoyant au sommier des titres (modèle n° 77), ou en joignant au compte un extrait de ce sommier.

Le trésorier, après avoir établi les deux titres de son compte, en forme le résultat général. A cet effet, il rapporte dans le cadre qui termine le modèle : 1° le total des recettes effectuées, dans lequel se trouve compris l'excédant de l'exercice précédent; 2° le total des dépenses acquittées. Il fait ensuite ressortir l'excédant des recettes ou des dépenses à l'expiration de l'exercice.

Le compte annuel doit être dressé en double minute, dont l'une est déposée dans l'armoire à trois clefs, l'autre à la mairie, lors même que la fabrique ne recevrait aucune subvention de la commune. (**D. du 30 décembre 1809, art. 89.**)

Le compte doit être affirmé sincère et véritable, être daté et signé par le comptable. Il doit en outre, être parafé sur chaque feuillet. Les renvois et ratures doivent être approuvés par le comptable.

§ II. — Justifications à produire à l'appui du compte.

Le compte, ainsi rédigé, doit être accompagné d'une expédition du budget, et appuyé de pièces justificatives de la recette et de la dépense.

Les pièces justificatives de la dépense ont été désignées au titre IV, chapitre V (p. 109 et suiv.), où l'on est entré dans tous les détails relatifs à chacune des dépenses des fabriques. Quant aux justifications de la recette, elles se composent : pour les revenus fixes, d'états, expéditions ou extraits des baux, actes d'adjudication et autres titres qui maintiennent ou rectifient les fixations provisoires du budget ; pour les revenus éventuels, de décomptes ou de certificats arrêtés ou délivrés par le président du bureau, et qui établissent les produits réels sur chacun de ces revenus.

Les pièces justificatives, classées par chapitres et par articles, sont détaillées dans un inventaire ou bordereau qui est joint au compte. Lorsque l'on ne dresse pas d'inventaire, on indique les numéros des pièces justificatives, pour chaque article, dans la colonne du compte destinée aux observations.

§ III. — Des comptes à rendre par les trésoriers remplacés ou installés dans le cours d'une année.

Chaque trésorier, n'étant responsable que des

actes de sa gestion personnelle, doit, en cas de mutation, rendre compte séparément des faits qui le concernent; en conséquence, lorsque la mutation s'opère dans le cours d'une année, le compte de cette année doit être divisé suivant la durée de la gestion de l'ancien et du nouveau comptables.

Le compte du receveur remplacé doit avoir pour point de départ l'excédant des recettes de son compte de l'année précédente, et, pour dernier résultat, le montant des valeurs qui représentent l'excédant des recettes au jour de la cessation de son service.

Le trésorier y comprend toutes les opérations faites par lui pendant ce laps de temps; et, comme les recouvrements et payements propres à l'exercice pour lequel il est rendu peuvent n'être pas entièrement terminés, son compte doit indiquer les restes à recouvrer et à payer dont le nouveau trésorier sera chargé.

Le premier compte à rendre par le nouveau trésorier doit avoir pour point de départ le solde ou excédant de recette résultant de la gestion de son prédécesseur, solde qui doit être compris, à la fin du compte, dans la récapitulation destinée à faire ressortir l'excédant total des recettes à l'époque de la clôture de l'exercice.

Toutefois, lorsque le procès-verbal de remise de service et le bordereau de situation, mentionnés aux pages 169 et 171, ne constatent aucune irrégularité ou négligence dans la gestion du comptable sortant, et lorsque le nouveau trésorier consent à présenter, sous sa responsabilité, un compte unique pour l'exercice tout entier, on peut dispenser l'ancien comptable de la production d'un compte partiel; on se contente de joindre au compte de l'exercice le bordereau de situation établi à l'époque de la remise du service. Cette mesure doit être adoptée toutes les fois que l'on n'y voit point d'obstacle essentiel, car elle offre l'avantage d'abréger le travail et de simplifier les formalités.

§ IV. — Présentation du compte au conseil de fabrique.

Le trésorier est tenu de présenter son compte au bureau des marguilliers dans la séance du premier dimanche du mois de mars. Il peut réclamer de l'un des membres du bureau un récépissé constatant le dépôt du compte et des pièces justificatives. (D. du 30 décembre 1809, art. 85.)

Le bureau, dans la même séance, procède à l'examen du compte et prépare le rapport qu'il doit en faire au conseil dans la séance du dimanche de *Quasimodo*.

Après la présentation du compte, il ne peut plus y être fait aucun changement.

SECTION II.

Discussion et apurement du compte par le conseil.

Les marguilliers présentent le compte, appuyé des pièces justificatives, au conseil de fabrique, dans la séance du dimanche de *Quasimodo*, et le compte est examiné, clos et arrêté dans cette séance, qui est, pour cet effet, prorogée au dimanche suivant, si besoin est. (D. du 30 décembre 1809, art. 85 ; O. du 12 janvier 1825, art. 2.)

Lorsque l'examen du bureau a été bien fait, celui du conseil est facile, car il n'a ni plus ni moins d'objets à discuter, de pièces à vérifier.

S'il arrive quelques débats sur un ou plusieurs articles de recette ou de dépense, le compte n'en est pas moins clos, sous la réserve des articles contestés. Dans ce cas, il en est référé à l'évêque. (D. du 30 décembre 1809, art. 86.)

Lorsque tous les faits de comptabilité sont éclaircis et qu'il résulte des vérifications que le compte est en état d'être apuré, il est arrêté par le conseil.

Le conseil ne doit apporter aucun changement au résultat général du compte, à moins d'erreurs d'addition ou d'inexactitudes dans le report du reliquat fixé par l'arrêté du compte précédent.

Les modifications dont la recette et la dépense d'un compte sont susceptibles s'opèrent au moyen d'écritures dans la comptabilité du nouvel exercice. Ces modifications ne peuvent résulter que des faits suivants, savoir : — *sur la recette* : 1° les augmentations provenant de sommes omises au préjudice de la fabrique ; 2° les diminutions des sommes portées de trop en recette, par suite d'erreurs au préjudice du comptable ; — et *sur la dépense* : 1° les diminutions, soit pour dépenses rejetées comme irrégulières, soit pour sommes portées de trop en dépense, au préjudice de la fabrique ; 2° les augmentations pour sommes omises par suite d'erreurs au préjudice du comptable.

Les augmentations de recettes et les diminutions de dépenses donnent lieu au versement en numéraire, dans la caisse de la fabrique, des sommes mises à la charge du trésorier. Les diminutions de recette et les augmentations de dépense donnent lieu au payement que le trésorier est autorisé à se faire à lui-même, sur les deniers de la fabrique, des sommes qu'il avait avancées par suite des erreurs reconnues. En conséquence, le conseil, en statuant sur un compte, énonce dans sa délibération, soit le versement, soit la retenue à effectuer par le trésorier, et lui prescrit d'en faire l'emploi dans le compte suivant.

Au moyen de ces dispositions, l'arrêt rendu sur un compte rappelle le résultat général de la situation du trésorier pour des sommes conformes à celles qui sont constatées au compte rendu, et il le charge de rapporter ce résultat au compte de l'exercice subséquent. — *Voy.* au Formulaire le n° 89.

Le trésorier, comme membre du conseil de fabrique, peut assister à la séance dans laquelle son compte est débattu ; il est même utile qu'il s'y rencontre pour fournir les documents qui pourraient être demandés. Mais il est convenable qu'il se retire au moment où le conseil va émettre son vote.

Une expédition du compte et de l'arrêté de compte signée par le président du conseil, est remise au trésorier pour lui servir de décharge.

SECTION III.

Autorité de l'évêque sur les comptes.

L'évêque peut nommer un commissaire pour assister, en son nom, au compte annuel ; mais si ce commissaire n'est pas un grand vicaire, il ne peut rien ordonner sur le compte. Seulement il peut dresser procès-verbal sur l'état de la fabrique et sur les fournitures et réparations à faire à l'église. (D. du 30 décembre 1809, art. 87.)

En cours de visite, les archevêques et évêques et leurs vicaires généraux peuvent se faire représenter tous les comptes, registres et inventaires, et vérifier l'état de la caisse. (*Idem*, art. 87.)

L'évêque peut en outre, exiger l'envoi du compte soit comme pièce justificative du budget, soit pour s'assurer de l'état financier de la fabrique ; c'est une conséquence de la tutelle que lui confie la loi.

SECTION IV.

Recours de la fabrique contre un trésorier reliquataire, ou qui n'a pas rendu son compte dans les délais prescrits.

Faute par le trésorier de présenter son compte à l'époque fixée et d'en payer le reliquat, celui qui lui succède est tenu de faire, dans le mois au plus tard, les diligences nécessaires pour l'y contraindre, et, à son défaut, le procureur impérial, soit d'office, soit sur l'avis qui lui en est donné par l'un des membres du bureau ou du conseil, soit sur l'ordonnance rendue par l'évêque en cours de visite, est tenu de poursuivre le comptable devant le tribunal de première instance, et le fait condamner à payer le reliquat, à faire régler les articles débattus, ou à rendre son compte, s'il ne l'a été, le tout dans un délai fixé; sinon, et ledit temps passé, à payer provisoirement, au profit de la fabrique, la somme égale à la moitié de la recette ordinaire de l'année précédente, sauf les poursuites ultérieures. (D. du 30 déc. 1809, art. 90.)

Mais le tribunal ne peut s'immiscer dans les débats du compte. Il se borne à forcer à le rendre, et, s'il est rendu et arrêté, à en faire payer le reliquat. S'il n'y a pas débat sur l'apurement, l'approbation de l'évêque suffit pour contraindre le comptable à payer; s'il y a débat sur les articles du compte, c'est au ministre des cultes, sauf recours au conseil d'État, à prononcer. (Arrêt du cons. d'État, 24 juillet 1862.)

D'après l'article 2121 du Code civil, la fabrique peut, indépendamment du recours en justice, user sur tous les immeubles du trésorier qui ne rend pas ses comptes, ou qui est reconnu reliquataire, du privilége de l'hypothèque légale.

Le temps requis pour qu'un trésorier ayant prescrit contre une fabrique ne soit pas tenu de lui rendre ses comptes est fixé, selon le droit commun, à trente ans.

FIN DE LA PREMIÈRE PARTIE

DEUXIÈME PARTIE.

FORMULAIRE
DES FABRIQUES.

FORMULES DE DÉLIBÉRATIONS.
(Voy. p. 23 et 28.)

N° 1.

REGISTRE des délibérations du Conseil de Fabrique de l'église St..... de.....

Le présent registre destiné à l'inscription des délibérations du Conseil de Fabrique de la paroisse de..., contient.... feuillets, cotés et parafés par nous, Président soussigné.

A......, le... . 186 .
Le Président du Conseil,
(Suivent les procès-verbaux des délibérations.)

N° 2.

PROCÈS-VERBAL d'une séance ordinaire du Conseil.

L'an mil huit cent...., le.... du mois de.....premier dimanche de ce mois, le Conseil de Fabrique de l'église paroissiale de.... conformément à l'avertissement publié le dimanche précédent au prône de la messe paroissiale, s'est réuni dans la sacristie de cette église (ou au presbytère), en séance ordinaire, sous la présidence de M...

Etaient présents : M..... curé (desservant ou vicaire), M. ..., maire (ou adjoint), MM. ..., membres du Conseil de Fabrique, et M. ... également membre et secrétaire du Conseil : le Président et lesdits membres présents formant la majorité du Conseil.

M. le Président, après avoir ouvert la séance, a exposé...
et a proposé en conséquence au Conseil de décider........

La proposition ayant été mise en discussion, a été adoptée (*ou* rejetée) à la majorité de.... voix (*ou* à l'unanimité).

Ou bien : La proposition ayant été mise en discussion, il a été arrêté à la majorité de..... voix :

Art. 1er. ....
Art. 2. ....

(On exprime ainsi ou dans telle autre forme qu'on juge convenable mais toujours avec clarté et concision, les propositions faites dans la séance et les décisions du Conseil, le procès-verbal est clos ensuite de la manière suivante :)

Aucun objet ne restant à mettre en délibération, et personne ne demandant plus la parole, le présent procès-verbal a été clos en séance, le dimanche ... du mois de... mil huit cent..., et ont signé, après lecture faite, tous les membres du Conseil présents (1).

N° 3.

PROCÈS-VERBAL *d'une séance extraordinaire du Conseil.*

L'an mil huit cent soixante...., le... du mois de...., en vertu de l'autorisation accordée par Mgr. l'Évêque du diocèse (*ou* par M. le Préfet du département), en date du..., le Conseil de Fabrique de la paroisse de ...., dûment convoqué, s'est réuni dans la sacristie de l'église dudit lieu (*ou* dans l'une des salles du presbytère), en séance extraordinaire, et sous la présidence de M.....

---

(1) Si quelqu'un des membres du Conseil ne savait signer ou était empêché de le faire, ou bien refusait d'apposer sa signature, on ajouterait ces mots : à l'exception de M....., lequel a déclaré ne savoir (*ou* ne pouvoir) pas écrire (*ou* lequel a refusé de signer).

Étaient présents, MM...., le Président et lesdits membres présents formant plus de la moitié du Conseil.

M. le Président, après avoir ouvert la séance, a exposé au Conseil que l'objet pour lequel la Fabrique avait été autorisée à se réunir extraordinairement était....

Le Conseil considérant que.....

A arrêté à la majorité de... voix:

Art. 1er .....

Art. 2. .....

Le présent procès-verbal a été clos en séance et ont signé, après lecture faite, tous les membres du Conseil présents.

N° 4.

EXPÉDITION *d'une délibération du Conseil de Fabrique* (1).

Extrait du registre des délibérations du Conseil de Fabrique de l'église St.... de ....

L'an mil huit cent.... le... du mois de...., le Conseil de Fabrique de l'église paroissiale de.., etc.

(On copie textuellement le préambule du procès-verbal et la délibération, et l'on termine ainsi qu'il suit:)

Ont signé au registre MM.....

Pour expédition conforme :

Le Secrétaire du Conseil.   Le Président du Conseil,

---

(1) Lorsqu'on doit produire à l'Évêque ou devant les autorités publiques des copies ou expéditions des délibérations, c'est le Président et le Secrétaire du Conseil qui ont seuls qualité pour les certifier et délivrer. Les expéditions doivent être écrites sur papier dit tellière ou papier ministre, feuille entière, et on y doit laisser une marge suffisante pour les annotations, avis ou approbations de l'autorité.

N° 5.

PROCÈS-VERBAL *d'une séance du Bureau des marguilliers* (1)

L'an mil huit cent soixante ..., le dimanche ... du mois de...., à l'issue de la messe paroissiale (*ou des vêpres*), le Bureau de la Fabrique de l'église St... de ..., convoqué par M.... son Président (*ou bien :* convoqué par M. le Président sur la demande de M..., Curé de la paroisse), s'est réuni dans la sacristie de l'église (ou au presbytère) en séance ordinaire (ou extraordinaire).

M. le Président, après avoir ouvert la séance, a fait connaître au Bureau que M...., Trésorier, n'avait pu se rendre à la séance, parce que.... (indiquer les motifs de l'absence).

Il a ensuite exposé.... (énoncer les propositions du Président et les diverses délibérations prises par le Bureau.)

Lecture faite du présent procès-verbal, les membres présents l'ont signé et le Président a levé la séance.

Fait à.... les jour, mois et an susdits.

---

(1) Les expéditions des délibérations du Bureau sont délivrées dans les mêmes formes que celles des délibérations du Conseil, et signées aussi par le Président et le Secrétaire.

PROCÈS-VERBAUX D'ÉLECTIONS ET D'INSTALLATION.

(Voy. p. 16 et 25).

N° 6.

Procès-verbal *d'élections triennales en remplacement d'une partie du Conseil* (1).

L'an mil huit cent soixante....., le... du mois de..., dimanche de *Quasimodo*, le Conseil de Fabrique de l'église paroissiale de..., s'est réuni, etc. (après le préambule comme au n° 2, on inscrit successivement les diverses délibérations prises dans la séance.)

Personne ne demandant plus la parole, M. le Président a rappelé au Conseil qu'il y a lieu de procéder à diverses élections, savoir : 1° A la nomination de quatre Fabriciens en remplacement de MM. B..., C.., D... et H..., lesquels sont en fonctions depuis le dimanche de *Quasimodo* de l'année 18..., c'est-à-dire depuis six années ; 2° à la nomination annuelle du Président et du Secrétaire du Conseil ; 3° à la nomination d'un Marguillier en remplacement de M. D..., membre du Bureau, lequel exerce cette charge depuis le dimanche de *Quasimodo* de l'année 18..., c'est-à-dire depuis trois ans.

---

(1) Ce modèle de procès-verbal est circonstancié ; il convient de le suivre pour les élections des fabriques composées de neuf membres électifs. Dans les séances d'élections des fabriques composées de cinq membres électifs seulement, il suffit de mentionner le résultat du dépouillement des suffrages ; c'est tout ce qui est rigoureusement exigé. On peut se servir, par exemple, de la formule suivante : « Les membres sortants, MM...., s'étant retirés, les membres restants, sous la présidence de M..., ont élu au scrutin pour les remplacer : MM... »

Mais préalablement le procès-verbal a été arrêté et signé, après lecture faite, par tous les membres présents.

(Signatures.)

Et à l'instant MM. B...., C...., D... et H... se sont retirés, M. le Président (1) a dit qu'on allait procéder à l'élection de quatre Fabriciens, et il a remis, à chacun des membres, un bulletin ouvert, en l'invitant à y inscrire quatre noms. Chaque membre a remis son bulletin fermé à M. le Président, qui l'a déposé dans la boîte destinée à cet usage.

M. le Président s'étant enquis si tous les members avaient voté, la boîte a été ouverte et les bulletins comptés ; ils se sont trouvés au nombre de six, nombre égal à celui des votants ; la majorité a été ainsi fixée à quatre voix.

M. le Président a pris successivement chaque bulletin, l'a déplié et en a fait lecture à haute voix ; M. le Secrétaire a tenu note des votes et il est résulté du recensement, que M. B... a obtenu six suffrages, M. C... six suffrages, M. F... cinq suffrages, M. D... trois suffrages, M. E.... deux suffrages et M. P... deux suffrages.

En conséquence, MM. B...., C.... et F.... ayant obtenu la majorité nécessaire, M. le Président les a proclamés membres du Conseil de Fabrique.

Et il a annoncé qu'aucun autre candidat n'ayant obtenu la même majorité, on allait procéder à un nouveau tour de scrutin pour l'élection du quatrième Fabricien à nommer, en prévenant qu'on ne doit écrire qu'un nom sur chaque bulletin.

M. le Président ayant remis, reçu, compté et dépouillé les bulletins de la même manière que dans l'opération précédente, il est résulté du recensement que M. D.... a obtenu trois suffrages et M. E.... trois suffrages.

---

(1) Si le Président du Conseil était au nombre des membres sortants, les élections seraient présidées par le plus âgé des membres restants, et on le mentionnerait au procès-verbal en ces termes : M... Président comme le plus âgé des membres restants, a dit, etc.

Le partage des voix ayant été ainsi constaté, M. le Président a fait observer qu'en pareil cas il appartenait au Conseil de nommer le plus âgé des deux candidats. En conséquence M. D... a été proclamé membre du Conseil.

(Si les membres sortants étaient tous réélus et étaient encore présents ou pouvaient être rappelés à la séance, les opérations électorales seraient immédiatement terminées par la nomination du Président, du Secrétaire du Conseil et d'un membre du Bureau. On continuerait ainsi:)

Il a ensuite été procédé, et toujours dans les mêmes formes que ci-dessus, à trois scrutins successifs : le premier, pour la nomination du Président du Conseil; le second, pour la nomination du Secrétaire, et le troisième, pour la nomination d'un Marguillier en remplacement de M.....

Il est résulté du dépouillement des votes, etc., (la suite comme au n° 7 ci-après.)

(Mais si de nouveaux membres devaient entrer dans le Conseil par suite de l'élection qui vient d'être faite, la séance devrait être prorogée au dimanche suivant, afin qu'ils pussent être convoqués pour prendre part aux élections annuelles. On le mentionnerait au procès-verbal de la manière suivante :)

M. le Président a ensuite prorogé la séance au dimanche... de ce mois, à l'issue de la messe (*ou des vêpres*), pour la nomination du Président, du Secrétaire du Conseil, et d'un membre du Bureau; et le procès-verbal a été arrêté et signé, après lecture, par les membres présents.

(Signatures.)

Et le dimanche ... du mois de ..., le Conseil, renouvelé suivant acte du ..., réuni sous la présidence de M...., présents MM. ...... a reçu la déclaration qu'ont faite les nouveaux membres d'accepter les fonctions auxquelles ils sont appelés ;

Il a ensuite été procédé à trois scrutins successifs, etc.

(La suite comme au n° 7 ci-après.)

N° 7.

PROCÈS-VERBAL *d'élection du Président et du Secrétaire du Conseil, et d'un membre du Bureau des Marguilliers* (1).

L'an mil huit cent soixante ..., le ... du mois de ..., dimanche de *Quasimodo*, le Conseil de Fabrique de l'église paroissiale de ..., s'est réuni, etc. (préambule comme au n° 2; inscrire ensuite les délibérations prises dans la séance.)

Personne ne demandant plus la parole, M. le Président a rappelé au Conseil qu'il y a lieu de procéder à la nomination annuelle du Président et du Secrétaire du Conseil, et à la nomination d'un membre du Bureau, en remplacement de M. D..., qui exerce cette charge depuis le dimanche de *Quasimodo* de l'année 18..., c'est-à-dire depuis trois ans.

Il a été procédé immédiatement à trois scrutins successifs: le premier, pour la nomination du Président du Conseil; le second, pour la nomination du Secrétaire; et le troisième, pour la nomination d'un Marguillier en remplacement de M. ...

Il est résulté du dépouillement des votes:

Que, pour la nomination aux fonctions de Président du Conseil, M. A.... a obtenu six suffrages;

Que, pour la nomination aux fonctions de Secrétaire du Conseil, M. B.... a obtenu six suffrages;

Que, pour la nomination aux fonctions de Marguillier, M. C... a obtenu trois suffrages, et M. D... trois suffrages.

---

(1) Ce modèle est pour le cas où il n'y a pas lieu au renouvellement triennal d'une partie du Conseil. On suppose que la Fabrique est composée de sept membres, y compris les membres de droit.

En conséquence, M. le Président a proclamé M. A..., Président, et M. B... Secrétaire du Conseil.

Et il a annoncé qu'aucun candidat n'ayant obtenu la majorité pour les fonctions de Marguillier, on allait procéder à un nouveau tour de scrutin.

Il est résulté du dépouillement des votes : que M. C.... a obtenu cinq suffrages et M. D.... deux suffrages; en conséquence M. le Président a proclamé M. C.... Marguillier.

Le résultat des élections ainsi constaté, et aucune réclamation n'étant élevée, M. le Président a ordonné que les bulletins fussent brûlés en présence du Conseil, ce qui a été exécuté.

Toutes les matières à soumettre à la délibération du Conseil étant épuisées, le procès-verbal a été clos; et, après que lecture en a été faite, les membres ont signé et M. le Président a levé la séance.

N° 8.

PROCÈS-VERBAL *d'élection en remplacement d'un membre du Conseil, décédé ou démissionnaire.*

L'an mil huit cent soixante ..., le ... du mois de ..., le Conseil de Fabrique de l'église paroissiale de... s'est réuni, etc. (préambule comme au n° 2, si la séance est ordinaire, ou comme au n° 3, si elle est extraordinaire.)

M. le Président a invité le Conseil à procéder à l'élection d'un Fabricien, en remplacement de M. ..., décédé le ... (*ou qui a quitté la paroisse le..., ou bien :* qui a donné sa démission le ...).

Chaque membre a écrit son vote et a remis son bulletin fermé à M. le Président, qui l'a déposé dans la boîte destinée à cet usage. Les bulletins, comptés, se sont trouvés au nombre de sept, nombre égal à celui des votants ; la majorité a été ainsi fixée à quatre voix.

M. le Président a pris successivement chaque bulletin, l'a déplié et en a fait lecture à haute voix. M. le Secrétaire a tenu note des votes et il est résulté du recensement que M. R... a obtenu quatre suffrages et M. S... trois suffrages.

En conséquence, M. R... ayant obtenu la majorité nécessaire, M. le Président l'a proclamé membre du Conseil de Fabrique, et a fait observer que cette élection n'était faite que pour le temps d'exercice qui restait à M..., Fabricien remplacé.

Toutes les matières à soumettre à la délibération du Conseil étant épuisées, le procès-verbal a été clos, et les membres présents l'ont signé après lecture faite.

N° 9.

Nomination du *Président*, du *Secrétaire du Bureau* et du *Trésorier*.

L'an mil huit cent soixante ..., le dimanche ... du mois de ..., le Bureau des Marguilliers de l'église paroissiale de ..., renouvelé par acte du Conseil du ..., s'est réuni à la sacristie (*ou* au presbytère). Etaient présents : MM. ...

Le Bureau, en exécution de l'article 19 du décret du 30 décembre 1809, a successivement procédé à l'élection annuelle de son Président, de son Secrétaire et de son Trésorier. Ont été élus, à la majorité des voix, M. ..., Président ; M. ..., Secrétaire ; et M. ... Trésorier. Chacun d'eux a déclaré accepter les fonctions qui lui sont confiées.

Cette opération préliminaire accomplie, le Bureau, sous la présidence de M. ..., s'est occupé, etc.

Lecture faite du procès-verbal, les membres l'ont signé et le Président a levé la séance.

N° 10.

PROCÈS-VERBAL *de prise de possession ou d'installation d'un curé, ou desservant, ou vicaire* (1).

(Voy. p. 30.)

L'an mil huit cent soixante ..., le ... du mois de ..., le Bureau des Marguilliers de l'église paroissiale de ..., canton de ..., arrondissement de ..., département de ..., convoqué extraordinairement par M. le Président dudit Bureau, s'est réuni dans la salle ordinaire de ses séances, au presbytère de la paroisse. Etaient présents M. A. ..., Président, M. B. ..., Trésorier et M. C. ..., Secrétaire.

M. le Président a déclaré la séance ouverte.

Immédiatement s'est présenté M. l'abbé G. ..., né à ..., le ... mil huit cent ...

Lequel a dit que, nommé par Mgr l'Évêque de ..., Curé (*ou* Desservant, *ou* Vicaire) de la paroisse de ..., il venait prendre possession de ses fonctions.

Et en même temps M. l'abbé G. ... a exhibé l'acte de sa nomination aux fonctions de curé (*ou* de desservant, *ou* de vicaire) de la paroisse St..... de ..., laquelle nomination lui a été délivrée le ... de la présente année par Mgr l'Évêque de ...

---

(1) La minute de ce procès-verbal est faite sur le registre des délibérations. Les expéditions ne sont pas soumises au timbre.

198   PROCÈS-VERBAUX D'ÉLECTIONS.

Le Bureau, ayant reconnu que la nomination précitée est revêtue de toutes les formalités requises et que, dès lors M. l'abbé G.... est légitimement envoyé pour exercer les fonctions ecclésiastiques dans cette paroisse, lui a délivré deux expéditions du présent procès-verbal de prise de possession, pour être transmises, l'une, à Mgr. l'Evêque du diocèse, et l'autre à M. le Préfet du département.

(Signatures.)

MODÈLES D'INVENTAIRES.
(Voy. p. 57).

N° II.

INVENTAIRE DES OBJETS MOBILIERS

APPARTENANT A L'ÉGLISE PAROISSIALE DE....

Dressé le 5 janvier 1861, conformément à l'article 55 du décret du 30 décembre 1809.

N^{os} d'ordre.	DÉSIGNATION DES OBJETS.	DATE des achats ou donations.	PRIX d'achat ou d'estimation fr. | c.	OBSERVATIONS (1)
	Ire SECTION. *Ornements, linge, tentures.*			
1	5 chasubles (1 de chaque couleur) en damas broché d'or : croix en gros de Tours, galons or mi-fin. .	25 mars 1857	800 | »	
2	6 chapes en damas (3 en blanc, 3 en cramoisi), orfrois en gros de Tours, galons or mi-fin.	Id.	1200 | »	
3	2 dalmatiques en damas broché d'or, orfrois en gros de Tours, galons or mi-fin.	15 déc. 1844	325 | »	
4	4 étoles pastorales en soie brochée or.	Id.	150 | »	
5	1 dais en velours brodé or fin, avec ses 4 panaches, son brancard, etc.	Id.	1200 | »	
6	1 bannière en damas cramoisi, avec saints brodés.	Id.	150 | »	
7	4 soutanes d'enfants de chœur. . .	5 fév. 1850	55 | »	
8	1 robe de bedeau en serge violette et rouge.	Id.	50 | »	
9	4 ceintures d'enfants de chœur. . .	Id.	10 | »	
10	4 aubes.	5 juin 1850	180 | »	
11	4 aubes d'enfants de chœur. . . .	Id.	25 | »	
12	4 cordons d'aube.	Id.	15 | »	
13	12 amicts.	Id.	15 | »	
14	24 purificatoires.	Id.	20 | »	
15	24 manuterges.	Id.	12 | »	
16	10 porte-étoles.	Id.	15 | »	
		A reporter..	4222 | »	

(1) On doit indiquer dans cette colonne, lors du récolement annuel, les objets qui ont été réformés et la date de leur remplacement.

N°s d'ordre.	DÉSIGNATION DES OBJETS.	DATE des achats ou donations.	PRIX d'achat ou d'estimation		OBSERVATIONS
			fr.	c.	
		Report....	4222	»	
17	6 nappes d'autel..	20 janv. 1856	160	»	
18	4 nappes de communion..	5 juin 1850	60	»	2 sont hors de serv
19	7 corporaux..	20 janv. 1856	21	»	
20	1 drap mortuaire en velours de coton, croix blanche en laine, galons de soie.	10 mars 1850	75	»	
21	1 idem en laine, croix rouge idem. galon idem.	25 juillet 1854	80	»	
22	5 draperies en velours de coton, avec galon en fil blanc, formant en tout 16 mètres.	10 août 1854	200	»	
	Certifié exact le présent inventaire, par nous soussignés, curé de l'église de.........et président du bureau de la Fabrique.	TOTAL....	4808	»	
	Le 5 janvier 1861,				
	(Signature du curé).				
	(Signature du président du bureau).				
	—				
	Récolement de 1862.				
1	2 nappes d'autel, garniture en mousseline brodée.	2 juillet 1861	100	»	Données par Mme N...
2	2 nappes de communion en fil de lin.	4 sept. 1860	40	»	
		TOTAL....	140	»	
	Certifié, etc. (comme ci-dessus).				
	(*Suivent une ou plusieurs pages en blanc pour les récolements suivants.*)				

INVENTAIRE DU MOBILIER.

Nos d'ordre.	DÉSIGNATION DES OBJETS.	DATE des achats ou donations.	PRIX d'achat ou d'estimation		OBSERVATIONS.
			fr.	c.	
	2e SECTION.				
	Vases sacrés, argenterie, ustensiles.				
1	1 calice argent à double coupe: coupe intérieure dorée en dedans et en dehors; coupe extérieure ciselée; patène dorée............	5 janv. 1850	230	»	
2	1 ciboire argent à coupe simple dorée en dedans............	Id.	220	»	
3	1 ostensoir argent, gloire, lunette et agneau dorés au feu; croissant doré............	Id.	340	»	
4	1 custode d'argent pour porter le Saint Sacrement, avec les saintes huiles............	25 mars 1857	40	»	
5	2 burettes avec leur plateau en argent	Id.	180	»	
6	2 encensoirs et 2 navettes en cuivre argenté............	6 sept. 1840	60	»	
7	1 bénitier en cuivre argenté, avec son goupillon............	5 janv. 1850	30	»	
8	1 cuvette en plomb pour l'eau baptismale............	Id.	8	»	
9	6 chandeliers d'autel en cuivre argenté, croix assortie............	Id.	240	»	
10	1 chandelier pour le temps pascal, en bois sculpté et doré............	6 sept. 1840	80	»	
11	1 lampe en cuivre argenté, pour le Saint Sacrement............	10 août 1840	60	»	
	Certifié exact le présent inventaire par nous soussignés, curé de l'église de...... et président du bureau de la Fabrique. Le 5 janvier 1861. (Signatures.)	TOTAL...	1488	»	
	Récolement de 1862.				
1	3 boîtes aux saintes huiles, en argent.	25 mars 1861	30	»	
2	1 croix pour les processions en cuivre argenté............	Id.	60	»	
3	2 paires de vases à fleurs, en porcelaine dorée, sous globes de verre.	Id.	45	»	
	Certifié, etc. (comme ci-dessus). Le 10 janvier 1862. (Signatures.)	TOTAL...	135	»	

(*Suivent une ou plusieurs pages en blanc pour les récolements suivants.*)

INVENTAIRE DU MOBILIER.

Nos d'ordre.	DÉSIGNATION DES OBJETS.	DATE des achats ou donations.	PRIX d'achat ou d'estimation		OBSERVATIONS.
			fr.	c.	
	3e SECTION. *Meubles de l'église et de la sacristie, livres, objets divers.*				
	(A l'Église.)				
1	1 lutrin..................	25 mars 1837	150	»	Prix d'estim.
2	2 pupitres.................	Id.	120	»	Id.
3	1 chevalet pour l'absoute des morts.	Id.	20	»	Id.
4	1 escabelle................	Id.	10	»	Id.
5	80 bancs en bois de chêne, loués dans la grande nef........	Id.	1120	»	
6	200 chaises empaillées.......	Id.	200	»	100 chaises hors de service ont été remplacées le 25 sept. 1861.
	(A la sacristie.)				
7	1 armoire pour le linge, en chêne.	10 avril 1824	500	»	
8	1 idem pour les ornements.....	Id.	120	»	
9	1 idem solide pour les vases sacrés et l'argenterie............	Id.	150	»	
10	1 armoire pour serrer les papiers de l'église..	10 juin 1849	100	»	
11	1 caisse solidement ferrée et fermant à 3 clefs	Id.	180	»	
12	1 prie-Dieu avec siége, en bois de chêne sculpté............	Id.	250	»	
13	2 cartons, l'un pour la préparation à la messe, l'autre pour l'action de grâces.............	5 janvier 1830	5	»	
	(Livres d'église, objets divers.)				
14	2 missels.................	Id.	100	»	
15	2 graduels................	Id.	80	»	
16	2 antiphoniers..............	Id.	80	»	
17	1 psautier; 1 rituel..........	Id.	50	»	
18	1 chemin de croix peint, avec bordures dorées..............	25 avril 1838	850	»	
19	3 canons d'autel, encadrés.....	Id.	25	»	
	Certifié exact le présent inventaire par nous soussignés, curé et président du bureau de la Fabrique. Le 5 janvier 1861. (Signatures.)	TOTAL...	3910	»	
	Récolement de 1862.				
20	100 chaises neuves pour l'église...	25 sept. 1861	200	»	
21	2 fauteuils pour la sacristie.....	Id.	80	»	
	Certifié exact, le 10 janvier 1862. (Signatures.)	TOTAL...	280	»	
	(*Suivent une ou plusieurs pages en blanc pour les récolements suivants.*)				

N° 12.

INVENTAIRE DES ARCHIVES.
DE L'ÉGLISE SAINT- . . . DE . . .

Dressé le 5 janvier 1861, conformément à l'article 55 du décret du 30 décembre 1809.

Nos d'ordre.	OBJET DES TITRES ET PAPIERS.	DÉSIGNATION DES PIÈCES.	NOMBRE de pièces.
	1re SECTION. *Titres de propriété, de rentes, de location, etc.*		
1	Donation faite par M... d'un terrain appelé le ... situé à ... de la contenance de... Revenu, 60 fr.; charge de fondation, 54 fr.	1° Acte de donation passé devant Me ...., notaire à .... le ... 18..; 2° Acte d'autorisation, en date du ....; 3° Acte d'acceptation passé devant Me ..., notaire à ... le 18..; 4° Copie de la signification faite au donateur, conformément à l'art. 932 du Code civil.........	4
2	Constitution d'une rente de 200 fr., à la charge du sieur N..., propriétaire, demeurant à ...	1° Acte d'autorisation en date du...; 2° Contrat passé le... devant Me ..., notaire à ...; 3° Certificat d'inscription hypothécaire, du	3
3	Location des biens-fonds. Fermage annuel 60 fr.	1° Bail à ferme en date du...; 2° Trois anciens titres périmés et conservés pour mémoire..	4
4	Location des bancs. Produit annuel 360 fr.	Procès-verbaux d'adjudication.	12
	. . . .	TOTAL. . . .	23
	Certifié exact le présent inventaire par nous soussignés curé de l'église de ... et président du bureau de la Fabrique. Le 5 janvier 1861. Récolement de 1862. . . . . (Suivent une ou plusieurs pages en blanc pour les récolements annuels.)		

Nos d'ordre	OBJET DES TITRES ET PAPIERS.	DÉSIGNATION DES PIÈCES.	NOMBRE de pièces
	2ᵉ SECTION. *Actes de l'administration. — Comptabilité. — Correspondance.*		
1	Délibérations : de 1810 à 1860.	12 registres cartonnés (non compris le registre courant)	12
2	Registres des recettes et des dépenses : de 1832 à 1860.	6 cahiers couverts en papier fort; 16 registres cartonnés (manque le registre correspondant aux années 1836 et 1837)............	22
3	Budgets : de 1838 à 1860.	21 pièces (manque le budget de l'année 1841).......	21
4	Comptes annuels : de 1855 à 1860.	6 comptes; — 6 liasses de pièces justificatives contenant ensemble 110 pièces, — total..	122
5	Lettres et circulaires de l'administration supérieure, de 1810 à 1860.	De l'évêché, 147 pièces cotées et paraphées......... De la préfecture, 80 id.....	227
	Certifié exact., etc., (comme à la page précédente.) Le 5 janvier 1861.	TOTAL....	930
	3ᵉ SECTION. *Pièces diverses.*		
1	Livres d'administration.	Traité de l'administration temporelle des paroisses.	1
2	Cartes et plans.	Plan de l'église et du presbytère dressé le 20 avril 1832. — Carte topographique de la paroisse........	2
3	Anciens documents.	1 liasse contenant 100 titres et pièces antérieures à 1793, (voir le bordereau qui les accompagne).......	100
	Certifié exact, etc.	TOTAL.....	103
	(Suivent une ou plusieurs pages en blanc pour les récolements suivants.)		

LOCATION DES BIENS-FONDS.

(Voy. p. 63)

N° 13.

Cahier des charges, clauses et conditions auxquelles sera donnée l'adjudication du bail à ferme (1) des immeubles ci-après désignés, savoir : 1° une pièce de terre labourable, située....., de la contenance de.....; 2° une pièce de terre en nature de pré, située....., de la contenance de.....; 3°....

ARTICLE PREMIER. Le bail des biens ruraux ci-dessus désignés sera passé pour..... années consécutives qui commenceront le..... et finiront à pareille époque, en l'année mil huit cent.....

ART. 2. Le prix du bail en numéraire et en francs, pour chaque année, sera mis à l'enchère et la ferme adjugée par le Bureau de la Fabrique, après l'extinction d'un feu franc, au plus offrant et dernier enchérisseur. Les feux ne seront allumés que lorsqu'il sera fait une offre au moins de..... et il ne sera pas admis d'enchère au-dessous de.....

ART. 3. Le prix de ferme annuel sera acquitté en deux termes et payements égaux entre les mains du trésorier de la Fabrique, savoir : le premier terme, le ....., et le second terme, le ....., de chacune des années comprises dans le bail.

ART. 4. L'adjudicataire sera tenu de payer, sans dimi-

---

(1) On appelle spécialement bail à ferme celui qui est fait pour la location des biens ruraux ; et bail à loyer celui qui a rapport aux maisons et bâtiments non attenants à une propriété rurale.

nution du prix de location, les contributions foncières qui seront mises sur les terrains loués pendant le cours de sa jouissance, d'en rapporter annuellement bonne et valable quittance, et de faire en sorte que la Fabrique ne soit aucunement recherchée ni poursuivie pour l'acquit de ces contributions.

Art. 5. L'adjudicataire ne pourra prétendre à aucune diminution du prix ni des charges du bail, pour cause de grêle, gelée, inondations et de tous autres cas fortuits.

Art. 6. Il sera tenu de labourer, fumer et ensemencer les terres par soles et en saisons convenables, sans pouvoir les dessoler ni dessaisonner, de tenir les prés nets et en bonne nature de fauche, d'en entretenir les clôtures, d'y replanter de nouvelles haies partout où il en pourra manquer, et de faire curer les fossés et canaux d'irrigation quand ils en auront besoin; de veiller à ce qu'il ne soit fait aucune usurpation ni empiétement sur les biens loués, et d'avertir sur-le-champ la Fabrique, en la personne de son trésorier, de ceux qui pourraient y être faits, sous peine de tous dépens, dommages et intérêts; enfin, il devra rendre à la fin du bail les terres en bon état de culture.

Art. 7. L'adjudicataire ne pourra céder ni transporter son droit en tout ou en partie à qui que ce soit, sans le consentement exprès et par écrit du Bureau de la Fabrique.

Art. 8. Au moment de l'adjudication, l'adjudicataire s'engagera à fournir un cautionnement en immeubles d'une valeur au moins égale à la totalité des fermages compris dans le bail, ou présentera une caution qui remplira pour lui cette obligation. Ces immeubles seront libres de tous autres privilèges, charges et hypothèques, et il en sera justifié par un certificat du conservateur de l'arrondissement. La valeur des immeubles sera constatée par un extrait de la matrice du rôle de la contribution foncière, et déterminée sur le pied de vingt fois leur revenu imposable. Ces immeubles seront soumis à l'hypothèque spéciale de la Fabrique conformément à la loi.

Art. 9. L'adjudication ne sera définitive qu'après avoir été approuvée par le Préfet du département. Après la réception de cette approbation, acte de bail sera passé entre l'adjudicataire et le président du Bureau des Marguilliers, devant le notaire qui aura été désigné par le Préfet (1). Cet acte comprendra le cautionnement exigé par l'article 8 ci-dessus. Dans les vingt jours qui suivront ladite approbation, le bail sera soumis à la formalité de l'enregistrement.

Art. 10. L'adjudicataire supportera tous les frais auxquels l'adjudication pourra donner lieu, tels que ceux d'affiches, criées, timbre, enregistrement, inscription hypothécaire, les honoraires du notaire et le coût de la grosse de bail qui sera délivrée à la Fabrique.

Fait à ....., le 186   .
    Les membres du Bureau de la Fabrique.

N° 14.

Cahier des charges, clauses et conditions auxquelles sera donnée l'adjudication du bail à loyer d'une maison appartenant à la Fabrique de l'église St-..... de....., située à....., rue....., n°...,composée d'un rez-de-chaussée et de deux étages, avec caves, écurie, remise, cour et jardin, désignée au plan cadastral sous le n°...

Art. 1ᵉʳ. Le bail de la maison ci-dessus désignée sera fait pour ..... années consécutives, qui commenceront

---

(1) Comme il a été dit à la page 65, on peut éviter de passer ce deuxième acte, en appelant un notaire à l'adjudication.

le ....., et finiront à pareille époque en l'année mil huit cent .....

Art. 2. Le loyer de ladite maison sera mis à l'enchère, et l'adjudication du bail accordée, à l'extinction d'un feu franc, au plus offrant et dernier enchérisseur. La première mise à prix sera au moins de ..... francs, et le minimum de chaque enchère de ..... francs.

Art. 3. Le preneur jouira de la maison et de ses dépendances en bon père de famille ; il devra la tenir garnie de meubles ou autres effets exploitables, en quantité et qualité suffisantes pour répondre des loyers. Il l'entretiendra en bon état de réparations locatives, et la rendra telle à l'expiration du bail.

Art. 4. Le preneur sera tenu de porter à la connaissance du bureau de la Fabrique, par l'intermédiaire du Marguillier trésorier, tous faits et accidents qui pourraient donner lieu à de grosses réparations, et de supporter ces réparations sans diminution de loyer ni indemnité, tant qu'elles ne seront pas de nature à le priver totalement de sa jouissance. S'il y a lieu à indemnité, elle sera réglée conformément à l'article 1274 du Code civil.

Art. 5. Le preneur tiendra les cheminées soigneusement ramonées, et deviendrait responsable des conséquences des incendies que sa négligence à cet égard aurait occasionnées.

Art. 6. Il ne pourra faire dans la maison aucun changement, démolition, construction, distribution ni percement sans avoir obtenu le consentement exprès et par écrit du bureau de la Fabrique ; et, dans le cas où il en aurait été fait, il sera tenu, à la fin du bail, de remettre et rétablir les lieux en même état qu'ils sont à présent. Néanmoins, il sera au choix de la Fabrique de retenir les changements et augmentations, si bon lui semble, et sans aucune indemnité.

Art. 7. Le preneur acquittera la contribution des portes et fenêtres et satisfera à toutes les charges de ville et de police dont les locataires sont ordinairement tenus.

Art. 8. Il ne pourra céder son droit en tout ou en partie, ni même sous-louer sans le consentement du bureau de la Fabrique.

Art. 9. Avant son entrée en jouissance, il sera fait un état descriptif des lieux, ainsi que des objets laissés à sa disposition. Cet état, signé par le preneur et l'un des Marguilliers, sera déposé aux archives de la Fabrique. A l'expiration du bail, il sera fait un récolement des objets compris audit état, pour la décharge du preneur, ou pour servir, s'il y a lieu, à recours contre lui.

Art. 10. Indépendamment de la garantie stipulée en l'article 3 ci-dessus, l'adjudicataire devra présenter, au moment de l'adjudication, une caution bonne et solvable, qui s'engagera solidairement avec lui à l'exécution des présentes, et signera au procès-verbal.

Art. 11. L'adjudicataire payera annuellement et d'avance le prix du bail entre les mains du trésorier de la Fabrique.

Art. 12. L'adjudication n'aura d'exécution qu'autant qu'elle aura été approuvée par M. le préfet du département. Immédiatement après la réception de cette approbation, il sera passé, devant notaire et entre le président du Bureau et l'adjudicataire, un acte qui relatera toutes les clauses et circonstances de l'adjudication (1).

Art. 13. Tous les frais de l'adjudication, tels que ceux d'affiches, criées, timbre, enregistrement, les honoraires du notaire et le coût de la grosse de bail à fournir à la Fabrique, seront à la charge de l'adjudicataire.

Fait à ....., le ..... 186 .

Les membres du Bureau de la Fabrique.

(1) Voir la note de la page 207.

N° 15.

Affiche de l'adjudication d'un bail à ferme ou à loyer (1).

Fabrique paroissiale de.....

On fait savoir que le ..... prochain, à ..... heures du ...., au presbytère de ....., il sera procédé, par le Bureau de la Fabrique, à l'adjudication au plus offrant et dernier enchérisseur, du bail pour ..... années consécutives, qui commenceront le ...., des immeubles dont la désignation suit :

....

On peut prendre connaissance du cahier des charges, contenant les clauses et conditions de l'adjudication, au presbytère de ....., tous les jours non fériés, de ...... heures du matin à ..... heures de l'après-midi.

A ....., le ..... 186 .   Le Marguillier-Trésorier.

N° 16.

Procès-verbal d'adjudication d'un bail ferme ou à loyer (2).

(Sur papier timbré.)

L'an mil huit cent ....., le ....., à ..... heures du ....., le Bureau de la Fabrique paroissiale de .....,

---

(1) Les Fabriques, comme les autres établissements publics et les particuliers, ne peuvent faire apposer aucune affiche pour annoncer leurs adjudications ou autres objets, qu'elle ne soit sur papier de couleur, timbré avant l'impression (L. 25 mai 1817, art. 77 ; et 15 mai 1818, art. 76). Le prix du timbre de la feuille d'impression est de 10 centimes, celui de la demi-feuille, de 5 centimes ; celui du quart, de 2 centimes et 1/2 ; enfin, celui du demi-quart, de 1 centime. (L. 18 avril 1816, art. 66).

(2) Dans les vingt jours qui suivent l'approbation du procès-verbal d'adjudication par le préfet, le bail doit être soumis à la formalité de l'enregistrement, conformément à l'article 78 de la loi du 15 mai 1818.

composé de M. ....., président, et de MM. ....., s'est réuni en séance publique dans la sacristie dudit lieu (ou dans l'une des salles du presbytère), pour procéder, conformément aux affiches apposées dans les communes de ....., à l'adjudication aux enchères du bail à ferme (ou à loyer) des biens-immeubles ci-après désignés, savoir : .....

Lecture faite du cahier des charges de l'adjudication, approuvé par M. le préfet du département, le ....., et dont la minute restera annexée au présent procès-verbal (*ou bien* : lequel est transcrit textuellement en tête du présent), M. le Président a annoncé que l'adjudication allait être faite au plus offrant et dernier enchérisseur, à l'extinction d'un feu franc, sous les clauses et conditions portées au cahier des charges.

Une première bougie a été allumée sur la mise à prix de ...... francs pour fermage annuel, faite par le sieur ..... Pendant la durée de ce feu et de ..... autres feux allumés successivement, diverses enchères ont été faites, et, enfin, M. ....., propriétaire, demeurant à ....., a porté le prix de ferme annuel à la somme de .....

Une nouvelle bougie allumée ayant brûlé et s'étant éteinte sans que personne eût surenchéri, le bail des immeubles ci-dessus désignés a été adjugé audit sieur ....., pour la somme de ....., payable annuellement comme il est dit à l'article ..... du cahier des charges.

A l'instant l'adjudicataire a déclaré se soumettre à toutes les clauses et conditions de son adjudication, et affecter à la sûreté et garantie de son engagement une maison qu'il possède à ..... d'une valeur de ..... Ce cautionnement a été agréé par le bureau de la Fabrique, sous réserve qu'il sera pris inscription hypothécaire sur ladite maison, et formé tous actes conservatoires qui seraient reconnus nécessaires.

Ou bien : A l'instant le sieur ..... a accepté l'adjudication et a présenté pour sa caution M. ....., propriétaire, demeurant à ....., qui a déclaré y consentir et affecter, etc. (La suite comme ci-dessus.)

Ou bien, si le cautionnement en immeubles n'est pas exigé : A l'instant ledit sieur ..... a présenté pour sa caution M. ....., demeurant à ....., qui a déclaré s'engager solidairement avec l'adjudicataire à l'exécution de toutes les clauses et conditions du bail.

Et le présent procès-verbal, rédigé et clos en séance, a été signé après lecture, par l'adjudicataire et sa caution et les membres du Bureau de la Fabrique.

A ....., les jour, mois et an susdits.

LOCATION
DES BANCS, PLACES ET TRIBUNES DE L'ÉGLISE.

(Voy. p. 70.)

SECTION Ire.

Concession des bancs d'après les dispositions des articles 69, 70, 71, et 72 du décret du 30 décembre 1809 (1).

N° 17.

Règlement des concessions.

ART. 1er. Les personnes qui voudront obtenir la concession d'un banc, d'une tribune ou autre place vacante dans l'église, devront adresser leur demande au Bureau des Marguilliers, et faire offre de payer, pendant un temps déterminé, une prestation annuelle qui sera au moins de... francs.

2. La demande sera publiée pendant trois dimanches, et affichée à la porte de la sacristie pendant un mois, afin que chacun puisse demander la préférence par une offre plus avantageuse. A l'expiration du délai d'un mois, la concession sera accordée à celui des demandeurs dont l'offre aura été agréée par le Conseil de Fabrique.

3. Le prix de location sera payé annuellement et d'avance entre les mains du Trésorier de la Fabrique. Le premier

---

(1) Dans les paroisses où ce mode de concession est usité, il est utile d'en faire connaître les conditions par un règlement que l'on tient affiché dans l'église.

payement deviendra exigible du jour même de l'adjudication, et les payements subséquents à pareil jour de chacune des autres années comprises dans le bail. A défaut de payement dans le mois qui suivra l'échéance annuelle, le Conseil de Fabrique pourra, s'il le juge à propos, faire procéder à la relocation de la place ou du banc dont la redevance n'aura pas été acquittée. Le droit de retour sera acquis par la simple annonce, au prône paroissial, de la vacance du banc ou de la place non payée, sans qu'il soit besoin d'aucune formalité judiciaire, et sauf néanmoins l'exercice de tous droits pour l'acquit du loyer couru jusqu'audit jour.

4. Nul ne pourra être concessionnaire de place ou de banc dans l'église, s'il ne réside habituellement dans la paroisse. Conséquemment la location sera résiliée de fait, si le concessionnaire vient à quitter la paroisse sans y conserver de résidence.

5. S'il était jugé convenable d'apporter quelque changement dans la distribution des bancs, les concessionnaires ne pourraient y former aucune opposition, ni réclamer aucune diminution du prix de location. Toutefois, si ce changement leur faisait éprouver un préjudice notable, ils auraient droit à la résiliation du bail, mais sans pouvoir prétendre à indemnité.

6. Il ne pourra pas être fait de sous-location. Tout concessionnaire pourra néanmoins admettre une ou plusieurs personnes à la jouissance d'une partie de son banc, après en avoir obtenu l'agrément du Bureau des Marguilliers.

7. L'effet des concessions ne sera jamais, lors même que le banc ou la tribune concédés auraient été construits par le concessionnaire, d'en enlever la propriété à la Fabrique. A l'expiration du terme de la concession, la Fabrique pourra les louer à d'autres, si bon lui semble, sans être tenue à aucun remboursement envers les précédents concessionnaires.

8. Le présent règlement approuvé par le Conseil de l'œuvre et Fabrique de l'église de....., sera affiché à la porte de la sacristie et mis immédiatement en vigueur.

Fait à. . . . le. . . . 186...
Les membres du Conseil de Fabrique.

N° 18.

Demande de concession.

Je soussigné N....., demeurant à....., désirant obtenir, pour moi et pour ma famille, la jouissance d'un banc dans l'église de....., prie MM. les membres du Bureau des Marguilliers de ladite église de m'accorder pour..... années consécutives, la concession du banc portant le n°....., lequel est vacant en ce moment, et ce moyennant la somme de....., que je m'engage à payer annuellement et d'avance entre les mains du Trésorier de la Fabrique, pour prix et pendant la durée de ladite concession. Je déclare adhérer aux dispositions du règlement spécial concernant les concessionnaires des bancs et places de l'église

A. . . . le. . . . 186..

N° 19.

Affiche de la demande de concession (1).

Fabrique de l'église paroissiale de.....

Le Marguillier-Trésorier porte à la connaissance des paroissiens qu'il a été fait demande de concession pour..... années et moyennant une prestation annuelle de..... francs, du

---

(1) La demande est en outre annoncée par trois dimanches consécutifs au prône de la messe paroissiale.

banc de l'église portant le n°....., qui est vacant en ce moment.

Les personnes qui voudraient obtenir la préférence par une offre plus avantageuse, sont invitées à déposer leur enchère au Bureau de la Fabrique avant le.... prochain.

Fait à. . . . le. . . . 186...

N° 20.

Enchère ensuite des affiches et publications.

Je soussigné N....., demeurant à....., voulant me porter enchérisseur à la concession du banc de l'église, n°....., offre de payer à la fabrique pour ladite concession, dont la durée serait de....., une prestation annuelle de..... francs. Je déclare adhérer aux dispositions du règlement spécial de la Fabrique concernant les concessionnaires de places ou de bancs dans l'église.

A. . . . le. . . . 186...

N° 21.

Avis du Conseil de Fabrique.

Le Conseil de Fabrique de.....

Vu la demande présentée par le sieur N....., tendant à obtenir la concession pour..... années, et moyennant une prestation annuelle de..... fr., du banc de l'église portant le n°.....

Vu également l'offre faite, ensuite des affiches et publications, par le sieur N....., de payer pour la concession dudit banc à son profit, pendant..... années, le prix annuel de..... francs ;

Sur le rapport du Bureau des Marguilliers ;

Accepte la soumission du sieur N...., comme étant la plus avantageuse, et autorise le Bureau des Marguilliers à lui donner acte de concession.

Fait en séance, à. . . . le. . . . 186..

N° 22.

Acte de concession.

Nous, membres du Bureau des Marguilliers de l'église de....., soussignés, vu la demande du sieur N... en concession d'un banc dans l'église, et la délibération du Conseil de Fabrique, en date du ...., relative à cette demande, déclarons que M..... est concessionnaire pour..... années consécutives, à partir du présent jour, du banc de l'église portant le n°....., moyennant une prestation de.... francs, payable annuellement et d'avance entre les mains du Trésorier de la Fabrique, à charge par ledit sieur..... de se conformer aux dispositions du règlement spécial arrêté par le Conseil de Fabrique le.....

Fait à. . . . le. . . . 186...

N° 23.

Délibération du Conseil de Fabrique sur une demande de concession au prix d'un capital ou d'un immeuble (1).

L'an mil huit cent soixante.... le....., le Conseil de fabrique de l'église de St..... de....., réuni au lieu or-

(1) L'acte de concession, portant en même temps donation au profit de la Fabrique, doit être passé devant notaire. Il y est fait mention de l'arrêté du Préfet ou du décret impérial qui autorise la concession.

dinaire de ses séances sous la présidence de M....; présents MM.....; le président et lesdits membres présents formant la majorité du Conseil;

Le conseil vu la pétition de M..... tendant à ce qu'il lui soit fait concession viagère du banc portant le n°.... dans l'église paroissiale, moyennant le don au profit de la Fabrique d'un immeuble situé à..... en nature de....., de la contenance de... ares;

Vu le procès-verbal d'expertise dressé le....., par M...., nommé par le Bureau des Marguilliers pour procéder à l'évaluation de l'immeuble offert pour prix de concession,

Est d'avis d'accorder audit sieur..... la concession viagère du banc ci-dessus désigné, moyennant la donation offerte en sa demande, et, en conséquence, d'autoriser le Bureau des Marguilliers à souscrire conjointement avec le sieur..... un acte de cette concession.

Fait et délibéré à..... les jour, mois et an susdits.

N° 24.

Délibération du Conseil de Fabrique sur une demande de concession perpétuelle.

L'an mil huit cent...., etc. (comme à la formule précédente)

Le Conseil, vu la pétition présentée par M....., à l'effet d'obtenir pour lui et sa famille, tant qu'elle existera, la concession d'un banc dans l'église paroissiale;

Vu l'article 72 du décret du 30 décembre 1809;

Considérant que M....., par ses libéralités en faveur de la Fabrique, notamment par la donation qu'il lui a faite le..., d'un capital de.... francs, a mérité le titre de bienfaiteur de cette église,

Est d'avis à l'unanimité d'accorder à M.... la concession, pour lui et sa famille, tant qu'elle existera, du banc de l'église portant le n°....., à charge, par ladite famille, de le réparer et reconstruire toutes les fois qu'il en sera besoin.

Mgr l'Évêque diocésain est prié d'approuver la présente délibération et de la présenter à l'homologation de M. le ministre des cultes.

Fait et délibéré à. . . . les jour, mois et an susdits.

SECTION II.

Location des bancs et places de l'église par adjudication publique aux enchères.

N° 25.

Délibération du Conseil de Fabrique, réglant le mode et les conditions de la location (1).

L'an mil huit cent soixante... le..... (Préambule comme à la formule n° 23.)

Le Conseil, considérant que le bail actuel des bancs de l'église expirera le .... prochain, et qu'il importe de procéder sans retard à de nouvelles locations, tant dans l'intérêt des paroissiens que pour assurer à la fabrique la continuation d'un revenu qui lui est nécessaire,

Arrête :

Art. 1er. Les bancs seront loués par adjudication publique pour une nouvelle période de ... années, qui commencera le ... Le prix annuel de location sera mis à l'en-

---

(1) Une copie de cette délibération doit être affichée dans l'église. L'adjudication est de plus annoncée par des publications répétées au prône de la messe paroissiale.

chère pour chaque banc séparément, et les adjudications seront faites successivement aux plus offrants et derniers enchérisseurs.

2. La mise à prix pour chaque banc sera de..... (1).

L'adjudication sera inscrite immédiatement au procès-verbal et constatée, séance tenante, par la signature de l'adjudicataire.

3. Le prix de location sera payé annuellement et d'avance entre les mains du Trésorier de la Fabrique. Le premier payement sera exigible du jour même de l'adjudication, et les payements subséquents à pareil jour de chacune des autres années comprises dans le bail.

4. . . . .

(Voyez, pour les autres conditions à imposer aux adjudicataires, les articles 4, 5, 6 et 7 du règlement concernant les concessions de bancs, modèle, n° 17.)

Fait et délibéré à. . . . . les jour, mois et an susdits.

N° 26.

Procès-verbal d'adjudication (2).

L'an mil huit cent..., le dimanche...., à l'issue des vêpres, en l'église de...., le Bureau des Marguilliers de ladite église, composé de M. ... , président, et de MM. ...., en

---

(1) Quelques fabriques, pour s'indemniser des dépenses qu'elles ont faites pour la construction ou la réparation des bancs, obligent chaque concessionnaire à payer, avec la première annuité, une somme fixe, qui est entièrement indépendante de la redevance annuelle. Rien ne s'oppose à ce que cette clause soit insérée dans les actes de location de bancs d'église.

(2) Ce procès-verbal doit être fait sur papier timbré et être enregistré dans le délai de vingt jours. Les frais de timbre et d'enregistrement sont avancés par la Fabrique et répartis ensuite entre tous les adjudicataires.

conséquence des affiches qui ont été apposées et des annonces qui ont été faites par trois dimanches consécutifs, le ..., le .... et le ...., a procédé à la location au plus offrant et dernier enchérisseur des places de bancs actuellement vacantes, et ce, aux clauses et conditions suivantes, savoir :

1°. ..... (Relater toutes les obligations imposées aux adjudicataires, dans la délibération du Conseil de Fabrique.)

2°. .....

A ces clauses et conditions dont il a été donné lecture, les enchères ont été ouvertes et les adjudications ont été successivement consignées au tableau ci-après :

NUMÉROS ou autres désignations des bancs.	NOMS ET DOMICILES des ADJUDICATAIRES.	PRIX d'adjudication ou redevance annuelle.	SIGNATURE par émargement de chaque adjudicataire.
Numéro 1 ..	N... prop., à............	12 »	
— 2 ..	N...............	11 »	
....	....	» »	

De tout quoi a été dressé le présent procès-verbal, qui a été clos les an, mois et jour avant dits, et signé par les membres du Bureau après lecture.

LOCATION DES CHAISES DE L'ÉGLISE.

(Voy. p. 72.)

SECTION Iʳᵉ.

Formation et approbation du Tarif.

N° 27.

Tarif de la location des chaises aux différents offices.

Le prix de location, pour chaque chaise ou prie-Dieu, est fixé ainsi qu'il suit :

		fr.	c.
1° Tous les jours ouvrables.	A une Grand'Messe ou Messe basse......................	»	05
2° Les Dimanches et Fêtes..	A une Messe basse............	»	05
	A la Grand'Messe paroissiale..	»	10
	Aux Sermons, Vêpres et Salut (ensemble ou l'un d'eux)....	»	05
3° Pendant le Carême.......	Aux Sermons, Conférences et Instructions (ensemble ou l'un d'eux)................	»	05
4° Pour un Mariage.........	A la Messe et Bénédiction nuptiale (ensemble ou l'un d'eux).	»	10
5° Pour un Convoi et Service (ensemble ou l'un d'eux).......		»	10

Fait et délibéré le..., par nous, soussignés, Membres du Bureau de la Fabrique de l'église Saint-....., de....., conformément à l'article 64 du décret du 30 décembre 1809.

A.......... le.......... 186 .

(Signatures des Membres du Bureau.)

N° 28.

Délibération du Conseil de Fabrique approuvant le tarif et fixant le mode de la location.

L'an mil huit cent soixante ...., le ...., le Conseil de Fabrique de l'église paroissiale Saint .... de ..., réuni sous la présidence de M. ....; présents MM. .... ; le président et lesdits membres présents formant la majorité du Conseil ;

M. le président a donné communication au Conseil de la délibération du Bureau des Marguilliers, en date du ...., qui fixe le tarif de la location des chaises de l'église aux différents offices, et a invité le Conseil à approuver ce tarif et à décider si la location des chaises doit être faite par régie ou mise en ferme.

Le Conseil, vu les art. 64 et 66 du décret du 30 décembre 1809, après avoir délibéré, a arrêté ce qui suit :

1° Le tarif de la location des chaises, dressé le... par le Bureau des Marguilliers, est approuvé et sera mis en vigueur à dater du... Un exemplaire de ce tarif restera constamment affiché dans l'église.

2° La location des chaises sera faite par régie, sous les ordres et la surveillance du Bureau des Marguilliers, qui prendra les mesures nécessaires pour assurer l'exactitude et la fidélité de ce service.

Ou bien : La location des chaises sera mise en ferme pour... années consécutives qui commenceront le .... et finiront à pareille date en l'année mil huit cent. . Il sera procédé par le Bureau des Marguilliers à cette mise en ferme dans la forme prescrite par l'article 67 du décret du 30 décembre 1809.

Fait et délibéré à. .   les jour, mois et an susdits.

SECTION II.

Location par régie.

N° 29.

Règlement concernant la location des chaises de l'église à chaque office ou par abonnement.

Art. 1er. Les chaises distribuées dans l'église pour être louées à chaque office ne peuvent être ni dérangées ni transportées d'un lieu dans un autre. Chacun les occupera dans l'endroit même où elles se trouvent, et payera le prix fixé par le tarif lorsqu'il lui sera réclamé par les préposés de la Fabrique.

2. Les personnes qui voudraient se dispenser de payer le prix des chaises chaque fois qu'elles viennent aux offices, pourront les louer par abonnement pour un semestre ou pour une année. Le prix d'une chaise pour un semestre sera de... fr., et toujours payé d'avance.

3. Dans les familles composées de plus de quatre personnes, une personne sera exempte de la taxe jusqu'à la septième inclusivement, deux personnes sur huit jusqu'à la onzième inclusivement, trois personnes sur douze, et ainsi de suite.

4. Les institutions payeront au prorata de leurs élèves et d'après les conditions particulières faites avec le Bureau des Marguilliers.

5. Les parents et les domestiques de MM. les prêtres administrateurs de la paroisse seront exempts de la taxe, pourvu qu'ils habitent dans la maison même de l'ecclésiastique.

6. Les pères, mères, épouses et enfants des officiers et serviteurs de l'église ne payeront que la moitié de la taxe.

LOCATION DES CHAISES.

7. Les personnes qui désireront contracter un abonnement devront s'adresser au Trésorier de la Fabrique, qui délivrera, en échange du prix d'abonnement, un récépissé motivé qui servira de titre à l'abonné.

8. Le présent règlement et le tarif de la location des chaises resteront constamment affichés à la porte de la sacristie.

Fait à. . . . . le . . . . mil huit cent. . .

Les membres du Conseil de Fabrique,

N° 30.

Carnet de perception du prix de location des chaises (1).

DATES.	OFFICES.	RECETTE effectuée	ÉMARGEMENTS du TRÉSORIER.
		fr. c.	
Lundi, 10 mars..	Messe basse......	1 75	
Jeudi, 13 —	Annuel de........	2 25	
Dim., 16 —	Messe paroissiale.	11 »	
	TOTAL.....	15 »	Reçu quinze fr., le... Signature du trésorier.

(1) Lorsque la location des chaises est en régie, le Trésorier de la Fabrique doit se faire rendre compte jour par jour des sommes perçues par les préposés de la Fabrique. On tient pour cela à la sacristie un carnet sur lequel on inscrit la recette après chaque office. Quant au prix des locations par abonnement, il est versé directement et d'avance entre les mains du Trésorier. La location ne commence à courir qu'à dater de ce versement.

N° 31.

Récépissé du prix de location par abonnement.

Fabrique de l'église de...

Reçu de M. ..., propriétaire, demeurant à ...., la somme de. .., pour prix de location par abonnement d.... chaise dans l'église. Cet abonnement est fait pour un semestre (*ou* pour un an) à partir du présent jour.

A . . . . . le . . . . . 186 ,
Le Marguillier-Trésorier,

SECTION III.

Location des chaises par mise en ferme.

N° 32.

Cahier des charges, clauses et conditions du bail à ferme de la location des chaises de l'église.

Art. 1ᵉʳ. L'adjudicataire devra se conformer, pour la perception du prix des chaises, au tarif approuvé par la délibération du Bureau des Marguilliers, du.... Toute perception non autorisée par le tarif, sera réputée concussion et pourra être punie comme telle. L'adjudicataire serait responsable des condamnations pécuniaires qu'auraient encourues ses préposés.

Art. 2. L'adjudicataire ne pourra commettre à la distribution des chaises et à la perception des droits que des personnes âgées au moins de vingt et un ans accomplis et agréées par M. le Curé de la paroisse.

Art. 3. Toutes les chaises actuellement employées dans l'église, lesquelles sont au nombre de..., seront remises en bon état de service à l'adjudicataire, à charge par lui de les rendre également en bon état à la fin du bail.

Préalablement, il en sera dressé inventaire par l'un des membres du Bureau, et un double de cet acte, signé par l'adjudicataire, sera déposé aux archives de la Fabrique. A l'expiration du bail, si la Fabrique procède à une adjudication nouvelle, un pareil inventaire sera dressé et signé par le fermier sortant et son successeur.

Art. 4. L'adjudicataire fournira, à ses frais, avant le.... prochain,.... chaises neuves de même forme et qualité que celles qui lui seront remises par la Fabrique. Ces chaises, à l'expiration du bail, resteront gratuitement à l'église et appartiendront à la Fabrique. Le nombre de chaises en usage sera par conséquent de... ; elles seront réparties dans l'église conformément au règlement de distribution intérieure arrêté de concert entre M. le Curé de la paroisse et le Conseil de Fabrique.

Art. 5. L'adjudicataire sera tenu de faire réunir et ranger les chaises, après chaque office, dans les lieux qui lui seront désignés et de tenir constamment cet emplacement dans un état satisfaisant de propreté.

Art. 6. Le recouvrement des droits sera fait au commencement de l'office, au moment de la distribution des chaises. L'adjudicataire veillera à ce que ses préposés agissent avec décence et honnêteté et de manière à ne causer ni bruit ni trouble dans l'église. Il devra répudier de suite ceux qui lui seraient signalés par MM. les prêtres habitués de l'église, comme n'ayant pas dans le service toute la bienséance désirable.

Art. 7. L'adjudicataire versera annuellement le prix du bail, par quart à la fin de chaque trimestre, entre les mains et au domicile de M. le Trésorier de la Fabrique : à défaut par lui de satisfaire exactement à cette obligation, il y sera contraint par toutes les voies de droit.

Art. 8. Les frais d'affiche, ceux de timbre et d'enregistrement, et, en général, tous les frais de l'adjudication seront à la charge de l'adjudicataire.

Art. 9. L'adjudicataire présentera, en séance d'adjudication, une caution bonne et solvable, qui s'engagera solidairement avec lui, à l'exécution de toutes les clauses et conditions de l'adjudication.

Art. 10. L'adjudicataire ne pourra transférer l'effet de son adjudication, en tout ou en partie, sans le consentement exprès et par écrit du Bureau de la Fabrique. Si l'adjudicataire décède pendant la durée du bail, les obligations résultant de l'adjudication passeront sur la tête de ses héritiers, à moins que ceux-ci ne renoncent à la succession: En cas de renonciation, la caution pourra être subrogée aux droits de l'adjudicataire.

Fait à..... le.... 186....
Les membres du Bureau de la Fabrique.

N° 33.

Affiche pour annoncer l'adjudication du bail.

Fabrique paroissiale de.....

On fait savoir que le dimanche...., à l'issue des vêpres, en la sacristie de l'église de....., il sera procédé par le Bureau de la Fabrique, à l'adjudication de la ferme des chaises de ladite église, pour.... années consécutives qui commenceront le...

Le cahier des charges de cette adjudication et le nouveau tarif de la location des chaises, sont déposés au presbytère où ils seront communiqués sans déplacement aux personnes qui s'y présenteront pour en prendre connaissance.

Le minimum de la mise à prix est fixé à..... pour fermage annuel. Les enchères sur cette somme seront faites par soumission écrite, et reçues au presbytère, jusqu'au.... L'adjudicataire devra être présent à la séance d'adjudication pour en signer le procès-verbal.

A..... le..... 186....
Le Marguillier-Trésorier.

N° 34.

Procès-verbal d'adjudication aux enchères par soumission.

L'an mil huit cent soixante...., le dimanche......, à l'issue des vêpres, le Bureau de la Fabrique de l'église d...., s'est réuni en séance publique, à la sacristie dudit lieu, pour procéder à l'adjudication de la ferme des chaises de l'église, laquelle adjudication a été annoncée par trois affiches successives, conformément à la loi.

M. le Président, ayant ouvert la séance, a donné lecture de la délibération du Conseil de Fabrique, en date du...., contenant les clauses et conditions du bail, et a annoncé que l'adjudication allait être faite, sous lesdites clauses et conditions, au plus offrant parmi les signataires des... soumissions produites.

Il est résulté du dépouillement des soumissions que M....., demeurant à....., a offert pour fermage annuel la somme de.....

M..... la somme de.....

M..... celle de.....

En conséquence, la ferme de la location des chaises dans

l'église de.... a été adjugée par le bureau de la Fabrique à M..... pour ladite somme de.... payable annuellement, outre les frais de l'adjudication.

A l'instant, ledit sieur...... a présenté pour sa caution M......, propriétaire, demeurant à ..., qui a consenti à s'engager solidairement avec l'adjudicataire à l'exécution des clauses de l'adjudication.

Et de ce que dessus a été dressé le présent procès-verbal, qui a été clos séance tenante, et signé, après lecture, par l'adjudicataire, sa caution, et les membres du Bureau.

A..... les jour, mois et an susdits.

ACCEPTATION DE DONS ET LEGS.

(Voy. p. 91.)

N° 35.

Délibération du Bureau de la Fabrique sur l'acceptation d'un legs ou d'une donation.

Cejourd'hui..... du mois de..... l'an....., le Bureau des Marguilliers de la paroisse de...., réuni à la sacristie (*ou* au presbytère) de...., conformément à la convocation faite par M. le Curé de la paroisse, M. le Président donne lecture d'un acte de donation (*ou* d'un testament), par lequel N..... donne (*ou* lègue) à la Fabrique, une parcelle de terre, de la contenance de....., évaluée en capital à la somme de....., et produisant un revenu annuel de.....

Ce don (*ou* ce legs) est fait à la Fabrique, à charge de faire célébrer à perpétuité pour le donateur (*ou* le testateur) quatre services annuels avec vigiles et obsèques (*ou* trois messes hautes *ou* basses), les..... Cette donation (*ou* ce legs) offrant un revenu supérieur aux frais qu'entraînera la célébration des services (*ou* un revenu suffisant pour l'acquit des charges imposées par le fondateur), le Bureau, après en avoir délibéré, est d'avis qu'elle est avantageuse à la Fabrique, et, en conséquence, qu'il y a lieu d'accepter la susdite donation, avec les charges énumérées dans l'acte constitutif.

Il charge en même temps M. le Trésorier de faire toutes les diligences nécessaires pour obtenir l'autorisation et faire l'acte d'acceptation définitive.

Fait et délibéré à....., les jour, mois et an susdits.

N° 36.

Demande en autorisation de la part du Trésorier de la Fabrique pour l'acceptation d'une donation ou d'un legs.

A Monsieur le Préfet du département de.....

Le soussigné N..., Trésorier de la Fabrique de...., a l'honneur d'exposer que, par testament du..., M. Joseph N... a légué à ladite paroisse un terrain évalué à la somme de huit cents francs, pour fonder deux messes de *requiem*. Ses fils ont donné leur adhésion par acte du..... et la Fabrique a chargé le soussigné de solliciter l'autorisation d'accepter cette fondation, à laquelle Mgr l'Évêque a donné provisoirement son approbation le ...

Le soussigné produit ces diverses pièces avec l'acte de décès du testateur et une expédition du budget de la Fabrique ; il prie Monsieur le Préfet de vouloir bien accorder l'autorisation susdite.

N° 37.

Procès-verbal d'évaluation de l'objet donné ou légué (1).

Cejourd'hui..... du mois de..... l'an....., je soussigné, ..., géomètre, demeurant à....., expert nommé

---

(1) Lorsqu'il n'est pas nécessaire de faire vérifier la contenance de l'immeuble, on peut désigner un propriétaire ou un cultivateur pour l'estimation. S'il s'agit d'une maison, on nomme de préférence, pour l'expertise, un architecte, un entrepreneur de bâtiments ou un maître-maçon. Pour un objet mobilier, il faut confier l'expertise à un ouvrier capable de faire une juste appréciation de la valeur de l'objet donné ou légué.

par délibération du Bureau des Marguilliers de l'église de....., en date du....., pour faire l'estimation d'un terrain en nature de....., situé à....., donné à ladite église par M....., suivant acte authentique du....., me suis transporté sur ledit terrain, à l'arpentage duquel j'ai procédé suivant les règles de l'art.

L'opération terminée, j'ai reconnu que la contenance du terrain est de.... ares.... centiares. J'ai consulté ensuite les renseignements que j'avais recueillis à l'avance, tant sur le prix de vente que sur le prix de location des terres de cette situation, et j'ai estimé le terrain donné à l'église, en capital à la somme de..... et en revenu à la somme de.... par année.

En foi de quoi j'ai rédigé le présent procès-verbal.

Fait et clos à..... les jour, mois et an susdits.

N° 38.

Certificat du Maire constatant l'état de fortune des héritiers.

Nous soussigné, Maire de la commune de ... certifions que les sieurs NN. ... (noms, prénoms, professions et domicile), héritiers du sieur N. ..., décédé à ..., le ..., qui a légué à la Fabrique de l'église paroissiale de ... (*telle somme ou tel objet*), suivant son testament, en date du ..., sont tous dans une position aisée et qu'ils n'ont, à notre connaissance, aucun motif fondé de s'opposer à la délivrance dudit legs.

Fait à ... le ... 186 .

(Sceau de la Mairie.)   LE MAIRE.

N° 39.

Adhésion des héritiers à la délivrance du legs (1).

Je soussigné N. ..., propriétaire, demeurant à ...., héritier du sieur N. ... (désigner le degré de parenté par ces mots : mon père ou mon oncle, etc.), décédé à ..., le ..., déclare ne vouloir élever aucune opposition à la délivrance du legs de ... fait par ledit sieur .... dans son testament du ..., à la Fabrique de l'église de ..., et donner mon plein consentement à ce que, sous ce rapport, la volonté du testateur soit accomplie.

A ..., le ... 186 .

---

(1) Cette déclaration peut être faite dans l'acte extrajudiciaire par lequel chaque héritier est appelé à prendre connaissance du testament. L'acte extrajudiciaire se fait par ministère d'huissier.

PRODUIT DES QUÊTES ET DES TRONCS.
(Voy. p. 75.)

N° 40.
Procès-verbal de levée du tronc des Quêtes.

Cejourd'hui... mil huit cent..., nous soussignés, membres du Bureau de la Fabrique de l'église d..., nous étant transportés en la sacristie de ladite église pour procéder à la levée du tronc, dans lequel les sommes provenant des quêtes pour les frais du culte ont été déposées pendant le mois de..., avons fait l'ouverture dudit tronc et en avons extrait la somme d..., que nous avons immédiatement remise à M..., Marguillier-Trésorier, qui le reconnaît et en prend charge ; puis, ayant refermé le tronc, dont la clef a été déposée dans la caisse de la Fabrique, nous avons clos le présent procès-verbal, que nous avons dressé en double expédition, dont l'une sera déposée avec le reçu du Trésorier dans l'armoire des titres, et l'autre remise audit Trésorier, pour lui servir de pièce justificative dans son compte de 186..

Fait à..., les jours, mois et an susdits.

N° 41.
Carnet du produit des quêtes (1).
Année 186 .

DATES.	DÉSIGNATION des offices.	PRODUIT DE LA QUÊTE			TOTAL par office.	ÉMARGEMENT du trésorier constatant l'encaissement du produit.
		pour l'entretien de l'église.	pour	pour		

(1) Lorsqu'on n'est pas dans l'usage de déposer dans un tronc le produit des quêtes, il est bon de tenir à la sacristie un carnet sur lequel on enregistre la recette à chaque office.

N° 42.

Procès-verbal d'ouverture des troncs de l'église.

L'an mil huit cent..., le..., nous soussignés, Membres du Bureau des Marguilliers de l'église St... d..., nous étant transportés en ladite église pour procéder à l'ouverture des troncs qui y sont placés pour les frais du culte, avons extrait desdits troncs la somme totale de......, savoir :

Du tronc placé à l'entrée de l'église (si le tronc a une destination spéciale, il faut le désigner)..... » »
Du tronc placé au bas du chœur.......... » »
Du tronc placé dans la chapelle de........... » »

TOTAL.......... » »

Laquelle somme a été immédiatement remise à M....., Marguillier-Trésorier qui le reconnaît et en prend charge. Les clefs des troncs ayant ensuite été replacées dans la caisse de la Fabrique, le présent procès-verbal a été dressé et signé en séance, au presbytère (ou à la sacristie) de..., les jour, mois, et an susdits.

VENTE
D'OBJETS MOBILIERS, ET DE PRODUITS RURAUX OU FORESTIERS.

(Voy. p. 69 et 90.)

N° 43.

Procès-verbal d'estimation et de vente à l'amiable d'objets mobiliers hors de service.

Cejourd'hui....., mil huit cent....., à..... heures du..., je soussigné..., membre du Bureau des Marguilliers de l'église de...., me suis rendu à...., pour procéder, comme délégué de la Fabrique, à l'estimation et à la vente à l'amiable de... (désigner les objets). Après l'examen desdits objets, je les ai estimés à... Le sieur N..., mandé préalablement sur les lieux, nous ayant offert de s'en rendre acquéreur au prix de...., montant de l'estimation, j'ai accepté sa proposition, à condition que le prix convenu serait versé dans les mains du Trésorier de la Fabrique avant l'enlèvement des objets, et au plus tard dans le délai de..., jours.

En foi de quoi j'ai dressé le présent procès-verbal, que le sieur N..., a signé avec moi.

A....., les jour, mois et an susdits.

(1) Lorsque les objets sont de peu de valeur, la vente peut en être faite à l'amiable sauf à en dresser procès-verbal dans la forme du présent modèle. Mais si la vente présente quelque importance, on doit en faire l'objet d'une adjudication publique et remplir les formalités indiquées dans les modèles ci-après : n°s 45, 46 et 47. Toutefois, lorsqu'il s'agit d'objets qu'il ne serait ni utile, ni convenable de mettre en adjudication publique, tels que argenterie, cuivre, ornements hors de service, etc., le Président du Bureau, ou, par délégation, le Trésorier, peut traiter de gré à gré avec un orfèvre, ou un marchand. Dans ce cas, si la vente est faite à terme, on doit en passer acte dans la forme du modèle suivant.

N° 44.

Acte de vente d'un objet à terme.

Entre les soussignés, M. A..., Trésorier de la Fabrique de l'église de..., stipulant en cette qualité conformément à la délibération du Conseil de ladite Fabrique, en date du..., d'une part; et M. B..., marchand à..., d'autre part, il a été fait la convention dont la teneur suit :

M. le Trésorier vend et transporte, par la présente, à M. B... (spécifier les objets vendus), et dont celui-ci reconnaît avoir parfaite connaissance, pour et moyennant la somme de..., que ledit sieur B... promet et s'oblige de payer à M. A..., le... prochain, avec intérêts et sous la réserve que fait ledit sieur B... d'user, si bon lui semble, de la faculté d'anticiper le payement; auquel cas M. le Trésorier de la Fabrique sera tenu de l'accepter, ce qui a été consenti par ce dernier.

Fait double à..., le... mil huit cent...

N° 45.

Cahier des charges d'une adjudication de pieds de bois abattus sur une propriété de la Fabrique.

Art. 1ᵉʳ. L'adjudication des pieds de bois au nombre de....., abattus et gisant sur la lisière du terrain paroissial situé à....., appelé le....., sera faite, après avoir été autorisée par M. le Préfet, au plus offrant et dernier enchérisseur, à l'extinction d'un feu franc, devant les membres du Bureau des Marguilliers d....., réunis à cet effet en séance publique.

Art. 2. Le procès-verbal de l'adjudication sera soumis à l'approbation de M. le Préfet, et ne sera valable qu'après cette approbation.

Art. 3. Le prix principal d'adjudication, ainsi que les frais d'affiches, de timbre et d'enregistrement résultant de l'adjudication, seront payés par l'adjudicataire entre les mains de M. le Trésorier de la Fabrique, dans le délai de ... jours, à dater de la réception de l'approbation de M. le Préfet.

Art. 4. L'adjudicataire ne pourra se mettre en possession desdits pieds de bois, les façonner sur place ou en opérer l'enlèvement, qu'après le payement intégral du prix et des frais de l'adjudication.

Art. 5. Il présentera, en séance d'adjudication, une caution bonne et solvable qui s'engagera solidairement avec lui et signera au procès-verbal. Toutefois, il y aura dispense de caution si le bureau la juge inutile, ce qui serait mentionné au procès-verbal.

Fait à....., le..... 186..

Les membres du Bureau de la Fabrique de. ..

Approuvé à....., le..... 186..

Le Préfet.

N° 46.

Affiche de l'adjudication.
(Sur papier de couleur timbré.)

On fait savoir que le..... prochain, à l'issue des vêpres, il sera procédé au presbytère de..... (ou en la sacristie d.....), par-devant le bureau des Marguilliers de l'église dudit lieu, à la vente par adjudication publique au plus offrant et dernier enchérisseur, de.... pieds de bois abattus et gisants sur la lisière du terrain que la Fabrique possède au lieu dit....., et mesurant ensemble environ..... stères.

Le cahier des charges de l'adjudication est déposé au presbytère (*ou* en la sacristie) où l'on pourra en prendre connaissance tous les jours non fériés, de....heures du matin à..... heures du soir, jusqu'au jour de l'adjudication.

Fait à....., le..... 186..

Le Marguillier-Trésorier.

N° 47.

Procès-verbal d'adjudication (1).
(Sur papier timbré.)

L'an mil huit cent....., le....., à .... heures.. du...., par-devant nous N....., président du Bureau des Marguilliers de l'église de....., assisté de MM...., aussi membres de ce Bureau, il a été procédé, au presbytère d..... (*ou* en la sacristie de l'église de.....), à la vente par adjudication publique, aux enchères et à l'extinction d'un feu franc, de..... pieds de bois abattus sur le terrain que la Fabrique possède à......, tels qu'ils ont été désignés aux affiches que nous avons fait apposer dans la paroisse aux lieux accoutumés.

A l'ouverture de la séance, il a été donné lecture des clauses et conditions de l'adjudication, après quoi les personnes venues pour enchérir ont été invitées à émettre leurs offres.

Le sieur A..... ayant offert des pieds de bois le prix de.... fr., il a été allumé un premier feu; le sieur B....

(1) Ce procès-verbal doit être soumis à l'enregistrement dans les vingt jours à partir de la réception de l'approbation du préfet.

a fait une enchère de....; enfin ledit sieur A.... a fait une surenchère de..... Un nouveau feu ayant été allumé et s'étant éteint sans autres enchères, le sieur A....., propriétaire, demeurant à....., a été rendu adjudicataire des pieds de bois dont il s'agit pour la somme de...., à charge par lui de se conformer aux dispositions du cahier des charges approuvé par M. le Préfet, le....., et qui est ci-annexé (*ou* copié en tête du présent).

Et à l'instant l'adjudicataire nous a présenté pour sa caution M..... qui s'est engagé solidairement avec lui à l'exécution des clauses et conditions de l'adjudication.

Ou bien : La solvabilité du sieur A... étant bien connue nous l'avons dispensé de fournir caution.

Et de ce que dessus, il a été dressé en séance le présent procès-verbal que l'adjudicataire et la caution ont signé avec nous après lecture.

Fait à....., les jour, mois et an susdits.

FOURNITURES AU COMPTE DE LA FABRIQUE.

(Voy. p. 107.)

SECTION Iʳᵉ.

Achat d'objets de consommation.

N° 48.

Marché pour la fourniture du luminaire.

Entre les soussignés N...., marchand, demeurant à.... d'une part ; et de l'autre, M.... stipulant en qualité de Président du Bureau de la Fabrique de l'église Saint-..... de ....., et conformément à la délibération dudit Bureau en date du....., a été convenu et arrêté le marché qui suit :

1° Le sieur N..... s'engage à fournir et à livrer, au prix de *quatre francs soixante centimes* le kilogramme, toute la bougie nécessaire aux offices dans l'église de.... Cette bougie devra être de bonne qualité, les mèches en pur fil, et présenter le même aspect, la même composition que celle annexée au présent marché.

2° La fourniture sera faite sur commande de M. le Trésorier de la Fabrique, et apportée soit au bureau de la Fabrique, soit à la sacristie, à la volonté de M. le Trésorier, et aux frais du fournisseur.

3° De son côté, M..... s'engage à faire payer au sieur N....., sur les fonds de la Fabrique, le prix de chaque livraison au vu de la facture régulière et du certificat de réception délivré par le sacristain, ou de tout autre employé de l'église qui aura été chargé de recevoir la fourniture.

4° Le sieur N....., reprendra au prix de *trois francs soixante centimes* le kilogramme, toute la vieille cire de la paroisse, tant celle de la Fabrique que celle de M. le Curé et de MM. les Vicaires (1).

5° Le présent marché est consenti pour trois, six ou neuf années, au choix réciproque des parties et moyennant un avertissement de trois mois à l'avance.

Fait double à..... le..... mil huit cent.....

N° 49.

Commande du Trésorier et certificat de réception.

Le Trésorier de la Fabrique de l'église de....., mande à M....., marchand à....., de livrer à M....., sacristain de ladite église..... (détail des fournitures à faire), en exécution du marché en date du.....

Cette fourniture sera payée à M..... sur la présentation de sa facture acquittée et d'un mandat de payement délivré par M. le Président du Bureau de la Fabrique.

Fait à . . . . . le . . . . 186 . .

(Signatures.)

Reçu les marchandises qui font l'objet de la commande ci-dessus.

A. . . . . le . . . . 186 . .

(Signature du sacristain.)

---

(1) Lorsqu'une clause de cette nature est insérée dans le marché, le Trésorier doit, néanmoins, porter en dépense le montant intégral des fournitures faites à la Fabrique, et faire recette du produit des vieux cierges. Cette recette est justifiée dans son compte par un procès-verbal de livraison.

SECTION II.

Achat d'objets mobiliers.

N° 50.

*Devis estimatif d'objets nécessaires à l'église Saint.....
de......, dressé sur la demande de M....., Président.....,
par N...., orfévre (ou chasublier), demeurant à.... (1).*

1° Un calice argent, à double coupe, coupe intérieure dorée en dedans et en dehors, coupe extérieure ciselée, modèle riche ; patène dorée en dedans et en dehors, le tout pesant 950 grammes, argent du premier titre . » fr. » c.

2° Un ciboire argent à coupe simple, dorée en dedans, pesant 715 grammes, argent du premier titre. . . . . » »

3° Un ostensoire argent de 486 millimètres de hauteur ; gloire, lunette et agneaux dorés au feu ; croissant, cercle entier doré en dedans et en dehors ; le tout pesant 1098 grammes, argent du premier titre. . . . . » »

4° Un bénitier en cuivre, plaqué au dixième, avec goupillon *idem*, forme vase Médicis . . . » »

5° Un encensoir en cuivre argenté, avec navette *idem*, grand modèle . . . . » »

6° Six chandeliers d'autel en cuivre, plaqué au dixième, de 675 millimètres de hauteur, modèle riche . . . . » »

(1) Les devis produits à l'appui des budgets pour en justifier les évaluations, étant des pièces purement administratives, ne sont pas assujettis au timbre ; mais ceux au bas desquels les fournisseurs apposeraient leurs soumissions, ou qui seraient annexés aux marchés, doivent être sur papier timbré.

7° Une chasuble rouge en damas cramoisi, broché or, orfroi en gros de Tours, même couleur; galons or mi-fin, de 7 millimètres : franges *idem* de 54 millimètres : doublure en Florence. » »

8° Une garniture de canons d'autel, encadrés sous verre ; baguettes dorées, larges de 54 millimètres . . . . » »

9° Drap mortuaire en velours de coton, de 3 mètres 250 millimètres de longueur sur 2 mètres 600 millimètres de largeur ; croix blanche en laine, galons soie de 7 millimètres pour la croix et de 3 millimètres autour ; doublure en lustrine noire. . . . . » »

TOTAL . . . . . » »

Dressé par moi soussigné, le présent devis montant à la somme de . . . . .
A . . . . . ., le . . . .186 . .

Vu et approuvé par nous, membres de la Fabrique soussignés, le présent devis qui sera annexé au budget de 18. . . . .
Fait et signé en séance, le . . . . .

N° 51.

Marché par soumission.

Je soussigné N. . . . ., orfèvre (ou chasublier) demeurant à . . ., soumissionne la fourniture des objets désignés ci-après, savoir :

1° . . . .
2° . . . . (comme au devis);

Et m'engage à livrer lesdits objets en bon état et bien conditionnés, en mon domicile (ou au domicile de M. le

Curé de.....) moyennant le prix et la somme de....., payable au comptant (*ou* dans le délai de.....)

     A. . . . . . ., le . . . 186 . .
       (Signature du marchand.)

 Nous, membres du Bureau de la Fabrique de l'église de..... soussignés, acceptons la soumission souscrite ci dessus (*ou* d'autre part) par M..... ; en conséquence, autorisons M. N....., Marguillier-Trésorier, à faire la commande des fournitures qui font l'objet de ladite soumission.

    Fait et signé en séance, le . . . . 186 .

N° 52.

Marché sans soumission préalable.
(Sur papier timbré.)

 Entre les soussignés N..., orfévre (*ou* chasublier), demeurant à..., et M... stipulant en qualité de Président du Bureau de la Fabrique de l'église de.. .., spécialement autorisé à l'effet des présentes par délibération dudit Bureau, en date du....., et assisté de M....., Curé de....., et de M....., Trésorier de la Fabrique, a été convenu et arrêté le marché qui suit :

 Le sieur N..... s'engage à fournir et à livrer au domicile de M. le Curé de..... les objets désignés ci-après, savoir :

1° . . . . .

2° . . . . . (comme au devis).

 Le tout en bon état et bien conditionné, moyennant les prix et somme de.... , que M....., s'engage de son côté à lui faire payer sur la caisse de la Fabrique dans le délai de.....

  Fait et signé double , à . . . . le . . . 186. .
      (Signatures des contractants.)

Commande du Trésorier et certificat de réception des objets.
— Voy. le n° 49.

ACQUITTEMENT DES FONDATIONS.
(Voy. p. 116.)

N° 53.

Tableau des Fondations qui doivent être desservies dans l'église de...... pendant le... trimestre 186 (1).

DATES de l'acquittem^t.	MESSES, SERVICES ou PRIÈRES FONDÉS.	NOMS du FONDATEUR.	DATE du titre de FONDATION	NOMS de l'Ecclésiastique chargé d'acquitter chaque fondation.	OBSERVATIONS.
Le 10 janv.	Services avec vigiles et obsèques..	N....	....	M....	
Le 16 —	....	N....	....	M....	
....	....	N....	....	M....	

N° 54.

État des Fondations acquittées dans l'église de..... pendant le..... trimestre 186 .

DÉSIGNATION des Fondations acquittées.	DATES des acquittem^{ts}.	NOMS des Ecclésiastiques qui ont acquitté les fondations.	HONORAIRES à payer.	SIGNATURES constatant le payement des honoraires.

Certifié sincère et véritable par nous, soussigné, Curé d...
A.. .... le....... 186 .

(1) Pour éviter le renouvellement du tableau à chaque trimestre, on pourrait dresser un tableau général, divisé par trimestre, en ayant soin d'y inscrire successivement chaque fondation dans l'ordre de date de son acquittement.

RÉPARATIONS D'ENTRETIEN DES BATIMENTS (1).

(Voy. p. 119.)

N° 55.

Procès-verbal de visite des bâtiments.

L'an mil huit cent....., le....., du mois de....., nous soussignés, membres du Bureau des Marguilliers de l'église de....., assistés de M....., architecte (2), avons procédé,

---

(1) On distingue trois sortes de réparations : les réparations locatives, les réparations d'entretien, les grosses réparations.

Les réparations locatives sont celles que l'usage des lieux a déterminées ; telles sont, par exemple : les réparations à faire aux âtres, contre-cœurs, chambranles et tablettes des cheminées ; au récrépissement du bas des murailles des appartements et autres lieux d'habitation, à la hauteur d'un mètre; aux pavés et carreaux des chambres, lorsqu'il y en a seulement quelques-uns de cassés; aux vitres, à moins qu'elles ne soient cassées par la grêle, ou autres accidents extraordinaires ou de force majeure ; aux portes, croisées, planches de cloisons, gonds, targettes et serrures.

Les réparations d'entretien regardent le rétablissement des parties de couvertures, des digues, des murs de soutènement ou de clôture, attendu que leur restauration n'est réputée grosse réparation qu'autant qu'elles sont à faire en entier.

Les grosses réparations comprennent : la restauration partielle des gros murs et des voûtes; le rétablissement des poutres et des couvertures entières; celui des digues et des murs de soutènement et de clôture, aussi tout entier ; celui des cloisons et des pans de bois. Les réparations réputées locatives sont aussi rangées dans la catégorie des grosses réparations, lorsqu'elles sont occasionnées par la vétusté, ou proviennent d'une force majeure. (Code civil, article 606 et 1754.)

(2) Si l'on ne peut se faire assister par un architecte, on se fera accompagner par un entrepreneur de bâtiments, un maître maçon, un maître-charpentier ou toute personne capable de donner des renseignements sur les différentes sortes de réparations et d'en évaluer la dépense.

conformément à l'article 41 du décret du 30 décembre 1809, à la visite des bâtiments paroissiaux, à l'effet de reconnaître et constater les réparations qu'il serait utile d'y procurer.

(Réparations locatives.)

Il résulte de cette visite qu'il y a lieu de procurer aux bâtiments les réparations suivantes.

1º La porte d'entrée principale de l'église est gravement endommagée par l'humidité dans sa partie inférieure, il convient de la réparer jusqu'à la hauteur de.. ..; il est nécessaire aussi de la faire repeindre à l'huile, sur toute sa surface extérieure. Cette réparation, fourniture comprise de deux ais en chêne de..... millimètres d'épaisseur, a été évaluée par M. l'architecte à. . . . . 25 fr. » c.

2º Les fenêtres de l'église ont aussi besoin de réparations : 100 vitres environ sont cassées; la dépense de leur remplacement a été estimée à. 15 »

3º La grille en fer placée à l'entrée de la cour du presbytère, est presque entièrement séparée du mur; elle est recouverte partout d'une rouille épaisse ; plusieurs barreaux et la serrure ont été enlevés. Il est très-urgent de la remettre en bon état, et d'y faire appliquer une forte couche de peinture à l'huile pour la préserver de l'oxydation. Cette réparation, compris.. ... kilogrammes de fer neuf et la fourniture d'une nouvelle serrure, a été évaluée à. . . . . 60 »

(Réparations d'entretien.)

4º La charpente du côté bas méridional de l'église s'est affaissée de..... centimètres sur une étendue de..... mètres carrés, par suite de la faiblesse des bois employés à sa construction.

La réparation de cette partie de charpente nous a paru indispensable. M. l'architecte en a estimé provisoirement la dépense, compris la fourniture de..... stères de bois neuf et le rétablissement de la couverture, à la somme de 600   »

(Grosses réparations.)

5°. . . . .   »   »

Montant présumé des Réparations . . . . 700 fr. » c.

Le présent procès-verbal, dressé immédiatement après la visite, a été clos et signé en séance, en l'église (*ou* au presbytère) de..... par nous, membres du Bureau, et M....., architecte, les jour, mois et an susdits.

SECTION Ire.

Réparations par économie (1).

N° 56.

Délégation du Bureau des Marguilliers à l'un de ses membres pour la surveillance de travaux à faire par économie.

Le Bureau des Marguilliers de l'église de...., vu le procès-verbal de visite des bâtiments, en date du....., lequel porte à la somme de quarante francs les réparations à faire tant à la porte principale qu'aux fenêtres de l'église, charge M..., l'un des membres dudit Bureau, de commettre immédiate-

---

(1) On appelle réparations par économie celles qui sont faites, sans entreprise, sous la surveillance immédiate des administrateurs ou d'un régisseur par eux délégué.

ment des ouvriers à ces réparations, d'en surveiller l'exécution, et de régler le mémoire des ouvrages, après leur entière confection.

Fait en séance à . . . . le . . . . mil huit cent. . .

N° 57.

Délibération du Conseil de Fabrique ordonnant des réparations par économie.

L'an mil huit cent soixante..... le..... le Conseil de Fabrique de l'église Saint..... de....., réuni au lieu ordinaire de ses séances, sous la présidence de M.....; présents MM.....; le président et les membres présents formant la majorité du Conseil.

M....., Marguillier-Trésorier, ayant demandé la parole au nom du Bureau, a exposé au Conseil que la grille en fer placée à l'entrée de la cour du presbytère, est en très-mauvais état, que la nécessité d'y procurer des réparations a été constatée au procès-verbal de visite des bâtiments en date du ...., et il a invité le Conseil à autoriser ces réparations, dont la dépense a été évaluée audit procès-verbal à la somme de soixante francs.

Le Conseil, sur la proposition de M. le Président, a chargé le Bureau des Marguilliers de pourvoir, immédiatement et par économie, aux réparations dont il s'agit, et d'en imputer le payement sur l'article 3 des dépenses du budget (*ou bien* sur les fonds libres de la Fabrique.)

Fait et délibéré à. . . . les jour, mois et an susdits.

(Signatures.)

N° 58.

Mémoire des ouvrages (1).

Doit la Fabrique de l'église d....., à M....., menuisier, demeurant à.....

1° Pour fourniture de deux ais en chêne, de 34 millimètres d'épaisseur, employés à la réparation de la porte principale de l'église . . . . 6 fr. » c.

2° Pour main-d'œuvre : 2 journées employées à cette réparation, à 4 francs l'une. . . . . . . 8 »

3° Pour peinture à l'huile de ladite porte : 9 mètres superficiels, à raison de 1 fr. le mètre. 9 »

4° Pour fourniture et pose sur châssis de plomb de 100 vitres en losange, verre blanc, à raison de 15 centimes l'une. . . . . 15 »

TOTAL. . . . . 38 fr. » c.

Dressé par moi soussigné le présent mémoire, montant à la somme de trente-huit francs.

A . . . . . le . . . . . 186 . . .
(Signature de l'ouvrier.)

Arrêté le présent mémoire à la somme de trente-huit francs par moi soussigné, membre du Bureau de la Fabrique, délégué pour diriger et surveiller l'exécution des réparations ci-dessus mentionnées.

A . . . . . le . . . . . 186 . . .
(Signature.)

Pour acquit de la somme de trente-huit francs, montant du présent mémoire.

A . . . . . le . . . . . 186 . . .
(Signature de l'ouvrier.)

(1) Ce mémoire dressé sur papier timbré, est annexé au mandat de payement, délivré par le Président du bureau. (Voy. le n° 81.)

N° 59.

État de salaires et de fournitures (1).

Fabrique de l'église de.....
États des sommes dues pour la réparation de la grille en fer placée à l'entrée de la cour du presbytère.

DESIGNATION des Ouvriers ou Fournisseurs.	DETAIL de la main d'œuvre et des Fournitures.	SOMMES dues.	SIGNATURES par émargement constatant les payements.
A.... marchand de fer à........	20 kilog. de fer neuf, à 60 c. le kilog...............	12 fr. »	
B.... serrurier à...	4 journées à 3 fr. 50 c. l'une...... 14 fr. 4 id. à 2 fr...... 8 fr.	22 fr. »	
C.... peintre en bâtiments à.......	3 couches de peinture à l'huile sur toute la grille.	20 fr. »	
	TOTAL............	54 fr. »	

Arrêté le présent état à la somme de cinquante-quatre francs, par moi soussigné, membre du Bureau de la Fabrique, spécialement délégué par ledit Bureau pour surveiller la réparation ci-dessus mentionnée.

A. . . . le. . . . 186. . .

---

(1) Cet état, dressé sur papier timbré, remplace les mémoires lorsqu'il s'agit de travaux en régie; il est remis au Trésorier accompagné d'un mandat de payement délivré au nom du régisseur pour la somme totale.

SECTION II.

Réparations par voie d'entreprise.

N° 60.

Délibération du Conseil de Fabrique, ordonnant une adjudication de travaux.

L'an mil huit cent...., etc. (Voy. les modèles n°s 2 et 3).

A l'ouverture de la séance, M...., Trésorier de la Fabrique, a remis à M. le Président du Conseil les pièces désignées ci-après :

1° Un rapport du Bureau des Marguilliers sur les réparations à faire à la charpente du bas côté méridional de l'église ;

2° Le procès-verbal de visite des bâtiments paroissiaux, en date du..., par lequel la réparation de cette charpente est évaluée à la somme de 600 francs ;

3° Un état de la situation financière de la Fabrique, duquel il résulte que cette somme de *six cents francs* peut être payée au moyen des fonds disponibles en caisse.

M. le Président ayant communiqué lesdites pièces au Conseil, lui a proposé d'ordonner que la réparation de la charpente du bas côté méridional de l'église soit faite par entreprise, conformément à l'art. 42 du décret du 30 décembre 1809.

La proposition de M. le Président ayant été mise en discussion, le Conseil l'a adoptée à la majorité de.... voix. En conséquence, le Bureau des Marguilliers est chargé de faire dresser un devis estimatif des ouvrages et de procéder à leur adjudication au rabais, après trois affiches renouvelées de huitaine en huitaine.

Fait et délibéré à..... les jour, mois et an susdits.

N° 61.

Devis estimatif des ouvrages (1).

Par suite d'un vice de construction, presque toutes les pièces de la charpente du bas côté méridional de l'église se sont désassemblées ; plusieurs ont été brisées, d'autres se trouvent pourries par le fait des gouttières. Pour réparer convenablement cette charpente, il est nécessaire de la démonter entièrement, d'en changer les pièces défectueuses au nombre de...., savoir :... (Indiquer avec tous les détails utiles les pièces qui devront être réformées), et de donner aux pièces neuves les dimensions suivantes : (Indiquer également avec détails les nouvelles pièces à fournir.)

Détails estimatifs des ouvrages.

1° Fourniture de... stères de bois neuf, équarris, à vive arête, à raison de... le stère . . . . 200 fr.
2° Démontage de la charpente et reconstruction avec les matériaux neufs et les anciennes pièces reconnues propres à être employées ;... mètres carrés de surface à raison de... le mètre, tout compris . . . . 180 »

A reporter..... 380 »

---

(1) Ce modèle est pour un cas déterminé ; on trouvera plus loin, sous le n° 67 un modèle présentant des exemples pour chaque sorte de réparations.

Report.....	380	»
3º Réparation de la couverture ; .... mètres superficiels de couverture en tuile sur lattis vieux ou neuf, à raison de..... le mètre, eu égard au remploi des anciens matériaux...	120	»
4º Arasement du mur de pourtour ; ..... mètres, à..... le mètre...........	40	»
5º Fourniture de.... kilogrammes de fer employés en tirants pour la charpente, étriers, boulons, etc., à raison de.... le kilogramme, mise en œuvre comprise, ci.........	40	»
6º Fourniture de... mètres courants de fer-blanc pour chéneaux, à raison de.... le mètre, y compris brides, pose, peinture à l'huile, di.................	20	»
Total......	600 fr.	

Conditions à imposer à l'entrepreneur.

1º Le démontage de la charpente se fera avec la plus grande attention pour éviter l'endommagement des voûtes et des murs ; les bois se descendront à l'engin, et ceux reconnus propres à être employés seront mis en réserve.

2º Les bois neufs seront en...., de la meilleure qualité possible, coupés en bonne saison, deux ans au moins avant leur emploi, sans nœuds vicieux, de fil droit, non tranchés, dentelés ou échauffés ; ils seront en outre équarris, à vive arête, sans aucune flache.

3º Les côtés homogènes seront d'égales dimensions sur toute la longueur des pièces, proprement et solidement assemblés à tenons et mortaises ou autrement, ainsi qu'il sera ordonné.

4º Les vieux bois provenant de la démolition, qu'il sera

permis à l'entrepreneur de remettre en œuvre, seront travaillés avec le même soin que les bois neufs.

5° Les nouvelles tuiles employées à la couverture seront de la fabrique de..... Les lattes seront dressées d'égale longueur et espacées de..... millimètres.

6° Le mortier pour l'arasement des murs, sera composé de deux tiers de sable de rivière bien sec, et d'un tiers de chaux vive, bien éteinte, coulée et dégagée de galets. Il sera battu et corroyé à plusieurs reprises.

7° Les feuilles de fer-blanc seront soudées avec soin et sur leur largeur ; les brides seront espacées de 50 centimètres. Il sera passé sur les chéneaux, et sur les brides deux couches de peinture à l'huile bien confectionnée.

Fait et rédigé à..... le..... 186....

(Signature de l'architecte.)

N° 62.

Cahier des charges de l'entreprise (1).

Clauses et conditions de l'adjudication des travaux à faire pour la réparation de la charpente du côté bas méridional de l'église de.....

Art. 1er. L'adjudication sera faite au rabais et à l'extinction des feux, par le Bureau des Marguilliers ; elle ne sera consommée que lorsqu'un dernier feu aura été allumé et se sera éteint sans que, pendant sa durée, il ait été fait aucun rabais.

Art. 2. Aucune personne ne sera admise à concourir à l'adjudication, si elle n'exerce une profession analogue au

(1) Le devis et le cahier des charges sont soumis ensemble à l'approbation du Préfet.

genre d'ouvrage à exécuter, et si elle n'a la capacité et les moyens nécessaires pour garantir la bonne exécution des travaux.

Art. 3. Immédiatement après l'adjudication, et en séance, l'adjudicataire sera tenu de présenter une bonne et solvable caution, laquelle, après avoir été agréée par le Bureau de la Fabrique, s'obligera solidairement avec l'adjudicataire et signera au procès-verbal.

Art. 4. Les travaux seront commencés de suite après que l'adjudication aura été approuvée par M. le Préfet du département, et devront être continués sans interruption de manière à ce qu'ils soient entièrement terminés à la fin du mois de..... prochain.

Art. 5. L'adjudicataire se conformera exactement au devis dressé le..... par M. N....., architecte, et en remplira toutes les conditions. Il ne pourra faire aucune diminution ni augmentation dans les ouvrages exécutés, que sur la demande du Bureau des Marguilliers, sous peine, dans le premier cas, de supporter, sur le prix principal de son entreprise, une réduction du double de la valeur des ouvrages non exécutés, et, dans le second cas, d'être déchu de toute demande en payement des travaux faits en sus de ceux portés au devis.

Art. 6. L'exécution des travaux sera surveillée par M. N....., architecte, rédacteur du devis. En cas de retard constaté par procès-verbal dudit sieur N....., et s'il y avait lieu de craindre que les travaux ne pussent être achevés dans le délai prescrit, le Bureau des Marguilliers pourra provoquer l'autorisation du Préfet à l'effet de passer tous traités ou employer les ouvriers nécessaires pour l'achèvement des ouvrages aux frais de l'adjudicataire ou de sa caution.

Art. 7. L'architecte surveillant vérifiera tous les ouvrages exécutés par l'entrepreneur, et, après leur confection totale, il procédera à leur réception en présence de l'adjudicataire et du Bureau des Marguilliers. Le procès-verbal de réception déterminera la somme restant à payer à l'adjudicataire.

Art. 8. Le prix des ouvrages sera payé sur les fonds libres existant dans la caisse de la Fabrique, en deux termes, savoir : un tiers du prix d'adjudication, lorsque les matériaux seront déposés sur place et prêts à être employés; et le reste, après la réception des ouvrages.

Art. 9. Tous les frais auxquels l'adjudication donnera lieu, tels que ceux d'enregistrement, timbre, expédition, seront à la charge de l'adjudicataire.

Fait à. . . . le. . . . 186. . .
Les membres du Bureau de la Fabrique.

N° 63.

Affiche pour annoncer l'adjudication (1)

Fabrique de l'Église paroissiale de.....

On fait savoir que le dimanche,..... prochain, à l'issue des vêpres, il sera procédé en la sacristie de l'église de...., par le Bureau des Marguilliers, à l'adjudication, au rabais, des travaux à faire pour la réparation de la charpente du côté bas méridional de ladite église.

Les personnes qui voudraient concourir à cette adjudication pourront prendre connaissance du devis estimatif des travaux et du cahier des charges, tous les jours non fériés, de....., heures du matin à..... heures de l'après-midi, au presbytère de....... où ces pièces resteront déposées jusqu'au jour de l'adjudication.

A. . . . le. . . . 186. . .
Le Marguillier-Trésorier.

(1) Les affiches doivent être sur papier de couleur, au timbre de dimension.

N° 64.

Procès-verbal d'adjudication au rabais et à l'extinction des feux (1).

L'an mil huit cent....., le dimanche....., à ... heures de l'après-midi, en la sacristie de l'église paroissiale de..., le Bureau des Marguilliers de cette église, composé de M....., président, et de MM....., s'est réuni en séance publique pour procéder à l'adjudication au rabais des travaux à faire pour la réparation de la charpente du côté bas méridional de l'église, conformément au devis approuvé par M. le Préfet du département, le....., laquelle adjudication a été annoncée par affiches et publications dans la présente commune et dans les communes de.....

M. le Président, ayant ouvert la séance, a donné lecture du cahier des charges contenant les clauses et conditions de l'entreprise, et a invité les personnes venues pour concourir à l'adjudication, à exprimer leurs rabais à tant pour cent, et non en bloc, sur le montant du devis.

Après un premier rabais de trois pour cent offert par M....., entrepreneur de bâtiments, demeurant à....., une première bougie a été allumée, et pendant la durée de ce feu et d'un second feu, plusieurs autres rabais ont été faits successivement, savoir :

Cinq pour cent par M.....
Huit pour cent par M.....
Et dix pour cent par M.....

Enfin, une nouvelle bougie allumée, ayant brûlé et s'étant éteinte sans qu'il eût été fait de rabais plus fort, M. le Pré-

---

(2) On trouvera plus loin, sous le n° 71, le modèle d'un procès-verbal d'adjudication au rabais sur soumissions.

sident a déclaré que l'entreprise des travaux à faire pour la réparation de la charpente du côté bas méridional de l'église de....., était adjugée audit sieur....., au prix de cinq cent quarante francs, résultant du rabais de dix pour cent par lui consenti sur la somme de six cents francs, montant du devis, et sous les clauses et conditions portées au cahier des charges, dont la minute restera annexée au présent procès-verbal.

A l'instant ledit sieur..... a présenté, pour sa caution, M....., propriétaire, demeurant à....., lequel s'est engagé, solidairement avec lui, à l'exécution de toutes les conditions de l'entreprise.

Et ont, l'adjudicataire et sa caution, avec les membres du Bureau, signé le présent, après que lecture en a été faite.

A.... les jour, mois et an avant dits.

N° 65.

Marché de gré à gré pour réparations à faire à une église (1).

Entre les soussignés, M. ....., stipulant en qualité de président du Bureau de la Fabrique de l'église de ....., spécialement autorisé à l'effet des présentes par délibération du Conseil, en date du ....., d'une part ; et le sieur N....., peintre en bâtiments, demeurant à ....., d'autre part ;

A été convenu et arrêté le marché qui suit :

---

(1) En cas d'urgence constatée ou lorsqu'il s'agit de travaux qui exigent des connaissances spéciales, les Fabriques peuvent être autorisées à traiter avec un entrepreneur, sans recourir aux formalités de l'adjudication publique.

1º Le sieur N..... s'engage à exécuter, conformément au devis dressé le ....., par M. ....., architecte, et approuvé par M. le Préfet du département, le ....., les ouvrages ci-après désignés ; savoir : ..... (les désigner succinctement).

2º Ledit sieur N....., s'engage en outre à commencer lesdits ouvrages immédiatement après que la présente convention aura été approuvée par M. le Préfet du département, et à les rendre totalement achevés dans le délai de ....., sous peine de ..... par chaque mois de retard ;

3º A l'expiration du délai ci-dessus fixé, il sera, par le sieur N....., architecte, auteur du devis, procédé à la visite et reconnaissance des ouvrages dont il s'agit, en présence du sieur N..... et du Bureau de la Fabrique, afin de décider s'ils ont été faits conformément au devis, sinon, de fixer le taux de l'indemnité que ledit sieur N..... sera tenu de payer à la Fabrique pour cause d'inexécution de ses engagements ;

4º Le présent marché a été conclu pour la somme de ..... que M. ..... s'engage à faire payer au sieur N....., sur la caisse de la Fabrique, aux époques suivantes, savoir : moitié dans ..... à compter de ce jour, et, le surplus, lorsque les ouvrages seront complétement achevés et qu'ils auront été agréés par l'architecte, auteur du devis, qui fixera également la valeur des dédommagements auxquels ledit sieur N..... pourra être tenu, si dans le délai prescrit, et quelle que soit la cause de son retard, il n'a pas satisfait à toutes ses obligations.

Fait double entre les parties, à ..... le ..... mil huit cent .....

N° 66.

Délibération du Conseil portant recours à la commune en cas d'insuffisance des ressources de la Fabrique pour pourvoir aux réparations.

L'an mil huit cent soixante..., le..., le Conseil de Fabrique de l'église paroissiale de... s'est réuni, etc. (Voy. pour le préambule, les modèles nos 2 et 3, suivant que la séance est ordinaire ou extraordinaire.)

M. le Président, après avoir ouvert la séance, a donné lecture d'un rapport présenté par le Bureau des Marguilliers sur les dégradations causées à la couverture et aux murs de l'église par l'ouragan qui a régné sur la commune dans la nuit du..., et sur la nécessité de réparer de suite le dommage, afin de mettre l'intérieur de l'édifice à l'abri des eaux pluviales. M. le Président a invité le Conseil à aviser de suite aux moyens de pourvoir aux frais de cette réparation.

Le Conseil, vu l'état de la situation financière, dressé par M. le Trésorier, considérant que la dépense ordinaire arrêtée par le budget de l'exercice courant, ne laisse pas de fonds disponibles qui puissent être employés à la réparation dont il s'agit, évaluée par approximation à la somme de.... a estimé qu'il y avait lieu de recourir au Conseil municipal, afin qu'il y fût pourvu sur les fonds de la commune, conformément à l'article 95 du décret du 30 décembre 1809, et, à cet effet, il a chargé M. le Trésorier d'envoyer à M. le Préfet du département une expédition de la présente délibération et une copie dûment certifiée du budget de l'église pour l'exercice courant.

Fait et délibéré à..., les jours, mois et an susdits.

CONSTRUCTIONS ET GROSSES RÉPARATIONS.

(Voy. p. 129.)

N° 67.

Devis estimatif contenant des exemples pour toute espèce de travaux à faire à une église.

ART. I. — *Terrasse.*

Nivellement du terrain au pourtour de l'église : ..... mètres superficiels de régalage de terre, à raison de ..... le mètre, compris les remblais et nivellements, ci. .... » »

II. — *Maçonnerie.*

Reprise en sous-œuvre de plusieurs portions de maçonnerie dans les soubassements : ..... mètres cubes de maçonnerie de moellons, à raison de ..... le mètre, compris arrachage des anciennes maçonneries, rejointoyement des nouvelles, etc., ci. .... » »

..... mètres cubes de pierres, employés aux conversaux des glacis des contre-forts, ou des arcs butant les voûtes, à raison de ..... le mètre, compris échafauds, démolition des anciennes maçonneries, rejointoyement des nouvelles, etc., ci » »

A reporter .....

CONSTRUCTIONS ET GROSSES RÉPARATIONS.

Report..... » »

..... mètres cubes de pierre, employés en reconstruction des meneaux de la verrière de la chapelle de ..., à raison de .... le mètre, compris taille, pose, rejointoyement en ciment romain, ci.. » »

..... mètres cubes de pierre, employés à la réparation de la corniche de couronnement des nefs, à raison de ..... le mètre, compris échafauds, démolition et rejointoyement, ci............. » »

..... mètres superficiels de dallage en pierre dure de ....., à raison de ..... le mètre, ci..... » »

Total pour la maçonnerie......... » »

III. — *Charpente.*

..... stères de bois refaits pour la réparation du beffroi, à raison de ..... le stère, ci........... » »

..... stères de bois, employés à la charpente de la nef ou des bas côtés, à raison de ...... le stère, ci... » »

..... stères de bois, employés en échafauds ou étayements, à raison de ..... le stère, eu égard à la reprise des bois par l'entrepreneur, ci ..... » »

Total pour la charpente......... » »

IV. — *Menuiserie.*

..... mètres superficiels de porte à grand cadre pour la sacristie, en chêne de ..... épaisseur, à raison de ..... le mètre, ci................. » »

A reporter..... » »

Report..... | » | »

..... mètres superficiels de lambris de hauteur, pour la chapelle de....., les bâtis en chêne de ....., d'épaisseur, et les panneaux en chêne de .... d'épaisseur, à raison de .... le mètre, ci. | » | »

Un banc de chêne avec dossier et accotoir, de ..... de longueur, à raison de ..... le mètre, ci........ | » | »

..... mètres superficiels de plancher dans la chapelle de ..... en bois de 34 millimètres d'épaisseur, à raison de ..... le mètre, compris fourniture et scellement des lambourdes, ci.... | » | »

Total pour la menuiserie...... | » | »

v. — *Serrurerie.*

..... kil. de fer, employés en grille de clôture, tirants pour la charpente, étriers, etc., à raison de ..... le kil., ci...................... | » | »

Fourniture d'une serrure de ....., à pêne, dormant et bouton double en cuivre, à raison de .....

Fourniture d'un verrou monté sur platine, à raison de............................ | » | »

Total pour la serrurerie....... | » | »

vi. — *Couverture.*

..... mètres superficiels de couverture en tuile ou ardoise, sur lattis neuf, à raison de ..... le mètre, ci................................. | » | »

..... mètres superficiels de couverture en tuile, sur lattis vieux, à raison de ..... le mètre, ci.. | » | »

A reporter..... | » | »

Report..... » »

..... mètres superficiels de couverture en recherche, sur lattis neuf ou vieux, à raison de .....
le mètre, ci.......................... » »

..... mètres linéaires d'égoût de trois tuiles
neuves, à ..... le mètre, ci................ » »

Cent tuiles employées en recherche, à ....., ci. » »

..... mètres linéaires de bordure en verre de
couleur, à raison de ..... le mètre, ci......... » »

Total pour la couverture.... » »

VII. — *Peinture et vitrerie.*

..... mètres superficiels de peinture à l'huile,
trois couches, à raison de ..... le mètre, ci.... » »

..... mètres superficiels de muron fait sur un
fond à l'huile, trois couches, à ..... le mètre, ci. » »

..... mètres superficiels de vitrerie en plomb,
losange, verre blanc, à raison de ..... le mètre,
ci................................... » »

Total de la peinture et de la vitrerie.. » »

RÉCAPITULATION.

Art. Ier. Terrasse....................... » »
Art. II. Maçonnerie.................... » »
Art. III............................... » »

Total............. » »

Dressé par moi soussigné le présent devis montant à la
somme de .....
    A ....., le 186

(Signature de l'architecte.)

N° 68.

Cahier des charges, clauses et conditions générales imposées aux entrepreneurs (1).

Art. 1er. Nul ne sera admis à concourir à l'adjudication s'il n'a les qualités requises pour entreprendre les travaux et en garantir le succès. A cet effet, chaque concurrent sera tenu de fournir un certificat constatant sa capacité, et de présenter un acte régulier ou du moins une promesse valable de cautionnement.

Le certificat devra être délivré dans les trois ans qui précéderont l'adjudication. Il contiendra l'indication des travaux exécutés ou suivis par l'entrepreneur, ainsi que la justification de l'accomplissement des engagements qu'il aurait contractés.

Art. 2. Le montant du cautionnement sera du vingtième de l'estimation des travaux, déduction faite de toutes les sommes portées à valoir pour cas imprévus, indemnités de terrains et ouvrages en régie.

Le cautionnement sera fait en argent ou en immeubles, à la volonté des soumissionnaires.

---

(1) Ce cahier des charges est conforme aux instructions du Ministère de l'intérieur. Il sera facile d'en extraire les dispositions particulières applicables à chaque entreprise.

Nous supposons que les travaux sont au compte de la commune, ce qui est le cas le plus fréquent lorsqu'il s'agit de constructions, reconstructions ou grosses réparations. S'ils étaient à la charge de la Fabrique, c'est au Bureau des Marguilliers qu'il appartiendrait de dresser le cahier des charges et de procéder à l'adjudication.

Si le cautionnement est en numéraire, les fonds seront remis provisoirement au receveur municipal, qui en délivrera quittance à souche et en fera le versement à la caisse du receveur des finances, préposé de la caisse des dépôts et consignations. L'adjudicataire n'aura droit qu'à un intérêt de trois pour cent de la somme qu'il aura déposée.

Si le cautionnement consiste en une hypothèque, les immeubles qui y seront affectés devront être libres de tous priviléges et hypothèques.

Art. 3. Si, en homologuant l'adjudication, l'administration ordonne quelques changements au projet ou au devis, l'entrepreneur devra s'y conformer, et il lui sera fait état de la valeur de ces changements, soit en plus, soit en moins, au prorata des prix de l'adjudication, sans qu'il puisse, en cas de réduction, réclamer aucune indemnité en raison des prétendus bénéfices qu'il aurait pu faire sur les fournitures ou sur la main-d'œuvre.

Néanmoins, si ces changements dénaturaient fortement le projet, en opérant sur le prix total une différence de plus d'un sixième en plus ou en moins, l'entrepreneur serait libre de retirer sa soumission.

Il ne pourra prétendre à aucune indemnité dans le cas où l'adjudication ne serait pas approuvée.

Art. 4. Pour que les travaux ne soient pas abandonnés à des spéculateurs inconnus ou inhabiles, l'entrepreneur ne pourra céder tout ou partie de son entreprise; si l'on venait à découvrir que cette clause a été éludée, l'adjudication pourrait être résiliée, et, dans ce cas, il serait procédé à une nouvelle adjudication à la folle enchère de l'entrepreneur.

Art. 5. Pendant la durée entière de l'entreprise, l'adjudicataire ne pourra s'éloigner du lieu des travaux que pour affaires relatives à son marché et qu'après en avoir obtenu l'autorisation. Dans ce cas, il choisira et fera agréer un **représentant capable** de le remplacer, et auquel il **aura** donné pouvoir d'agir pour lui, et de faire les payements aux ouvriers, de manière qu'aucune opération ne puisse être retardée ou suspendue pour raison de l'absence de l'entrepreneur.

ART. 6. A l'époque fixée par l'adjudication, l'entrepreneur mettra la main à l'œuvre; il entretiendra constamment un nombre suffisant d'ouvriers, exécutera tous les ouvrages en se conformant strictement aux plans, profils, tracés, instructions et ordre de service qui lui seront donnés par l'architecte ou son préposé.

Il lui sera préalablement délivré des expéditions en bonne forme du procès-verbal d'adjudication, du devis et du détail estimatif.

ART. 7. Il se conformera pendant le cours du travail, aux changements qui lui seront ordonnés par écrit, et sous la responsabilité de l'architecte, pour des motifs de convenance, d'utilité ou d'économie; il lui en sera fait compte suivant les dispositions de l'article 3 ; mais il ne pourra de lui-même, et sous aucun prétexte, apporter le plus léger changement au projet ou au devis.

Les outils et équipages seront payés de gré à gré ou à dire d'experts.

ART. 8. Lorsque le devis n'indiquera pas de carrières ou sablières appartenant à la commune ou à la Fabrique, l'entrepreneur en ouvrira à ses frais dans les lieux indiqués par le devis; il sera tenu de s'entendre avec les propriétaires avant de commencer les extractions et de les dédommager de gré à gré ou à dire d'experts; il devra représenter, toutes les fois qu'il en sera requis, le traité qu'il aura fait avec eux.

Il payera, sans recours contre l'administration, tous les dommages que pourront occasionner la prise, le transport ou le dépôt des matériaux.

Il en sera de même des dommages pour établissements de

chantiers, chemins de service et autres indemnités temporaires qui font partie des charges et faux frais de l'entreprise.

L'entrepreneur ne sera entièrement soldé ou ne pourra recevoir le montant de la retenue pour garantie des ouvrages, stipulée à l'article 30, qu'après avoir justifié par des quittances en forme qu'il a payé les indemnités et dommages mis à sa charge.

Si, pendant la durée de l'entreprise, il était reconnu indispensable de prescrire à l'entrepreneur d'extraire des matériaux dans des lieux autres que ceux qui auraient été prévus au devis, l'architecte établira de nouveaux prix d'extraction et de transport d'après les éléments de l'adjudication. Ces changements, après avoir été soumis à l'approbation du Préfet, seront signifiés à l'entrepreneur qui, en cas de refus, devra déduire ses motifs dans le délai de dix jours, et il sera statué ensuite par l'administration ce qu'il appartiendra. Dans ce même cas de refus, l'administration aura le droit de considérer l'extraction et le transport desdits matériaux comme ne faisant pas partie de l'entreprise.

Si l'entrepreneur parvenait à découvrir de nouvelles carrières plus rapprochées que celles qui auraient été indiquées au devis, et offrant des matériaux d'une qualité au moins égale, il recevra l'autorisation de les exploiter, et il ne subira sur les prix de l'adjudication aucune déduction pour cause de diminution de frais d'extraction, de transport et de taille des matériaux.

L'entrepreneur ne pourra, dans aucun cas, livrer au commerce les matériaux qu'il aura fait extraire dans une carrière appartenant à la commune ou à la Fabrique, attendu que le droit d'exploitation ne lui a été conféré qu'en sa qualité d'entrepreneur de travaux publics et pour un objet déterminé.

ART. 9. L'entrepreneur sera tenu, indépendamment des indemnités mentionnées à l'article précédent, de fournir à ses frais les magasins, équipages, voitures, ustensiles et outils de toute espèce, sauf les exceptions qui seront stipulées au devis.

Seront également à sa charge les frais de tracé d'ouvrages, les cordeaux, piquets, jalons et généralement tout ce qui constitue les faux frais et menues dépenses dont un entrepreneur n'est pas admis à compter.

Art. 10. Au moyen des prix consentis et approuvés, l'entrepreneur fera l'achat, la fourniture, le transport à pied d'œuvre, la façon, la pose et l'emploi de tous les matériaux.

Il soldera les salaires et peines d'ouvriers, les commis et autres agents dont il pourra avoir besoin pour assurer la bonne et solide exécution des ouvrages.

Il ne pourra, sous aucun prétexte d'erreur ou d'omission dans la composition des prix de sous-détail, revenir sur les prix par lui consentis, attendu qu'il a dû s'en rendre préalablement un compte exact, et qu'il est censé avoir refait et vérifié tous les calculs d'appréciation.

Mais il pourra réclamer, s'il y a lieu, contre les erreurs de métrés ou des dimensions d'ouvrages.

Art. 11. Les matériaux proviendront des lieux indiqués au devis; ils seront de la meilleure qualité, parfaitement travaillés et mis en œuvre conformément aux règles de l'art. On ne pourra les employer qu'après qu'ils auront été visités par l'architecte; en cas de surprise, de mauvaise qualité ou de malfaçon, ils seront rebutés et remplacés aux frais de l'entrepreneur; toutefois, si l'entrepreneur conteste les faits, l'architecte fera dresser immédiatement procès-verbal des circonstances de cette contestation : l'entrepreneur pourra consigner à la suite du procès-verbal, qui devra lui être communiqué, les observations qu'il se croira en droit de présenter; il sera statué ensuite par l'administration ce qu'il appartiendra.

Art. 12. Si l'architecte présume qu'il existe dans les ouvrages des vices d'exécution, il ordonnera, soit en cours d'exécution, soit avant la réception finale, la démolition et la reconstruction des ouvrages présumés vicieux.

Les dépenses résultant de cette vérification seront à la charge de l'adjudicataire, lorsque les vices de construction auront été constatés et reconnus.

En cas de contestation de l'entrepreneur sur les vices d'exécution, il sera procédé comme il a été dit ci-dessus article 11.

Art. 13. En général, tous les matériaux auront les dimensions prescrites par le devis.

Si l'entrepreneur leur donne des dimensions plus fortes, il ne pourra réclamer aucune augmentation de prix ; les métrages et les pesées seront basés sur les dimensions du devis, et néanmoins les pièces qui seraient jugées nuisibles ou difformes seront enlevées et remplacées aux frais de l'entrepreneur.

Dans les cas de dimensions plus faibles, les prix seront réduits en proportion, et néanmoins les pièces dont l'emploi serait reconnu contraire au goût et à la solidité seront également enlevées et remplacées aux frais de l'entrepreneur.

Dans tous les cas, l'entrepreneur ne pourra employer aucune pièce ni aucune matière qui ne serait pas des dimensions ou des poids prescrits par les devis, sans l'autorisation écrite de l'architecte.

Art. 14. Il pourra être accordé des à-compte sur le prix des matériaux approvisionnés jusqu'à concurrence des quatre cinquièmes de leur valeur ; on ne regardera comme approvisionnés que les matériaux déposés sur l'atelier, et dès ce moment l'entrepreneur ne pourra les détourner pour un autre service sans une autorisation par écrit.

Art. 15. Si, aux termes du devis, l'entrepreneur est tenu de démolir d'anciens ouvrages, les matériaux seront déplacés avec attention, pour pouvoir être réparés et remis en place, s'il y a lieu, avec les mêmes précautions que les matériaux neufs. Dans le cas où les démolitions n'auraient pas été prévues, il en sera tenu compte à l'entrepreneur dans les formes prescrites ci-après, article 21.

Art. 16. Toutes les fois que, par des motifs d'économie ou de célérité, on croira devoir employer des matières neuves ou de démolition appartenant à la commune ou à la fabrique, l'entrepreneur ne sera payé que des frais de main-d'œuvre et d'emploi, sans pouvoir répéter de dommages pour manque de gain sur les fournitures supprimées.

Art. 17. L'entrepreneur aura soin de ne choisir pour commis, maîtres et chefs d'atelier, que des gens probes et intelligents, capables de l'aider et même de le remplacer au besoin dans la conduite et le métrage des travaux.

Il choisira également les ouvriers les plus habiles et les plus expérimentés ; néanmoins il demeurera responsable en son propre et privé nom, comme en celui de sa caution, des fraudes ou malfaçons que ses agents pourraient commettre sur les fournitures, la qualité et l'emploi des matériaux, sous les peines indiquées à l'article 11.

Art. 18. L'architecte aura le droit d'exiger le changement ou le renvoi des agents et ouvriers de l'entrepreneur, pour cause d'insubordination, d'incapacité ou de défaut de probité.

Art. 19. Le nombre des ouvriers, de quelque espèce qu'ils soient, sera toujours proportionné à la quantité d'ouvrages à faire ; et, pour mettre l'architecte à même d'assurer l'accomplissement de cette condition et de reconnaître les individus, il lui en sera remis, périodiquement et aux époques qu'il aura fixées, une liste nominative.

Art 20. Lorsqu'un ouvrage languira faute de matériaux ou d'ouvriers, de manière à faire craindre qu'il ne soit pas achevé aux époques prescrites, ou que les fonds crédités ne puissent pas être consommés dans l'année, le Maire, dans un arrêté qui sera notifié à l'entrepreneur, ordonnera l'établissement d'une régie aux frais dudit entrepreneur, si, après une époque fixée, il n'a pas satisfait aux dispositions qui lui seront prescrites.

A l'expiration du délai, si l'entrepreneur n'a pas satisfait à ces dispositions, la régie sera organisée immédiatement et sans autre formalité. Il en sera aussitôt rendu compte au préfet qui, selon les circonstances de l'affaire, pourra ordonner la continuation de la régie aux frais de l'entrepreneur, ou prononcer la résiliation du marché et ordonner une nouvelle adjudication sur folle enchère.

Dans ces divers cas, les excédants de prix et de dépenses seront prélevés sur les sommes qui pourront être dues à l'entrepreneur, sans préjudice des droits à exercer contre lui et sa caution, en cas d'insuffisance.

Si la régie ou l'adjudication sur folle enchère amenait au contraire une diminution dans les prix et les frais des ouvrages, l'entrepreneur ou sa caution ne pourront réclamer aucune part de ce bénéfice, qui resterait acquis à l'administration.

Art. 21. Lorsqu'il est jugé nécessaire d'exécuter des parties d'ouvrage non prévues par les devis, les prix en seront réglés d'après ceux de l'adjudication, par assimilation aux ouvrages les plus analogues. Dans le cas d'une impossibilité absolue d'assimilation, les prix seront réglés sur estimation contradictoire, en prenant pour terme de comparaison les prix courants du pays.

Lorsque ces travaux devront être de quelque importance, il en sera fait un avant-métré, que l'entrepreneur acceptera tant pour les prix proposés que pour l'indication des ouvrages, par une soumission particulière qui sera présentée à l'approbation de l'administration.

Mais toute dépense supplémentaire non régulièrement

autorisée restera à la charge de l'entrepreneur, sauf son recours contre l'architecte qui aura dirigé les travaux et qui devra, à cet effet, adhérer aux dispositions du cahier des charges.

Art. 22. Tous les payements pour ouvrages par attachement, indemnités et autres articles imputés sur la somme à valoir, seront remboursés à l'entrepreneur avec un quarantième en sus pour le dédommager de ses avances de fonds ; à cet effet, il sera tenu de payer à vue, en présence d'un employé désigné par l'architecte, les rôles ou états qui seront dressés pour le compte des travaux, et de les faire quittancer par les parties prenantes avant de pouvoir en demander le remboursement.

Deux quarantièmes lui seront, en outre, alloués pour ceux desdits articles qui nécessiteraient de sa part des outils, trains de conduite, fournitures et entretien de machines.

Art. 23. Sont exceptés des dispositions ci-dessus, les payements qu'on pourrait être obligé de faire par l'intermédiaire de l'entrepreneur, mais qui n'exigeraient réellement de sa part aucune avance de fonds, et pour lesquels conséquemment il ne sera alloué aucune rétribution.

Art. 24. Il ne sera alloué à l'entrepreneur aucune indemnité à raison des pertes, avances ou dommages occasionnés par négligence, imprévoyance, défauts de moyens ou fausses manœuvres. Ne sont pas compris toutefois, dans la disposition précédente, les cas de force majeure qui, dans le délai de dix jours au plus après l'événement, auraient été signalés par l'entrepreneur ; dans ce cas, néanmoins, il ne pourra être rien alloué qu'avec l'approbation de l'administration. Passé le délai de dix jours, l'entrepreneur ne sera plus admis à réclamer.

Art. 25. L'entrepreneur, soit par lui-même, soit par ses commis, visitera les travaux aussi souvent que pourra le réclamer le bien du service. Il justifiera de ces visites, et accompagnera l'architecte sur les travaux, toutes les fois qu'il en sera requis.

Art. 26. S'il survient quelque difficulté entre l'architecte et l'entrepreneur au sujet de l'application des prix ou des métrages, il en sera référé au Préfet, qui fera appliquer les règles admises dans le service des ponts et chaussées; dans aucun cas, l'entrepreneur ne pourra invoquer en sa faveur les usages et coutumes, auxquels il est formellement dérogé par le présent article.

Art. 27. Les métrages généraux et partiels, les états de dépense, les états de situation et les procès-verbaux de réception devront être communiqués à l'entrepreneur et acceptés par lui; en cas de refus, il déduira par écrit ses motifs dans les dix jours qui suivront la présentation desdites pièces, et, dans ce cas seulement, il sera dressé procès-verbal de l'acte de présentation et des circonstances qui l'auront accompagné. Un plus long délai mettrait souvent dans l'impossibilité de rechercher et de constater les causes d'erreurs qui auraient pu donner lieu à des réclamations; en conséquence, il est expressément stipulé que l'entrepreneur ne sera jamais admis à élever des réclamations au sujet des pièces ci-dessus indiquées après le délai de dix jours, et que, passé ce délai, lesdites pièces sont censées acceptées par lui, quand bien même il ne les aurait pas signées; le procès-verbal de présentation devra toujours être joint à l'appui des pièces qui n'auront pas été acceptées.

Art. 28. Indépendamment de la communication des pièces énoncées dans l'article précédent, l'entrepreneur sera autorisé à s'en procurer des expéditions, qu'il pourra faire transcrire par ses propres commis dans les bureaux de l'architecte ou dans ceux de la mairie.

Art. 29. Les payements d'à-compte pour ouvrages faits s'effectueront en raison de l'avancement des travaux, en vertu des mandats du Maire jusqu'à concurrence des neuf dixièmes de la dépense, et déduction faite des à-compte qui auront pu être délivrés sur les approvisionnements avant leur emploi.

Art. 30. Le dernier dixième ne sera payé à l'entrepreneur qu'après l'expiration du délai fixé pour la garantie des ouvrages, sauf les justifications préalables prescrites par l'article 8.

Immédiatement après l'achèvement des travaux, il sera procédé à la réception provisoire; et la réception définitive n'aura lieu qu'après l'expiration du délai de garantie. Pendant ce délai, l'entrepreneur demeurera responsable de ses ouvrages, et sera tenu de les entretenir.

Ce délai de garantie sera de trois mois après la réception pour les travaux d'entretien; de six mois, pour les terrassements et les chaussées d'empierrement; d'un ou de deux ans pour les ouvrages d'art, selon les stipulations du devis.

Art. 31. Dans le cas où l'administration ordonnerait la cessation absolue ou l'ajournement indéfini des travaux adjugés, l'entrepreneur pourra requérir qu'il soit procédé de suite à la réception provisoire des ouvrages exécutés, et à leur réception définitive après l'expiration du délai de garantie; après la réception définitive, il sera, ainsi que sa caution, déchargé de toute garantie pour raison de son entreprise.

Art. 32. Toutes les réceptions d'ouvrage seront faites par l'architecte, en présence de l'entrepreneur, ou lui dûment appelé par écrit; en cas d'absence, il en sera fait mention au procès-verbal.

Art. 33. Dans le cas où, pendant le cours de l'entreprise, et sans changer les charges et les prix, il serait ordonné par l'administration d'augmenter ou de diminuer la masse des travaux, l'entrepreneur sera tenu d'exécuter les principaux ordres, sans réclamation, à moins qu'il n'ait été autorisé à faire des approvisionnements de matériaux qui demeureraient sans emploi, et pourvu que les changements en plus ou en moins n'excèdent pas le sixième du montant de l'entreprise, auquel cas il pourra demander la résiliation de son marché.

Art. 34. Dans les cas prévus par l'article 31, les outils et ustensiles indispensables à l'entreprise, que l'entrepreneur ne voudra pas garder pour son compte, seront acquis par la commune, sur l'estimation qui en sera réglée de gré à gré, ou à dire d'experts, d'après la valeur première desdits outils et ustensiles, et déduction faite de leur degré d'usure, le tout au taux du commerce et sans augmentation de dixième ou de toute autre plus-value, sous prétexe de bénéfice présumé.

Les matériaux approvisionnés par ordre et déposés sur les travaux, s'ils sont de bonne qualité, seront également acquis par la commune aux prix de l'adjudication.

Les matériaux qui ne seraient pas déposés sur les travaux, resteront au compte de l'entrepreneur, mais, tant pour cet objet que pour toutes autres réclamations, il pourra lui être alloué une indemnité qui sera fixée par le Conseil municipal, sauf l'approbation du Préfet, et qui, dans aucun cas, ne devra excéder le cinquantième du montant des dépenses restant à faire en vertu de l'adjudication.

Art. 35. L'entrepreneur payera comptant les frais relatifs à son adjudication, sur un état arrêté par le Préfet. Ces frais ne pourront être autres que ceux d'affiche et de publications, ceux de timbre et d'expédition du devis, du détail estimatif et du procès-verbal d'adjudication, enfin ceux d'enregistrement.

Art. 36. Toutes les difficultés qui pourraient s'élever entre l'entrepreneur et l'administration, concernant le sens ou l'exécution des clauses ci-dessus, seront portées devant le Conseil de préfecture, conformément aux dispositions de l'article 4 de la loi du 28 pluviôse an VIII.

Fait à...., le.. 186...

Le Maire.

N° 69.

Affiche relative à une adjudication de travaux au rabais et par soumission.

(Sur papier de couleur au timbre de dimension.)

MAIRIE D.......

ADJUDICATION DES TRAVAUX A FAIRE POUR LA CONSTRUCTION D'UN PRESBYTÈRE.

Le Maire de la commune d.....

Donne avis qu'il sera procédé par-devant lui, à la mairie, le dimanche..... du mois d....., dans les formes prescrites par l'ordonnance du 14 novembre 1837, à l'adjudication au rabais, sur soumissions, des ouvrages ci-dessus désignés.

Les devis et les plans qui ont été rédigés pour ces travaux se trouvent déposés, avec le cahier des charges de l'entreprise, à la mairie, où ils seront communiqués aux entrepreneurs concurrents, qui devront en avoir pris connaissance et le déclarer formellement dans leurs soumissions.

Nul ne pourra concourir à cette entreprise s'il ne présente les garanties convenables. Il devra en conséquence, fournir un cautionnement en numéraire ou en immeubles libres d'hypothèques et situés dans l'arrondissement. Le montant de ce cautionnement est fixé au vingtième du montant de l'adjudication.

Les entrepreneurs contre lesquels l'administration aurait été dans le cas d'employer des mesures de rigueur pourront être, par ce seul fait, exclus de l'adjudication.

Tout entrepreneur concurrent fera une soumission sur papier timbré, datée et signée, portant pour souscription et adresse l'objet sommaire de l'entreprise. Il y précisera le rabais moyennant lequel il propose d'exécuter les ouvrages et s'engagera, à se conformer au devis et au cahier des charges. Le rabais sera énoncé à raison d'une somme déterminée par cent, et non en bloc, sur l'estimation totale.

Tout concurrent est tenu de joindre à sa soumission un certificat de capacité délivré par un ingénieur des ponts et chaussées, un certificat de moralité et de solvabilité délivré par le Maire du lieu qu'il habite, un acte ou au moins une promesse valable de cautionnement, indiquant, s'il y a lieu, le nom, les prénoms et le domicile de la caution.

Ce cautionnement sera mobilier ou immobilier, à la volonté du soumissionnaire : mais, si le cautionnement est en numéraire, on doit produire, avec le certificat de solvabilité, l'engagement de réaliser la somme à la première réquisition du Maire. Les valeurs mobilières ne pourront être que des effets publics ayant cours ; les immeubles seront libres de toute inscription, et il en sera justifié par un certificat du conservateur des hypothèques.

La soumission sera placée seule sous une enveloppe cachetée ; une seconde enveloppe, aussi cachetée, renfermera cette soumission et les pièces exigées comme preuve de capacité, de moralité et de solvabilité, de manière à ne former du tout qu'un seul paquet.

Le....., à dix heures du matin, les paquets seront reçus par le Maire et deux Conseillers municipaux, en présence de l'architecte, auteur des plans et devis. Ils seront aussitôt rangés sur le bureau et recevront un numéro dans l'ordre de leur présentation.

A l'instant fixé pour l'ouverture des paquets, le premier cachet de chaque paquet déposé sera rompu publiquement, et il sera dressé un état des pièces contenues sous ce premier cachet. L'état dressé, les concurrents se retireront de la salle d'adjudication, et le Maire, après avoir consulté les deux membres du Conseil municipal et l'architecte, arrêtera la liste des concurrents agréés.

Immédiatement après, la séance redeviendra publique, et le Maire annoncera sa décision. Les soumissions des concurrents agréés seront alors ouvertes publiquement, et le soumissionnaire qui aura fait les offres d'exécuter les travaux aux conditions les plus avantageuses sera déclaré adjudicataire.

Les soumissions des concurrents dont les pièces justificatives ne seraient pas admises, leur seront rendues sans avoir été ouvertes.

Dans le cas où plusieurs soumissions renfermeraient les mêmes offres, un nouveau concours sera immédiatement ouvert entre les signataires de ces soumissions seulement ; en conséquence, tout concurrent devra être lui-même porteur de sa soumission, ou la faire présenter par une personne munie de procuration pour agir au sujet de l'adjudication et en signer le procès-verbal. Le concurrent qui se trouvera absent et qui ne sera point dûment représenté sera évincé de droit.

Toute soumission qui ne sera pas exactement conforme aux instructions ci-dessus, ou qui ne serait point accompagnée des pièces exigées, sera déclarée nulle et non avenue.

Il sera arrêté d'avance un *minimum* de rabais, qui sera déposé cacheté sur le bureau. Dans le cas où les soumissions seraient toutes au-dessous de ce *minimum*, on recevra de nouvelles offres de rabais dans un délai déterminé.

Fait à....., le..... 186.....

LE MAIRE.

(Sceau de la Mairie.)

N° 70.

Soumission d'entrepreneur.

(Sur papier timbré.)

Je soussigné..... (nom, prénoms, qualité et domicile du signataire), après avoir pris connaissance des plans, devis, détail estimatif et cahier des charges déposés au secrétariat de la Mairie d....., concernant les travaux à faire pour la *construction d'un presbytère*, m'engage à exécuter, à mes risques et périls, lesdits travaux, et déclare me soumettre à toutes les clauses comprises dans le cahier des charges annexé aux plans et devis, moyennant un rabais de..... pour cent sur le prix total du devis; ce qui établit la quotité du rabais à la somme de..... et réduit le prix dudit devis à celle de.....

Je m'engage, en outre, à fournir en numéraire, à première réquisition de l'administration, le cautionnement exigé par l'article 2 du cahier des charges.

Ou bien : Je déclare en outre offrir un cautionnement en immeubles consistant en..... (désigner les immeubles) que je possède à....., de la valeur de..... francs et exempts de toute hypothèque.

Ou bien : Je déclare en outre présenter pour ma caution le sieur....., lequel s'oblige, par ces présentes, à passer et signer tous actes et toutes déclarations nécessaires pour le cautionnement qu'il s'engage à fournir à raison de l'adjudication, pour laquelle est faite la présente soumission.

Fait à....., le..... 186.....

(Signature de la caution.)   (Signature du soumissionnaire.)

N° 71.

Procès-verbal d'adjudication au rabais sur soumissions d'entrepreneurs (1).

(Sur papier timbré.)

L'an mil huit cent......, le...... du mois d......, à...... heures du...... en conséquence des affiches apposées, et dont un exemplaire restera annexé au présent, nous, N......, Maire de la commune d......, assisté de MM......, membres du Conseil municipal, délégués dudit Conseil, de M......, receveur municipal, et de M......, architecte, nous sommes rendus en la salle ordinaire des adjudications, à la mairie, à l'effet de procéder à l'adjudication par voie de soumissions cachetées, des ouvrages à faire pour la construction d'un presbytère, suivant le projet approuvé le......, par M. le Préfet du département; lesquels ouvrages sont évalués par le devis à la somme de douze mille francs, qui forme la mise à prix.

Il a été déposé sur le bureau, à l'ouverture de la séance.... paquets cachetés, contenant les soumissions des concurrents. Ces paquets ont été immédiatement rangés dans l'ordre de leur présentation et ont été cotés dans le même ordre. A l'heure fixée pour leur ouverture, le premier cachet de chaque paquet a été rompu publiquement, et il a été dressé un état des pièces contenues sous ce premier cachet. Les concurrents sont ensuite sortis de la salle, et, après avoir consulté les membres du Conseil municipal et l'archi-

---

(1) Le cahier des charges doit être transcrit en tête du procès-verbal d'adjudication ou y être annexé. Dans ce dernier cas, on en fait mention au procès-verbal.

tecte, nous avons arrêté ainsi qu'il suit la liste des concurrents agréés :

N. . . . .
N. . . . .
N. . . . .

Immédiatement après, la séance a été rendue publique ; nous avons donné lecture de la liste des concurrents agréés, et remis à ceux des concurrents qui n'ont pas été admis leurs soumissions encore fermées. Les soumissions admises ont ensuite été ouvertes publiquement, et leur dépouillement a donné le résultat indiqué au tableau ci-après :

N°s D'ORDRE de présentation	NOMS des SOUMISSIONNAIRES.	MONTANT du DEVIS.	TAUX du RABAIS.	MONTANT du RABAIS.	MONTANT des soumissions.
		fr. c.		fr. c.	fr. c.
3	N... entrepreneur, à...	12.000 »	3 p. %	360 »	11 640 »
5	N... entrepreneur, à...	»	5 p. %	600 »	11 400 »
4	N... entrepreneur, à...	»	6 p. %	720 »	11 280 »
1	N... entrepreneur, à...	»	7 p. %	840 »	11 160 »
2	N... entrepreneur, à...	»	9 p. %	1 080 »	10 920 »
. . .	. . . .	»	. . . .	. . . .	. . . .

En conséquence, nous, Maire de la commune d....., après avoir pris l'avis des deux membres du Conseil municipal assistants, celui de M....., receveur municipal, et celui de M....., architecte, avons déclaré le sieur N....., demeurant à....., adjudicataire des ouvrages susmentionnés, moyennant la somme de....., aux charges, clauses et conditions des devis et cahier des charges approuvés par M. le Préfet, le....., et à la condition de fournir, dans les vingt-quatre heures de l'avis qui lui sera donné de l'approbation de l'adjudication, un cautionnement en argent ou en immeubles, à concurrence de la somme de....., formant le *vingtième* du montant de l'adjudication qui lui est consentie.

Fait et clos à....., les jour, mois et an susdits.

N° 72.

Acte de cautionnement pour le cas où l'entrepreneur se cautionne en argent.

(A la suite du procès-verbal d'adjudication.)

Et l'an mil huit cent....., le....., pour l'exécution de l'article..... du cahier des charges, le sieur....., adjudicataire, moyennant la somme de....., suivant le procès-verbal ci-dessus (ou d'autre part), des travaux à exécuter pour la *construction d'un presbytère*, a déclaré vouloir fournir en numéraire le cautionnement montant à la somme de..... auquel il est assujetti. En conséquence, sur l'autorisation que nous lui en délivrons, il versera ladite somme à la caisse du receveur municipal, qui lui en donnera reçu motivé, et nous remettra, pour rester jointe au présent procès-verbal jusqu'à la réception définitive des travaux, une déclaration du versement de ces fonds à la caisse du receveur des finances de l'arrondissement, préposé de la caisse des dépôts et consignations.

Fait à....., les jour, mois et an susdits.

L'adjudicataire. **LE MAIRE.**

N° 73.

Promesse de cautionnement pour le cas où l'entrepreneur se cautionne en immeubles.

Et le....., pour l'exécution de l'article..... du cahier des charges, le sieur....., adjudicataire, moyennant la somme de..... suivant le procès-verbal ci-dessus (*ou* d'autre part), des travaux à exécuter pour....., a déclaré vouloir fournir en immeubles le cautionnement montant à la somme de..... auquel il est assujetti.

En conséquence, ledit sieur....., pour sûreté et garantie de ce cautionnement, a affecté et hypothéqué les biens immobiliers ci-après désignés, qu'il a déclaré lui appartenir, et qui consistent en....., s'engageant à passer, à première réquisition, un acte authentique de ce cautionnement.

Et nous, Maire soussigné, de l'avis de MM....., membres du Conseil municipal délégués, et après avoir examiné les titres produits par ledit sieur....., avons accepté lesdits biens immobiliers affectés au présent cautionnement, lesquels nous avons reconnu être de la valeur de....., en revenu net, représentant, à raison de vingt fois ce revenu, un capital de....., et avons désigné M°..... notaire à....., pour recevoir l'acte de ce cautionnement, nous réservant de faire toutes inscriptions nécessaires aux hypothèques et de former tous actes conservatoires aux frais dudit adjudicataire, et de le faire poursuivre, s'il y a lieu, pour le faire condamner aux peines prévues par la loi, en cas de fausse déclaration de sa part.

En Mairie, à............., les jour, mois et an que dessus.

(Signature de l'adjudicataire.)   (Signature du Maire.)

MODÈLES DE COMPTABILITÉ.

N° 74.

ÉTAT *des dépenses jugées nécessaires pour la célébration du culte dans l'église Saint-......, de....., pendant l'année 1861, présenté au Bureau de la Fabrique de cette église par nous Curé, soussigné, pour servir, conformément à l'article 45 du décret du 30 décembre 1809, au projet de budget de 1861.*

(V. p. 142.)

Objets de consommation.

1. Pains d'autel pour les Prêtres et pour les fidèles...	20 fr.	»» c.
2. Vin pour le saint Sacrifice, à raison de deux messes par jour...	30	»»
3. Saintes huiles.................................	4	»»
4. Cire, 10 kilog. à 8 fr. le kilog.................	80	»»
5. Huile pour la lampe du Saint Sacrement.........	8	»»
6. Encens.......................................	60	»»
7. Sel, veilleuses, charbon et autres menues dépenses..	25	»»

Entretien du mobilier de l'église et de la sacristie.

8. Frais d'entretien des ornements................	20	»»
9. Frais d'entretien des meubles et ustensiles de l'église et de la sacristie................................	25	»»
10. Frais de réparation et blanchissage du linge.....	60	»»
Total......	332 fr.	»»c.

Proposé par nous, Curé soussigné, le présent état de dépenses montant à la somme de trois cent trente-deux francs.

A........, le 1ᵉʳ mars 1860.

N...., Curé.

N° 75.

Budget de la Fabrique de l'Église St........ d........ pour l'année 1861.

(V. p. 142 et 144.)

TITRE Ier. — RECETTES.

N° des articles	DÉSIGNATION des CHAPITRES ET ARTICLES.	RECETTES proposées par le Bureau.		réglées par le Conseil.		arrêtées par Mgr l'évêque.		OBSERVATIONS de la Fabrique.	de Mgr l'évêque.
		fr.	c.	fr.	c.	fr.	c.		
	CHAPITRE Ier. *Recettes ordinaires.*								
1	Produit des biens-fonds......	60	»	60	»	60	»		
»	— des rentes sur l'État..	»	»	»	»	»	»		
2	— des rentes sur particuliers............	200	»	200	»	200	»		
3	— de la location des bancs et chaises de l'église	300	»	300	»	300	»		
4	— des quêtes pour les frais du culte......	80	»	60	»	60	»		
5	— des troncs *idem*.....	10	»	10	»	10	»		
6	— des oblations........	20	»	20	»	20	»		
7	— spontané du cimetière.	6	»	6	»	6	»		
8	— de la cire provenant des enterrements, etc...	30	»	30	»	30	»		
9	— des droits casuels....	40	»	40	»	40	»		
10	Supplément à la charge de la commune (1).............	200	»	200	»	200	»		
	TOTAL des recettes ordinaires	946	»	926	»	926	»		
	CHAPITRE II. *Recettes extraordinaires.*								
»	Excédant présumé des recettes de 1860 (2)...............	242	»	242	»	242	»	Voir la délibération du Conseil.	
11	Produit d'une vente d'arbres.	500	»	300	»	300	»		
	TOTAL des recettes extraordin.	542	»	542	»	542	»		
	RÉCAPITULATION DES RECETTES.								
	TOTAL des recettes ordinaires.	946	»	926	»	926	»		
	TOTAL des recettes extraordin.	542	»	542	»	542	»		
	TOTAL général des recettes.	1488	»	1468	»	1468	»		

(1) On suppose ici que le supplément est destiné à pourvoir à l'insuffisance des revenus pour le payement des dépenses ordinaires; s'il en était autrement, le crédit devrait figurer au budget et au compte du trésorier parmi les recettes extraordinaires.

(2) Si l'on devait établir un budget supplémentaire, l'excédant, au lieu d'être porté ici par aperçu, serait inscrit pour sa quotité réelle à ce budget. (Voy. p. 148, *en note*, et le modèle n° 75 *bis* ci-après.)

BUDGET DE LA FABRIQUE.

Titre III. — Dépenses.

Nos des articles	DÉSIGNATION des CHAPITRES ET ARTICLES.	RECETTES								OBSERVATIONS	
		proposées par M. le curé.		proposées par le Bureau.		réglées par le Conseil.		arrêtées par Mgr l'Évêque.		de la Fabrique.	de Mgr l'Évêque.
	CHAPITRE Ier. *DÉPENSES ORDINAIRES.*	fr.	c.	fr.	c.	fr.	c.	fr.	c.		
	Frais de la célébration du culte.										
1	Pain d'autel.	20	»	20	»	20	»	20	»		
2	Vin pour le Saint Sacrifice.	30	»	30	»	30	»	30	»		
3	Saintes huiles.	4	»	4	»	4	»	4	»		
4	Cire.	80	»	80	»	80	»	80	»		
5	Huile pour la lampe du Saint Sacrement.	60	»	60	»	60	»	60	»		
6	Encens.	8	»	8	»	8	»	8	»		
7	Sel, veilleuses et autres menues dépenses.	25	»	25	»	25	»	25	»		
8	Frais d'entretien des ornements	20	»	20	»	20	»	20	»		
9	— des meubles et ustensiles	25	»	25	»	25	»	25	»		
10	— de blanchissage du linge.	60	»	60	»	60	»	60	»		
	TOTAL	332	»								
	Réparations d'entretien.										
11	Réparation de l'église et de la sacristie	60	»	100	»	100	»				
»	— du presbytère	»	»	»	»	»	»				
	Dépenses du personnel.										
»	Honoraires du prédicateur	»	»	»	»	»	»	»	»		
»	Traitement d vicaire	»	»	»	»	»	»	»	»		
12	— du sacristain	100	»	100	»	100	»	100	»		
13	— de 2 chantres	160	»	160	»	160	»	160	»		
»	— des enfants de chœur	»	»	»	»	»	»	»	»		
14	— du sonneur	50	»	50	»	50	»				
	Fondations.										
15	Obits et autres services fondés	34	»	34	»	34	»				
»	Distributions d'aumônes fondées	»	»	»	»	»	»				
	Charges sur les biens.										
16	Contributions et taxe des biens de main morte.	26	»	26	»	26	»				
17	Ge du produit des chaises	30	»	30	»	30	»				
	Frais d'administration.										
18	Papier, imprimés, registres, etc.	12	»	12	»	12	»				
19	Registres des actes de baptême, mariage, sépulture.	5	»	5	»	6	»				
20	Dépenses imprévues	60	»	60	»	40	»				
	TOTAL des dépenses ordinaires.	867	»	907	»	890	»				

Suite du TITRE II.

Nos des articles.	DÉSIGNATION des CHAPITRES ET ARTICLES.	RECETTES			OBSERVATIONS	
		proposées par le Bureau.	réglées par le Conseil.	arrêtées par Mgr l'Évêque.	de la Fabrique.	de Mgr l'Évêque.
	CHAPITRE II. *Dépenses extraordinaires.*	fr. c.	fr. c.	fr. c.		
»	Solde de la dette de la Fabrique Ou à-compte sur la dette de la Fabrique..........	» »	» »	» »		
21	Achat d'objets mobiliers......	150 »	150 »	150 »	Voir le devis ci-annexé.	
»	— d'ornements.........	» »	» »	» »		
»	Dépenses relatives à la décoration de l'église........	» »	» »	» »		
22	Réparations extraordinaires à faire à l'église........	400 »	400 »	400 »	Idem.	
	Total des dépenses extraord.	550 »	550 »	550 »		
	Récapitulation des Dépenses.					
	Dépenses ordinaires.......	867 »	907 »	890 »		
	Dépenses extraordinaires..	550 »	550 »	550 »		
	Total général des Dépenses.	1417 »	1457 »	1440 »		

RÉCAPITULATION GÉNÉRALE.

	SUIVANT la proposition du Bureau.		SUIVANT la délibération du Conseil.		SUIVANT la décision de Mgr l'évêque	
Total général des recettes.....	1488 fr.	» c.	1468 fr.	» c.	1468 fr.	» c.
Total général des dépenses.....	1417 »	» »	1457 »	» »	1440 »	» »
Résultat { Excédant de recette.	71 »	» »	11 »	» »	28 »	» »
{ Déficit.............	» »	» »	» »	» »	» »	» »

Nous, membres du Conseil de fabrique, soussignés, vu le présent

Budget dressé par le Bureau et soumis à notre délibération, en avons réglé :
  Les Recettes à la somme de *mille quatre cent soixante-huit fr.*
  Les Dépenses à la somme de *mille quatre cent cinquante-sept fr.*
    Fait et signé, en séance, le 15 avril 1860.

(*Signatures.*)

  Nous, Évêque de.....
Approuvons le présent Budget et en arrêtons :
  Les Recettes à la somme de *mille quatre cent soixante-huit francs.*
  Les dépenses à la somme de *mille quatre cent quarante francs,*
  D'où résulte un excédant de recette de *vingt-huit francs.*

Le   1860.

N° 75 BIS.

CHAPITRES ADDITIONNELS au *Budget de l'église St........ de.......*
pour l'année 1861.
(V. p. 148, *en note.*)

TITRE Ier. — RECETTES.

N^{os} des articles.	CHAPITRE III. RECETTES SUPPLÉMENTAIRES.	RECETTES			OBSERVATIONS.	
		proposées par le Bureau.	réglées par le Conseil.	arrêtées par Mgr l'Évêque.	de la Fabrique.	de Mgr l'Évêque.
	SECTION Ire. *Reports de l'exercice* 1860.	fr. c.	fr. c.	fr. c.		
»	Excédant de recette de l'exercice 1860 (suivant le compte de cet exercice).............	280 »	280 »	280 »		
13	Produit de la location des bancs (reste à recouvrer de 1860)...	12 »	12 »	12 »		
	SECTION II. *Recettes non prévues au budget de* 1861.					
14	Vente de vieille cire..........	30 »	30 »	30 »		
	TOTAL des recettes supplém.	322 »	322 »	322 »		

TITRE II. — DÉPENSES.

Nos des articles	CHAPITRE III. DÉPENSES SUPPLÉMENTAIRES.	DÉPENSES			OBSERVATIONS.	
		proposées par le Bureau.	réglées par le Conseil.	arrêtées par Mgr l'Évêque.	de la Fabrique.	de Mgr l'Évêque.
		fr. | c.	fr. | c.	fr. | c.		
	SECTION Ire. *Restes à payer de l'exercice 1860.* Achat d'un ciboire (solde).....	150 | »	150 | »	150 | »		
	SECTION II. *Dépenses non prévues au budget de 1861.* Honoraires de l'architecte chargé de diriger les réparations extraordinaires de l'église...	30 | »	40 | »	40 | »	5 p. 0/0 du montant des travaux, et 20 f. pour rédaction du devis.	
	TOTAL des dépenses suppl..	180 | »	190 | »	190 | »		

RÉCAPITULATION.

	SUIVANT LES propositions du Bureau.		SUIVANT LA délibération du Conseil.		SUIVANT LA décision de Mgr l'Évêque.	
Total des recettes supplém.....	322 f.	» c.	322 f.	» c.	322 f.	» c.
Total des dépenses supplem...	180 f.	» c.	190 f.	» c.	190 f.	» c.
EXCÉDANT de recettes à ajouter à l'excédant du budget primitif de 1861................	142 f.	» c.	132 f.	» c.	132 f.	» c.
Ou bien : EXCÉDANT de dépenses à imputer sur l'excédant du budget primitif de 1861.............						

Nous, membres du Conseil de fabrique, etc. (*Comme au Budget*, n° 75.)

N° 76.

Délibération du Conseil de Fabrique pour la formation du budget (1)

L'an mil huit cent soixante..., le..., dimanche de *Quasimodo*, etc. (*Voy.* pour le préambule le n° 2.)

M...., Marguillier-Trésorier, a soumis à l'examen du Conseil le projet de budget de 186.., dressé par le Bureau des Marguilliers dans la séance du.... Le projet, appuyé de tous les documents propres à justifier les propositions du Bureau, ayant été discuté article par article, le Conseil l'a voté sans modification — *ou bien*, avec les modifications suivantes :

Art. ... de la recette ....
Art. ... de la dépense ....

Il a ensuite arrêté pour ledit exercice 186..., les recettes, tant ordinaires qu'extraordinaires, à la somme de ...

Les dépenses, tant ordinaires qu'extraordinaires, à celle de ...

On ajoutera, s'il y a lieu :

En conséquence, le Conseil municipal de la commune sera appelé à pourvoir à l'insuffisance des revenus de la Fabrique, par une subvention de la somme de ....

Fait et délibéré à ..., les jour, mois et an susdits.

---

(1) La formation du tableau du budget, ne dispense pas le Conseil de Fabrique de formuler son vote sur le registre des délibérations.

N° 77.

SOMMIER DES TITRES *servant au Trésorier pour suivre la rentrée, aux échéances, des revenus fixes de la Fabrique.*

(V. p. 161.)

NATURE, OBJET et DATE DES TITRES.	NOMS et domiciles des débiteurs.	ÉCHÉANCES des redevances annuelles.	SOMMES dues annuellement	ÉMARGEMENTS CONSTATANT LES PAYEMENTS.			
				1861	1862	1863	1864
			fr. c.	fr. c.	fr. c.	fr. c.	fr. c.
Bail à ferme d'un terrain situé à....., pour... années commencées le... et finissant à pareille date en 18... suivant acte passé devant Me..., notaire à..., le...18...	N.... cultivateur à..., adjudicataire. N.... propriétre à......, caution.	23 avr. 11 nov	30 » 30 »	30 » 30 »			
Contrat de rentes, au capital de 4000 fr. reçu par Me... notaire à..., le... Inscription hypothécaire prise le .... renouvelable en 186...	N.... propriétre à	5 janv. 5 juill.	100 » 100 »	100 » 100 »			
Location du banc de l'église, n° (adjudication du...) pour années consécutives finissant le	N.... rue n°	en janvier	20 »	20 »			
Idem du banc n°	N....	Id.	15 »	15 »			

Ce sommier est indépendant du registre sommier dont la tenue est prescrite par l'art. 56 du décret du 30 décembre 1809, et dont il est question à la page 56.

N° 78.

JOURNAL *des Recettes et Dépenses de la Fabrique* (1).
(V. p. 161.)

Le présent registre servant à inscrire les recettes et les dépenses faites pour le compte de la Fabrique de l'église St-...... de .... par M. le Trésorier de ladite Fabrique, contient ... feuillets, cotés et parafés par nous, Président soussigné.

A.......... le.......... 186 .
(Signature.)

Année 1861.

Numéros d'ordre	DATES.		DÉSIGNATION des RECETTES ET DÉPENSES EFFECTUÉES.	SOMMES reçues.	SOMMES payées.	DÉSIGNATION des pièces justificatives
1	Janvier.	5	Excédant des recettes à ce jour, suivant l'arrêté de clôture du journal de 1860...............	280 »		
2	Id.	11	Reçu de M....... la somme de cent francs, pour rente constituée par un acte du .... et échue le 5 courant, ci..........	100 »		
3	Id.	20	Payé à M........... la somme de trente-deux francs, pour fourniture de....... kilog. de cire, à raison de..... le kilog., suivant le marché du.... ci...	» »	32 »	
4	Février.	10	Payé à M. le Curé, douze francs; au sacristain, un franc; aux chantres, trois francs : ensemble, seize francs, pour acquittement de la fondation de M... ci	» »	16 »	
5	Mars.	5	Reçu de M......, la somme de quinze francs, pour droits casuels d'inhumation..... ci.....	15 »		
			. . . .			

Vu et arrêté le présent journal des recettes et dépenses, d'où résulte un excédant de recettes de la somme de....., qui formera le premier article du journal de 1862.

A .... le 31 décembre 1861.
Le Président du Bureau.

(1) Les recettes et les dépenses sont inscrites successivement par ordre de dates; seulement on fait ressortir les sommes reçues et les sommes payées, dans les colonnes qui leur sont respectivement destinées. Un autre mode d'écriture consiste à inscrire les recettes sur une page, et les dépenses sur l'autre, en regard. Nous donnons ci-après un modèle de ce registre, qui doit être adopté, de préférence, par les Fabriques qui ont des revenus de quelque importance.

ET DES DÉPENSES.

N° 78 BIS.

Journal *des Recettes et des Dépenses de la Fabrique.*

Le présent registre, etc. (*Comme au modèle précédent.*)

Année 186 .

Recettes.   Dépenses.

DATES des RECETTES.		DÉSIGNATION des RECETTES.	SOMMES reçues.	DATES des DÉPENSES.		DÉSIGNATION des DÉPENSES.	SOMMES payées.
Janvier.	1	Excédant des recettes à ce jour, suivant l'arrêté de clôture du journal de 186	fr. c. 280 »	Janvier.	20	Payé à M..., pour fourniture de ... kilog. de cire, à raison de ... le kilogr., suivant le marché du......	fr. c. 32 »
Id.	15	Reçu de M... pour rente constituée par acte du... et échue le 5 de ce mois...........	100 »	Id.	20	Payé à M. le Curé, douze francs; au sacristain, un fr., aux chantres, trois francs; ensemble, seize francs pour acquittement de la fondation de M..... ci........	16 »
Mars.	5	Reçu de M...... pour droits casuels d'inhumation de N...... (e classe).	15 »	Février.	10	Payé à M... pour fourniture d'encens, suivant sa facture du......	18 »
Avril.	23	Reçu de M..., pour fermage échu le 23 de ce mois...	30 »	Mars.	1	Payé aux employés de l'église, pour le 1er trimestre de leur traitement..	65 »
Id.	30	Reçu de M... pour loyer de son banc à l'église, n°.....	15 »				

LIVRE DES COMPTES OUVERTS.

N° 79.

LIVRE DES COMPTES OUVERTS *par nature de Recettes et de Dépenses.*
(V. p. 165.)

Année 1861.

SECTION Ire. — COMPTES DES RECETTES.

		fr.	c.
	ART. 1er DU BUDGET. — *Produit des biens-fonds.* 60 fr. »		
Le 15 avril 1861	Reçu de M..... pour fermage échu le 25 avril.....	30	»
Le 15 nov. 1861	Reçu de M..... pour fermage échu le 11 novembre....	30	»
	TOTAL pour l'année...	60	»
	ART. 2. — *Produit des rentes sur particuliers.* 200 fr. »		
Le 15 janv. 1861	Reçu de M..... pour rente échue le 5 janvier.....	100	»
Le 10 juill. 1861	Reçu de M..... pour rente échue le 5 juillet......	100	»
	TOTAL.........	200	»

(*Suivent les autres comptes de recettes.*)

SECTION IIe. — COMPTES DES DÉPENSES.

		fr.	c.
	ART. 1er DU BUDGET. — *Pain d'autel..*.... 20 fr. »		
Le 30 juin 1861	Payé à M..., sacristain, pour fourniture de pain d'autel	11	»
Le 31 déc. 1861	Payé à M..., id. id. id.	7	»
	TOTAL pour l'année....	18	»
	ART. 2. — *Vin pour le Saint Sacrifice.*..... 30 fr. »		
Le 5 déc. 1861	Payé à M. le curé pour le vin nécessaire au Saint Sacrifice pendant l'année..................	30	»
	ART. 3. — *Cire pour le luminaire.*...... 80 fr. »		
Le 20 janv. 1861	Payé à M..., fournisseur de la cire, pour sa livraison du..	32	»
Le 16 juin 1861	Payé au même, pour sa livraison de ce jour......	24	»
Le 2 nov. 1861	Payé au même, pour sa livraison du..........	18	»
	TOTAL pour l'année....	74	»

(*Suivent les autres comptes de dépenses.*)

JOURNAL A SOUCHE.

N° 80.

JOURNAL A SOUCHE des quittances délivrées par M. le Trésorier de la Fabrique de l'église Saint-..... de..... pour recettes faites sur les revenus de ladite Fabrique pendant l'année 186 .

(Voir p. 167.)

N° ....
Du.....
 	
M..........
a versé la somme
de........
pour........
.... ci.
	c.	N° FABRIQUE DE L'ÉGLISE
		            St-.... de ....
		
		Reçu de M..............
		la somme de............
		pour....................
		Dont quittance à .... le .... 186..
		                    Le Trésorier,

N° ....
Du.....
 	
M..........
a versé la somme
de........
pour........
.... ci.
		N° FABRIQUE DE L'ÉGLISE
		            St-.... de ....
		
		Reçu de M..............
		la somme de............
		pour....................
		Dont quittance à .... le .... 186..
		                    Le Trésorier,

N° ....
Du.....
 	
M..........
a versé la somme
de........
pour........
.... ci.
		N° FABRIQUE DE L'ÉGLISE
		            St-.... de ....
		
		Reçu de M..............
		la somme de............
		pour....................
		Dont quittance à .... le .... 186..
		                    Le Trésorier,

N° 81.

EXERCICE 186 .

ARTICLE DU BUDGET.

MANDAT DE PAYEMENT.
Fabrique de l'église Saint-.... de....
(V. p. 104).

MONTANT DU MANDAT
fr.   c.

**DÉTAIL
des
PIÈCES JUSTIFICATIVES.**

1°.....
2°.....

M. le Trésorier payera à M............
la somme de..................
pour...,.................
dépense autorisée par l'art. .... du budget ou par délibération spéciale du ....
Ladite somme sera allouée en dépense au Trésorier dans son compte pour l'exercice 186 , sur la reproduction du présent mandat dûment quittancé et appuyé des pièces justificatives désignées ci-contre.

A   le   186 .
Le Président du Bureau,
(Signature.)

Pour acquit de la somme de

A   le   186 .
(Signature du créancier.)

N° 82.

REGISTRE DES MANDATS *délivrés par le Président du Bureau sur la caisse de la Fabrique* (1).

(V. p. 169.)

Année 186...

N°ˢ d'ordre.	ANALYSE DES MANDATS.	MONTANT de chaque mandat.		INDICATION des pièces justificatives à l'appui.
		fr.	c.	
1	Le...... délivré à M...., un mandat de la somme de...., pour...., dépense autorisée par l'article...... du budget......	»	»	

(1) On peut se dispenser de tenir ce registre au moyen d'un journal à souche, duquel sont détachés successivement les mandats. C'est la forme la plus commode et la plus propre à prévenir les erreurs; la souche reste et sert de journal à l'ordonnateur. (V. le n° 83.)

N° 83.

REGISTRE A SOUCHE *des Mandats délivrés par le Président du bureau sur la caisse de la Fabrique.*

(V. p. 169.)

MANDAT N°	fr.	c.
Le. . . 186.. Délivré à M. . . . un mandat de la somme de. . . . pour. . . . . . . Dépense autorisée par l'art.. . . . du budget ou par décision spéciale du. . . . EXERCICE 186..		

MANDAT N°

Le. . . . .
Délivré, etc. . . .
(Comme ci-dessus).

MANDAT N°

Exercice 186.

PIÈCES JUSTIFICATIVES annexées au mandat.

FABRIQUE DE L'ÉGLISE
St . . . . de . . . .

M. le Trésorier payera à M. . . . . la somme de. . . . . pour. . . . .

Dépense autorisée par l'article . . . . du budget. Ladite somme sera allouée en dépense au Trésorier dans son compte de 18..., sur la production du présent dûment quittancé

A . . . le . . . . 18...
Le Président du Bureau,

Pour acquit de la somme de...
à ... le ... 186.
(Signature.)

MANDAT N°

Exercice 18..

FABRIQUE DE L'ÉGLISE
St . . . . de . . . .

M. le Trésorier payera à M. . . . .
(Comme ci-dessus.)

N° 84.

ÉTAT DES TRAITEMENTS *dus aux employés de l'église Saint-.... de....... pour le 2ᵉ trimestre 1861.*

(V. p. 115.)

Numéros d'ordre.	NOMS DES EMPLOYÉS.	DÉSIGNATION des EMPLOIS.	MONTANT du traitement annuel.	SOMMES dues pour le trimestre	SIGNATURES par émargement constatant les payements.
			fr. c.	fr. c.	
1	M.	Sacristain.	100 »	25 »	
2	M.	1ᵉʳ chantre.	100 »	25 »	
3	M.	2ᵉ chantre.	60 »	15 »	
	.....				
	.....				
	.....				
	.....				
	.....				
	TOTAUX.....		260 »	65 »	

Dressé et certifié par nous, président du bureau de la fabrique, le présent état qui sera joint, dûment émargé, au mandat de payement délivré le présent jour, pour la somme totale des traitements du trimestre.

A....... *le 30 juin* 1861.

(Signature.)

BORDEREAU TRIMESTRIEL. 303

N° 85.

BORDEREAU *de la situation active et passive de la Fabrique de l'église Saint-*........ *de*.......... *pendant le 2ᵉ trimestre* 1861.

(V. p. 169.)

1° SITUATION DES RECETTES.

Nos des articles du budget.	DÉSIGNATION des PRODUITS.	SOMMES à recouvrer d'après le budget et les titres justificatifs		SOMMES RECOUVRÉES				RESTES à recouvrer.		OBSERVATIONS.
				antérieurement au trimestre.		pendant le trimestre				
		fr.	c.	fr.	c.	fr.	c.	fr.	c.	
	CHAPITRE 1ᵉʳ. RECETTES ORDINAIRES.									
1	Produit des biens fonds.....	60	»	30	»	»	»	30	»	
2	— des rentes sur particuliers	200	»	100	»	»	»	100	»	
3	— de la location des bancs et des chaises de l'église	300	»	62	»	86	»	152	»	
4	— des quêtes pour les frais du culte...	60	»	24	»	18	»	18	»	
5	— des troncs id....	10	»	»	»	6	»	4	»	
6	— des oblations.......	20	»	3	»	6	»	11	»	
7	— spontané du cimetière..	6	»	»	»	»	»	6	»	
8	— de la cire..	50	»	»	»	»	»	50	»	
9	— des droits casuels de la Fabrique........	40	»	12	»	10	»	18	»	
10	Supplément donné par la commune............	200	»	50	»	50	»	100	»	
	CHAPITRE II. RECETTES EXTRAORDINAIRES.									
»	Excédant des recettes de 1860 (voir le compte de cet exercice)	280	»	280	»	»	»	»	»	
11	Produit d'une vente d'arbres...	320	»	»	»	320	»	»	»	
	CHAPITRE III. RESTES A RECOUVRER DE 1860.									
12	Produit de la location des bancs....	12	»	12	»	»	»	»	»	
	TOTAUX....	1538	»	573	»	496	»	469	»	

BORDEREAU TRIMESTRIEL.

2° SITUATION DES PAYEMENTS.

N°s des articles du budget.	DÉSIGNATION des DÉPENSES.	SOMMES à dépenser d'après le budget et les autorisations ultérieures.		PAYEMENTS EFFECTUÉS antérieurement au trimestre.		PAYEMENTS EFFECTUÉS pendant le trimestre.		RESTES à payer.		OBSERVATIONS.
		fr.	c.	fr.	c.	fr.	c.	fr.	c.	
	CHAPITRE Ier.									
	DÉPENSES ORDINAIRES.									
1	Pain d'autel..	20	»	»	»	»	»	20	»	
2	Vin pour le Saint Sacrifice..	30	»	»	»	»	»	30	»	
3	Saintes huiles..	4	»	»	»	»	»	4	»	
4	Cire..	80	»	42	»	15	»	23	»	
5	Huile pour la lampe du Saint Sacrement..	60	»	»	»	32	»	28	»	
6	Encens..	8	»	»	»	»	»	8	»	
7	Sel, veilleuses et autres menues dépenses..	25	»	»	»	12	»	13	»	
8	Frais d'entretien des ornements.	20	»	»	»	14	»	6	»	
9	— des objets mobiliers.	25	»	»	»	»	»	25	»	
10	— et de blanchissage du linge..	60	»	15	»	15	»	30	»	
11	Réparations ordinaires de l'église	100	»	25	»	15	»	60	»	
12	Traitement du sacristain..	100	»	25	»	25	»	50	»	
13	— de 2 chantres..	160	»	40	»	40	»	80	»	
14	— du sonneur..	50	»	12	»	12	»	26	»	
15	Obits et autres services fondés..	34	»	15	»	»	»	19	»	
16	Contributions et taxes de main-morte..	26	»	10	»	6	»	10	»	
17	6e du produit des chaises..	30	»	»	»	»	»	30	»	
18	Papier, imprimés, registres, etc.	12	»	»	»	7	»	5	»	
19	Registres des actes de baptême, mariage, sépulture..	6	»	»	»	»	»	6	»	
20	Dépenses imprévues..	40	»	16	»	»	»	24	»	
	CHAPITRE II.									
	DÉPENSES EXTRAORDINAIRES.									
21	Achat d'objets mobiliers..	150	»	»	»	150	»	»	»	
22	Réparations extraordinaires à l'église..	400	»	»	»	»	»	400	»	
	CHAPITRE III.									
	RESTES A PAYER DE 1860.									
23	Achat d'un ciboire (solde)..	60	»	60	»	»	»	»	»	
	TOTAUX....	1500	»	260	»	343	»	897	»	

RÉSULTAT des opérations effectuées pendant le 2ᵉ trimestre 1861 et situation de la Fabrique au dernier jour du même trimestre.

	fr.	c.
Excédant des recettes existant à la fin du trimestre précédent....	313	»
Montant des recettes effectuées pendant le trimestre..........	496	»
TOTAL........	809	»
Montant des dépenses acquittées pendant le trimestre........	343	»
Excédant des recettes au 30 juin 1861.	466	»
Cet excédant est représenté par les valeurs ci-après, SAVOIR :		
Fonds existant entre les mains du Trésorier............	60	»
Fonds existant dans la caisse ou armoire à trois clefs	400	»
Avances à recouvrer (frais de poursuites, d'hypothèque) etc.,	6	»
TOTAL égal à l'excédant ci-dessus....	466	»

Le présent bordereau certifié exact par le Trésorier soussigné.

A   le 1ᵉʳ juillet 1861.
(Signature.)

Le Bureau des marguilliers,
Vu le bordereau ci-dessus de la situation active et passive de la Fabrique, au 30 juin 1861, lequel présente un excédant de recette de quatre cent soixante-six francs ;
Considérant que les dépenses du troisième trimestre, évaluées par prévision, s'élèvent à. . . . . 320 fr. » c.
Que la somme existant entre les mains du Trésorier est de. . . . . 60 fr. » c.⎫
Que les recettes à effectuer dans le trimestre s'élèvent approximativement à. . 160 » ⎬ 220 »
⎭
Autorise M. le Trésorier à extraire de la caisse de la Fabrique la somme de cent francs, nécessaire pour compléter les dépenses du trimestre. . . . . 100 »

(Ou bien, si la somme que le Trésorier a entre les mains est suffisante pour la dépense du trimestre) : Autorise M. le Trésorier à retenir ladite somme de . . . ., nécessaire pour les dépenses du trimestre.
(Ou bien, si le Trésorier a entre les mains des fonds excédant les besoins du trimestre) : Mande à M. le Trésorier de verser, dans la caisse de la Fabrique, la somme de . . . ., qui ne lui est pas nécessaire pour les besoins du trimestre.

A . . . . le 7 juillet 1861.
(Signatures.)

N° 86.

RÉCÉPISSÉ *de sommes déposées par le trésorier dans la caisse de la Fabrique comme inutiles au service du trimestre courant.*

Nous soussignés, membres du Bureau de la Fabrique de l'église Saint-...... de....., reconnaissons avoir reçu aujourd'hui de M. le Trésorier de ladite Fabrique, et immédiatement déposé dans la caisse à trois clefs, la somme de *trois cents francs*, jugée inutile au service du trimestre courant.

En foi de quoi, nous avons délivré à M. le Trésorier, le présent récépissé pour lui servir de décharge.

A........, le   186 .

(*Signatures.*)

N° 87.

RÉCÉPISSÉ *de sommes extraites de la caisse et remises au Trésorier pour assurer le service du trimestre courant.*

FABRIQUE DE L'EGLISE SAINT-......... de.........

Je soussigné, Marguillier-Trésorier, reconnais avoir reçu aujourd'hui la somme de *cent francs*, extraite ce même jour de la caisse de la Fabrique et jugée nécessaire au service du 3e trimestre de 186   (1).

En foi de quoi j'ai délivré le présent récépissé pour, aux termes de l'article 52 du décret du 30 décembre 1809, être déposé dans ladite caisse.

A......... le......... 186 .

(*Signature du Trésorier.*)

---

(1) Si la somme extraite de la caisse était destinée à l'acquit d'une dépense spéciale, de travaux ou fournitures, par exemple, on devrait le mentionner dans le récépissé.

N° 88.

COMPTE DES RECETTES ET DÉPENSES *de l'Église St-.......... de ..... pour l'année 1861, rendu par le Trésorier de la Fabrique, conformément à l'art. 82 du décret du 30 décembre 1809.*

Premier article du compte.
Reliquat du compte de l'exercice 1860. . . 280 fr. » c.

TITRE Ier. — RECETTES.

N°s des articles.	DÉSIGNATION des CHAPITRES ET ARTICLES.	SOMMES A RECOUVRER		RECOUVREMENTS effectués.		RESTES à recouvrer.		OBSERVATIONS
		d'après le budget.		d'après les titres et actes.						
		fr.	c.	fr.	c.	fr.	c.	fr.	c.	
	CHAPITRE Ier.									
	RECETTES ORDINAIRES.									
1	Produit des biens-fonds..	60	»	60	»	60	»	»	»	Prix de ferme d'un terrain loué au sieur N...... pour 6 années suiv. acte reçu par Me..., notaire le.
2	— des rentes sur particuliers.......	200	»	200	»	200	»	»	»	Rente due par N..., suiv. acte reçu par Me..... notaire le........
3	— de la location des bancs et chaises de l'église..	300	»	360	»	345	»	15	»	Les 15 fr. restant à recouvrer sont dus par M..., en ce moment absent.
4	— des quêtes pour les frais du culte...	80	»	92	»	92	»	»	»	
5	— des troncs id.. . .	10	»	14	»	14	»	»	»	Voir deux procès-verbaux de levée des troncs.
6	— des oblations. .	20	»	18	»	18	»	»	»	
7	— spontané du cimetière.	6	»	11	»	11	»	»	»	Voir le procès-verbal de vente en date du ....
8	— de la cire...........	30	»	24	»	24	»	»	»	Idem, du .....
9	— des droits casuels...	40	»	66	»	66	»	»	»	
10	Supplément donné par la commune.	200	»	200	»	200	»	»	»	
	CHAPITRE II.									
	RECETTES EXTRAORDINAIRES									
11	Produit d'une vente d'arbres..............	300	»	320	»	320	»	»	»	Voir le procès-verbal d'adjudication, en date du...
	CHAPITRE III.									
	RESTES A RECOUVRER DE 1860									
12	Produit de la location des bancs.	»	»	12	»	12	»	»	»	
	TOTAUX. . . .	1246	»	1377	»	1362	»	15	»	

TITRE II. — DÉPENSES.

Nos des articles.	DÉSIGNATION des CHAPITRES ET ARTICLES.	MONTANT		PAYEMENTS effectués.		RESTES à payer.		OBSERVATIONS — Indiquer le nº des pièces justificatives.
		des crédits ouverts par le budget.	des dépenses faites au 31 décembre.					
		fr.	c.	fr.	c.	fr.	c.	fr.	c.
	CHAPITRE Ier. **DÉPENSES ORDINAIRES.**							
1	Pain d'autel pour les prêtres et les fidèles....	20	»	18	»	18	»	»	»	
2	Vin pour le St. Sacrifice à raison de 2 messes par jour	30	»	30	»	30	»	»	»	
3	Saintes huiles.......	4	»	3	»	3	.	»	»	
4	Cire et chandelle......	80	»	76	»	76	»	»	»	
5	Huile pour la lampe du Saint Sacrement.....	60	»	48	»	48	»	»	»	
6	Encens..........	8	»	8	»	8	»	»	»	
7	Sel, veilleuses, charbon etc.	25	»	25	»	25	»	»	»	
8	Frais d'entretien des ornements...	20	»	14	»	14	»	»	»	
9	— des objets mobiliers.	25	»	21	»	21	»	»	»	
10	Blanchissage et raccommodage du linge.....	60	»	60	»	60	»	»	»	
11	Réparations d'entretien de l'église.........	100	»	92	»	38	»	54	»	Reste dû 54 fr. les parties prenantes n'ayant pas encore fourni leurs mémoires.
12	Traitement du sacristain..	100	»	100	»	100	»	»	»	
13	— de 2 chantres...	160	»	160	»	160	»	»	»	
14	— du sonneur....	50	»	50	»	50	»	»	»	
15	Obits et services fondés..	34	»	34	»	34	»	»	»	
16	Contributions.......	26	»	22	»	22	»	»	»	
17	6e du produit des chaises..	30	»	34	»	34	»	»	»	
18	Papier, imprimés, regist. etc.	12	»	12	»	12	»	»	»	
19	Registres des actes de baptême, mariage, sépulture,	6	»	6	»	6	»	»	»	
20	Dépenses imprévues....	40	»	26	»	26	»	»	»	
	CHAPITRE II. **DÉPENSES EXTRAORDINAIRES**							
21	Achat d'objets mobiliers..	150	»	150	»	150	»	»	»	
22	Réparations extr. à l'église.	400	»	400	»	200	»	200	»	Reste dû 200 fr. la réception des travaux n'ayant pu encore avoir lieu.
	CHAPITRE III. **RESTES A PAYER DE 1860.**							
23	Achat d'un ciboire (solde).	»	»	60	»	60	»	»	»	
	TOTAUX....	1440	»	1449	»	1195	»	254	»	

RÉCAPITULATION.

	fr.	c.
Reliquat de l'exercice 1860 formant le 1er article du présent compte..	280	»
Montant des recettes effectuées	1362	»
Total...........................	1642	»
Montant des dépenses acquittées	1195	»
Reliquat du présent compte de l'exercice 1861, à reporter comme premier article au compte suivant......................	447	»
Reste à recouvrer.......................	15	»
Reste à payer..	254	»

Le Trésorier soussigné affirme véritable le présent compte des recettes et des dépenses de 1861, lequel sera communiqué au Bureau des Marguilliers et soumis à l'examen du Conseil, conformément à l'article 85 du décret du 30 décembre 1809.

A........ le 5 mars 1862.
(Signature.)

Vu par nous, membres du Bureau des Marguilliers, soussignés, le présent compte appuyé des pièces justificatives, pour le tout être soumis à l'examen du Conseil, dans la séance du dimanche de *Quasimodo*.

A........ le 10 mars 1862.
(Signatures.)

N° 89.

DÉLIBÉRATION *du Conseil de Fabrique sur le compte annuel.*
(V. p. 179.)

L'an mil huit cent soixante-deux, le vingt-septième jour du mois d'avril, dimanche de *Quasimodo*,

Le Conseil de Fabrique de l'église paroissiale de......, conformément à l'avertissement publié le dimanche précédent, au prône de la grand'messe, s'est réuni, à l'issue de la messe paroissiale (*ou* des vêpres), dans la sacristie (*ou* au presbytère), lieu ordinaire de ses séances, sous la présidence

Étaient présents MM.......

Le Président et lesdits membres présents formant la majorité du Conseil.

M. le Président, après avoir ouvert la séance, a invité le Conseil à s'occuper du règlement du compte de l'exercice 1861, présenté par M. le Trésorier.

Le Conseil s'étant fait représenter : 1° Le budget de 1861 et les autorisations supplémentaires qui s'y rattachent ; 2° l'état des revenus fixes de la Fabrique, celui du produit des troncs et des quêtes, celui du produit des bancs et des chaises et celui des recouvrements qui restaient à faire sur l'exercice 1860 ; 3° le journal du Trésorier et son livre de comptes; 4° les bordereaux de situation des recouvrements et des payements au dernier jour de chaque trimestre; 5° les pièces justificatives des dépenses,

A procédé à l'apurement du compte, et, après examen et vérification faite du tout, sur le rapport du Bureau des Marguilliers, a clos ledit compte et en a arrêté, ainsi qu'il suit, les recettes et les dépenses, savoir :

Les recettes effectuées, à la somme de *mille trois cent soixant-deux francs*, ci.. 1362 » »

Les dépenses payées à la somme de *mille cent quatre-vingt-quinze francs*, ci................................. 1195 » »

D'où résulte un excédant de recette, de............ 167 » »

Et attendu que, par l'arrêté du compte de 1860, le reliquat de ce compte a été fixé à la somme de .... 280 » »

Le Conseil arrête le reliquat du compte de 1861, qui formera le premier article du compte suivant, à la somme de *quatre cent quarante-sept francs*, ci.............. 447 » »

M. le Trésorier portera en recette au compte suivant, la somme de *quinze francs* pour reste à recouvrer sur le produit des bancs de l'église, et en dépense la somme de *deux cent cinquante-quatre francs*, pour restes à payer justifiés au présent compte.

Sur la proposition de M. le Président, il a été décidé qu'une expédition de la présente délibération sera remise à M. le Trésorier, pour **lui servir de décharge.**

(On inscrira ensuite les autres délibérations prises dans la séance et les résultats des élections. (V. les nos 6 et 7.)

Fait et délibéré à....., les jour, mois et an que dessus.

(Signatures.)

N° 90.

DÉLIBÉRATION *du Conseil municipal sur les compte et budget de la Fabrique.*

(V. p. 154.)

L'an mil huit cent..... le....., le Conseil municipal de la commune de...., réuni en session ordinaire sous la présidence de M. le Maire, étaient présents MM.....

M..... a été nommé au scrutin secrétaire du Conseil ;

M. le Maire a déposé sur le bureau :

1° Le compte de la Fabrique de l'église paroissiale d....., rendu par le Trésorier pour l'année 186.., avec les pièces justificatives des recettes et dépenses effectuées ;

2° Le budget voté par le Conseil de ladite Fabrique pour l'année 186.., et présentant en résultat un déficit de..... que la Commune est appelée à combler ;

M. le Maire a invité le Conseil à donner son avis sur ces deux pièces, et à déterminer en même temps le montant de la subvention qui sera accordée à la Fabrique pour l'année 186..

Le Conseil municipal, vu le compte de M. le Trésorier et les pièces à l'appui, attendu que toutes les recettes et dépenses qui y sont inscrites ont été régulièrement faites, approuve dans son ensemble ledit compte de l'année 186..

En ce qui concerne le budget de 186., le Conseil considérant qu'il a été établi d'après les mêmes bases que ceux des années précédentes et que toutes les dépenses sont suffisamment motivées, estime qu'il y a lieu de l'approuver et vote au profit de la Fabrique pour ladite année 186.., une allocation sur les fonds communaux, de la somme de...

Fait et délibéré à... les jour, mois et an susdits.

(Signatures.)

N° 91.

PROCÈS-VERBAL DE REMISE DE SERVICE, *en cas de mutation de Trésorier.*

(V. p. 171.)

L'an mil huit cent soixante....., le....., le Conseil de Fabrique de l'église d....., réuni au lieu ordinaire de ses séances, sous la présidence de M..., a procédé à l'examen de la comptabilité dont était chargé M..., en qualité de Marguillier-Trésorier, et à la remise de ce service à M..., nommé Trésorier par délibération du Bureau des Marguilliers en date du.....

A l'ouverture de la séance, M..., Trésorier sortant, a déposé sur le bureau la somme de... en numéraire, ainsi que les divers registres et pièces de comptabilité, qui étaient entre ses mains, savoir :

1° Journal des recettes et dépenses, commencé le... ;
2° Livre des comptes ouverts par nature de recette et de dépense ;
3° Sommier des titres à l'usage du Trésorier ;
4° Copie du budget de l'année courante ;
5° Copie du tarif des droits casuels ;
6°................................

A l'aide de ces documents, il a été dressé, sous les yeux du Conseil, un état détaillé des recettes et dépenses autorisées, indiquant celles qui ont été faites, celles qui restent à faire, et présentant en résultat la situation suivante :

Reliquat du compte de 186 . (exercice précédent)..... » »
Recettes effectuées pour l'exercice 186 . (exercice courant).................................... » »

      Total..................... » »

Dépenses acquittées pour l'exercice 186 . (exercice courant).................................... » »

   Excédant des recettes à ce jour............... » »

Cet excédant s'est trouvé justifié par les valeurs spécifiées ci-après :

1º Fonds déposés sur le bureau par M... au commencement de la séance.................................. » »
2º Numéraire en dépôt dans la caisse ou armoire à trois clefs.. » »
3º Quittances ou reçus pour avances à recouvrer (frais de poursuites, d'inscriptions hypothécaires, etc.)........ .

Total égal à l'excédant de recette constaté ci-dessus.... » »

Ces formalités accomplies, M. le Président a arrêté et visé tous les comptes ouverts sur les registres de comptabilité, de manière à ce que les écritures faites par le Trésorier sortant demeurent entièrement distinctes de celles qui y seront passées par son successeur.

Il a ensuite remis à ce dernier le numéraire nécessaire pour la dépense courante, en l'invitant à en prendre charge, ainsi que les valeurs de caisse et de portefeuille existant dans la caisse ou armoire à trois clefs.

M. le Président a également remis au nouveau Trésorier tous les registres, états, tarifs et autres pièces dont remise a été faite par son prédécesseur, au commencement de la séance, et une copie de l'état de situation mentionné ci-dessus, et présentant le tableau, par approximation, des recettes et dépenses restant à effectuer pour l'exercice courant.

Lecture faite du présent procès-verbal, les Membres de la fabrique présents l'ont signé, conjointement avec M..., Trésorier.

(Signatures.)

APPENDICE

Décret du 30 décembre 1809, portant règlement général des Fabriques.

CHAPITRE 1er. — De l'administration des fabriques.

Art. 1er. Les fabriques dont l'art. 76 de la loi du 18 germinal an x a ordonné l'établissement, sont chargées de veiller à l'entretien et à la conservation des temples; d'administrer les aumônes et les biens, rentes et perceptions autorisées par les lois et règlements, les sommes supplémentaires fournies par les communes, et généralement tous les fonds qui sont affectés à l'exercice du culte; enfin d'assurer cet exercice et le maintien de sa dignité dans les églises auxquelles elles sont attachées, soit en réglant les dépenses qui y sont nécessaires, soit en assurant les moyens d'y pourvoir.

2. Chaque fabrique sera composée d'un conseil et d'un bureau de marguilliers.

SECTION Ire.

Du conseil.

§ 1er. — De la composition du conseil.

3. Dans les paroisses où la population sera de cinq mille âmes ou au-dessus, le conseil sera composé de neuf conseillers de fabrique ; dans toutes les autres paroisses, il devra être de cinq. Ils seront pris parmi les notables ; ils devront être catholiques et domiciliés dans la paroisse.

4. De plus seront de droit membres du conseil :

1° Le curé ou desservant, qui y aura la première place, et pourra s'y faire remplacer par un de ses vicaires ;

2° Le maire de la commune du chef-lieu de la cure ou succursale ; il pourra s'y faire remplacer par l'un de ses adjoints : si le maire n'est pas catholique, il devra se substituer un adjoint qui le soit, ou, à défaut, un membre du conseil municipal, catholique. Le maire sera placé à la gauche, et le curé ou desservant à la droite du président.

5. Dans les villes où il y aura plusieurs paroisses ou succursales, le maire sera de droit membre du conseil de chaque fabrique ; il pourra s'y faire remplacer comme il est dit dans l'article précédent.

6. Dans les paroisses ou succursales dans lesquelles le conseil de fabrique sera composé de neuf membres, non compris les membres de droit, cinq des conseillers seront, pour la première fois, à la

nomination de l'évêque, et quatre à celle du préfet; dans celles où il ne sera composé que de cinq membres, l'évêque en nommera trois et le préfet deux. Ils entreront en fonctions le premier dimanche du mois d'avril prochain.

7. Le conseil de fabrique se renouvellera partiellement tous les trois ans, savoir : à l'expiration des trois premières années, dans les paroisses où il est composé de neuf membres, sans y comprendre les membres de droit, par la sortie de cinq membres qui, pour la première fois, seront désignés par le sort, et des quatre plus anciens après les six ans révolus; pour les fabriques dont le conseil est composé de cinq membres, non compris les membres de droit, par la sortie de trois membres désignés par la voie du sort, après les trois premières années, et des deux autres après les six ans révolus. Dans la suite, ce seront toujours les plus anciens en exercice qui devront sortir.

8. Les conseillers qui devront remplacer les membres sortants seront élus par les membres restants.

Lorsque le remplacement ne sera pas fait à l'époque fixée, l'évêque ordonnera qu'il y soit procédé dans le délai d'un mois; passé lequel délai, il y nommera lui-même, et pour cette fois seulement.

Les membres sortants pourront être réélus.

9. Le conseil nommera au scrutin son secrétaire et son président; ils seront renouvelés le premier dimanche d'avril de chaque année, et pourront être réélus. Le président aura, en cas de partage, voix prépondérante.

Le conseil ne pourra délibérer que lorsqu'il y aura plus de la moitié des membres présents à l'assemblée; et tous les membres présents signeront la délibération, qui sera arrêtée à la pluralité des voix.

§ II. — Des séances du conseil.

10. Le conseil s'assemblera le dimanche de *Quasimodo* (1) et le premier dimanche des mois de juillet, d'octobre et de janvier, à l'issue de la grand'messe ou des vêpres, dans l'église, dans un lieu attenant à l'église ou dans le presbytère.

L'avertissement de chacune de ces séances sera publié, le dimanche précédent, au prône de la grand'messe.

Le conseil pourra de plus s'assembler extraordinairement, sur l'autorisation de l'évêque ou du préfet, lorsque l'urgence des affaires ou de quelques dépenses imprévues l'exigera.

§ III. — Des fonctions du conseil.

11. Aussitôt que le conseil aura été formé, il choisira au scrutin, parmi ses membres, ceux qui, comme marguilliers, entreront dans la composition du bureau; et à l'avenir, dans celle de ses sessions qui répondra à l'expiration du temps fixé par le présent règlement pour l'exercice des fonctions de marguilliers; il fera également, au scrutin, élection

---

(1) O. 12 janvier 1825, art. 2.

de celui de ses membres qui remplacera le marguillier sortant.

12. Seront soumis à la délibération du conseil : 1° le budget de la fabrique ; 2° le compte annuel de son trésorier ; 3° l'emploi des fonds excédant les dépenses, du montant des legs et donations, et le remploi des capitaux remboursés ; 4° toutes les dépenses extraordinaires au delà de 50 fr. dans les paroisses au-dessous de mille âmes, et de 100 fr. dans les paroisses d'une plus grande population ; 5° les procès à entreprendre ou à soutenir, les baux emphytéotiques ou à longues années, les aliénations ou échanges, et généralement tous les objets excédant les bornes de l'administration ordinaire des biens des mineurs.

SECTION II.

Du bureau des marguilliers.

§ Ier. — De la composition du bureau des marguilliers.

13. Le bureau des marguilliers se composera : 1° du curé ou desservant de la paroisse ou succursale, qui en sera membre perpétuel et de droit ; 2° de trois membres du conseil de fabrique.

Le curé ou desservant aura la première place, et pourra se faire remplacer par un de ses vicaires.

14. Ne pourront être en même temps membres du bureau les parents ou alliés, jusques et y compris le degré d'oncle et de neveu.

15. Au dimanche de *Quasimodo* de chaque an-

née, l'un des marguilliers cessera d'être membre du bureau, et sera remplacé.

16. Des trois marguilliers qui seront pour la première fois nommés par le conseil, deux sortiront successivement par la voie du sort, à la fin de la première et de la seconde année, et le troisième sortira de droit la troisième année révolue.

17. Dans la suite, ce seront toujours les marguilliers les plus anciens en exercice qui devront sortir.

18. Lorsque l'élection ne sera pas faite à l'époque fixée, il y sera pourvu par l'évêque.

19. Ils nommeront entre eux un président, un secrétaire et un trésorier.

20. Les membres du bureau ne pourront délibérer s'ils ne sont au moins au nombre de trois.

En cas de partage, le président a voix prépondérante.

Toutes les délibérations seront signées par les membres présents.

21. Dans les paroisses où il y avait ordinairement des marguilliers d'honneur, il pourra en être choisi deux par le conseil parmi les principaux fonctionnaires publics domiciliés dans la paroisse. Ces marguilliers et tous les membres du conseil auront une place distinguée dans l'église : ce sera le *banc de l'œuvre*; il sera placé devant la chaire autant que faire se pourra. Le curé ou desservant aura, dans ce banc, la première place, toutes les fois qu'il s'y trouvera pendant la prédication.

§ II. — Des séances du bureau des marguilliers.

22. Le bureau s'assemblera tous les mois, à l'issue de la messe paroissiale, au lieu indiqué pour la tenue des séances du conseil.

23. Dans les cas extraordinaires, le bureau sera convoqué, soit d'office par le président, soit sur la demande du curé ou desservant.

§ III. — Fonctions du bureau.

24. Le bureau des marguilliers dressera le budget de la fabrique, et préparera les affaires qui doivent être portées au conseil ; il sera chargé de l'exécution des délibérations du conseil et de l'administration journalière du temporel de la paroisse.

25. Le trésorier est chargé de procurer la rentrée de toutes les sommes dues à la fabrique, soit comme faisant partie de son revenu annuel, soit à tout autre titre.

26. Les marguilliers sont chargés de veiller à ce que toutes fondations soient fidèlement acquittées et exécutées suivant l'intention des fondateurs, sans que les sommes puissent être employées à d'autres charges.

Un extrait du sommier des titres contenant les fondations qui doivent être desservies pendant le cours d'un trimestre sera affiché dans la sacristie, au commencement de chaque trimestre, avec les noms du fondateur et de l'ecclésiastique qui acquittera chaque fondation.

Il sera aussi rendu compte à la fin de chaque trimestre, par le curé ou desservant, au bureau des marguilliers, des fondations acquittées pendant le cours du trimestre.

27. Les marguilliers fourniront l'huile, le pain, le vin, l'encens, la cire, et généralement tous les objets de consommation nécessaires à l'exercice du culte; ils pourvoiront également aux réparations et achats des ornements, meubles et ustensiles de l'église et de la sacristie.

28. Tous les marchés seront arrêtés par le bureau des marguilliers, et signés par le président, ainsi que les mandats.

29. Le curé ou desservant se conformera aux règlements de l'évêque pour tout ce qui concerne le service divin, les prières et les instructions, et l'acquittement des charges pieuses imposées par les bienfaiteurs, sauf les réductions qui seraient faites par l'évêque, conformément aux règles canoniques, lorsque le défaut de proportion des libéralités et des charges qui en sont la condition l'exigera.

30. Le curé ou desservant agréera les prêtres habitués, et leur assignera leurs fonctions.

Dans les paroisses où il en sera établi, il désignera le sacristain prêtre, le chantre prêtre et les enfants de chœur.

Le placement des bancs ou chaises dans l'église ne pourra être fait que du consentement du curé ou desservant, sauf le recours à l'évêque.

31. Les annuels auxquels les fondateurs ont attaché des honoraires, et généralement tous les an-

nuels emportant une rétribution quelconque, seront donnés de préférence aux vicaires, et ne pourront être acquittés qu'à leur défaut par les prêtres habitués ou autres ecclésiastiques, à moins qu'il n'en ait été autrement ordonné par les fondateurs.

32. Les prédicateurs seront nommés par les marguilliers, à la pluralité des suffrages, sur la présentation faite par le curé ou desservant, et à la charge par lesdits prédicateurs d'obtenir l'autorisation de l'ordinaire.

33. La nomination et la révocation de l'organiste, des sonneurs, des bedeaux, suisses ou autres serviteurs de l'église, appartiennent aux marguilliers, sur la proposition du curé ou desservant.

34. Sera tenu le trésorier de présenter tous les trois mois, au bureau des marguilliers, un bordereau signé de lui, et certifié véritable, de la situation active et passive de la fabrique pendant les trois mois précédents; ces bordereaux seront signés de ceux qui auront assisté à l'assemblée, et déposés dans la caisse ou armoire de la fabrique, pour être représentés lors de la reddition du compte annuel.

Le bureau déterminera, dans la même séance, la somme nécessaire pour les dépenses du trimestre suivant.

35. Toute la dépense de l'église et les frais de sacristie seront faits par le trésorier; et, en conséquence, il ne sera rien fourni par aucun marchand ou artisan sans un mandat du trésorier, au pied duquel le sacristain, ou toute autre personne apte à recevoir la livraison, certifiera que le contenu audit **mandat a été rempli.**

CHAPITRE II. — Des revenus, des charges, du budget de la fabrique.

SECTION Iʳᵉ.

Des revenus de la fabrique.

36. Les revenus de chaque fabrique se forment : 1° du produit des biens et rentes restitués aux fabriques, des biens des confréries, et généralement de ceux qui auraient été affectés aux fabriques par nos divers décrets ; 2° du produit des biens, rentes et fondations qu'elles ont été ou pourront être par nous autorisées à accepter ; 3° du produit des biens et rentes celés au domaine, dont nous les avons autorisées ou dont nous les autoriserions à se mettre en possession ; 4° du produit spontané des terrains servant de cimetières ; 5° du prix de la location des chaises ; 6° de la concession des bancs placés dans l'église ; 7° des quêtes faites pour les frais du culte ; 8° de ce qui sera trouvé dans les troncs placés pour le même objet ; 9° des oblations faites à la fabrique ; 10° des droits que, suivant les règlements épiscopaux approuvés par nous, les fabriques perçoivent, et de celui qui leur revient sur le produit des frais d'inhumation ; 11° du supplément donné par la commune, le cas échéant.

SECTION II.

Des charges de la fabrique.

§ Ier. — Des charges en général.

37. Les charges de la fabrique sont : 1° de fournir aux frais nécessaires du culte, savoir : les ornements, les vases sacrés, le linge, le luminaire, le pain, le vin, l'encens, le payement des vicaires, des sacristains, chantres, organistes, sonneurs, suisses, bedeaux et autres employés au service de l'église, selon la convenance et les besoins des lieux ; 2° de payer l'honoraire des prédicateurs de l'avent, du carême et autres solennités : 3° de pourvoir à la décoration et aux dépenses relatives à l'embellissement intérieur de l'église ; 4° de veiller à l'entretien des églises, presbytères et cimetières ; et, en cas d'insuffisance des revenus de la fabrique, de faire toutes diligences nécessaires pour qu'il soit pourvu aux réparations et reconstructions, ainsi que le tout est réglé au § III.

§ II. — De l'établissement et du payement des vicaires.

38. Le nombre de prêtres et de vicaires habitués à chaque église sera fixé par l'évêque, après que les marguilliers en auront délibéré, et que le conseil municipal de la commune aura donné son avis.

39. Si, dans le cas de la nécessité d'un vicaire, reconnue par l'évêque, la fabrique n'est pas en état de payer le traitement, la décision épiscopale devra être adressée au préfet ; et il sera procédé ainsi qu'il est expliqué à l'article 49, concernant les autres dépenses de la célébration du culte, pour lesquelles les communes suppléent à l'insuffisance des revenus des fabriques.

40. Le traitement des vicaires sera de 500 francs au plus, et de 300 francs au moins.

§ III. — Des réparations.

41. Les marguilliers, et spécialement le trésorier, seront tenus de veiller à ce que toutes les réparations soient bien et promptement faites. Ils auront soin de visiter les bâtiments avec des gens de l'art, au commencement du printemps et de l'automne.

Ils pourvoiront sur-le-champ, et par économie, aux réparations locatives ou autres qui n'excéderont pas la proportion indiquée en l'article 12, et sans préjudice toutefois des dépenses réglées pour le culte.

42. Lorsque les réparations excéderont la somme ci-dessus indiquée, le bureau sera tenu d'en faire rapport au conseil, qui pourra ordonner toutes les réparations qui ne s'élèveraient pas à plus de 100 fr. dans les communes au-dessous de mille âmes, et de 200 francs dans celles d'une plus grande population.

Néanmoins ledit conseil ne pourra, même sur le revenu libre de la fabrique, ordonner les réparations qui excéderaient la quotité ci-dessus énoncée, qu'en chargeant le bureau de faire dresser un devis estimatif, et de procéder à l'adjudication au rabais, par soumission, après trois affiches renouvelées de huitaine en huitaine.

43. Si la dépense ordinaire, arrêtée par le budget, ne laisse pas de fonds disponibles, ou n'en laisse pas de suffisants pour les réparations, le bureau en fera son rapport au conseil, et celui-ci prendra une délibération tendant à ce qu'il y soit pourvu dans les formes prescrites au chapitre IV du présent règlement; cette délibération sera envoyée par le président au préfet.

44. Lors de la prise de possession de chaque curé ou desservant, il sera dressé, aux frais de la commune et à la diligence du maire, un état de situation du presbytère et de ses dépendances. Le curé ou desservant ne sera tenu que des simples réparations locatives, et des dégradations survenues par sa faute. Le curé ou desservant sortant, ou ses héritiers ou ayants cause, seront tenus desdites réparations locatives et dégradations.

SECTION III.

Du budget de la fabrique.

45. Il sera présenté chaque année au bureau, par le curé ou desservant, un état par aperçu des dépenses nécessaires à l'exercice du culte, soit pour

les objets de consommation, soit pour réparation et entretien d'ornements, meubles et ustensiles d'église.

Cet état, après avoir été, article par article, approuvé par le bureau, sera porté en bloc, sous la désignation de *dépenses intérieures*, dans le projet du budget général; le détail de ces dépenses sera annexé audit projet.

46. Ce budget établira la recette et la dépense de l'église. Les articles de dépense seront classés dans l'ordre suivant : 1° les frais ordinaires de la célébration du culte ; 2° les frais de réparation des ornements, meubles et ustensiles d'église; 3° les gages des officiers et serviteurs de l'église ; 4° les frais de réparation locatives.

La portion des revenus qui restera, après cette dépense acquittée, servira au traitement des vicaires légitimement établis, et l'excédant, s'il y en a, sera affecté aux grosses réparations des édifices affectés au service du culte.

47. Le budget sera soumis au conseil de la fabrique, dans la séance du dimanche de *Quasimodo* de chaque année; il sera envoyé, avec l'état des dépenses de la célébration du culte, à l'évêque diocésain, pour avoir sur le tout son approbation.

48. Dans le cas où les revenus de la fabrique couvriraient les dépenses portées au budget, le budget pourra, sans autres formalités, recevoir sa pleine et entière exécution.

49. Si les revenus sont insuffisants pour acquitter, soit les frais indispensables du culte, soit les dépenses nécessaires pour le maintien de sa dignité, soit les

gages des officiers et des serviteurs de l'église, soit les réparations des bâtiments, ou pour fournir à la subsistance de ceux des ministres que l'État ne salarie pas, le budget contiendra l'aperçu des fonds qui devront être demandés aux paroissiens pour y pourvoir, ainsi qu'il est réglé dans le chapitre IV.

CHAPITRE III.

SECTION Ire.

De la régie des biens de la fabrique.

50. Chaque fabrique aura une caisse ou armoire fermant à trois clefs, dont une restera dans les mains du trésorier, l'autre dans celle du curé ou desservant, et la troisième dans celles du président du bureau.

51. Seront déposés dans cette caisse tous les deniers appartenant à la fabrique, ainsi que les clefs des troncs des églises.

52. Nulle somme ne pourra être extraite de la caisse sans autorisation du bureau, et sans un récépissé qui y restera déposé.

53. Si le trésorier n'a pas dans les mains la somme fixée à chaque trimestre par le bureau pour la dépense courante, ce qui manquera sera extrait de la caisse; comme aussi ce qu'il se trouverait avoir d'excédant sera versé dans cette caisse.

54. Seront aussi déposés dans une caisse ou armoire les papiers, titres et documents concernant les revenus et affaires de la fabrique, et notamment les comptes avec les pièces justificatives, les registres de délibérations, autres que le registre courant, le sommier des titres et les inventaires ou récolement dont il est mention aux deux articles qui suivent.

55. Il sera fait incessamment, et sans frais, deux inventaires, l'un des ornements, linges, vases sacrés, argenterie, ustensiles, et en général de tout le mobilier de l'église; l'autre des titres, papiers et renseignements, avec mention des biens contenus dans chaque titre, du revenu qu'ils produisent, de la fondation à la charge de laquelle les biens ont été donnés à la fabrique. Un double inventaire du mobilier sera remis au curé ou desservant. — Il sera fait tous les ans un récolement desdits inventaires, afin d'y porter les additions, réformes ou autres changements; ces inventaires et récolements seront signés par le curé ou desservant et par le président du bureau.

56. Le secrétaire du bureau transcrira, par suite de numéros et par ordre de dates, sur un registre sommier: 1° les actes de fondation, et généralement tous les titres de propriété; 2° les baux à ferme ou loyer.

La transcription sera entre deux marges, qui serviront pour y porter, dans l'une les revenus, et dans l'autre les charges.

Chaque pièce sera signée et certifiée conforme à

l'original, par le curé ou desservant et par le président du bureau.

57. Nul titre ni pièce ne pourra être extrait de la caisse sans un récépissé qui fera mention de la pièce retirée, de la délibération du bureau par laquelle cette extraction aura été autorisée, de la qualité de celui qui s'en chargera et signera le récépissé, de la raison pour laquelle elle aura été tirée de ladite caisse ou armoire; et, si c'est pour un procès, le tribunal et le nom de l'avoué seront désignés.

Ce récépissé, ainsi que la décharge au temps de la remise, seront inscrits sur le sommier ou registre des titres.

58. Tout notaire devant lequel il aura été passé un acte contenant donation entre-vifs ou disposition testamentaire au profit d'une fabrique, sera tenu d'en donner avis au curé ou desservant.

59. Tout acte contenant des dons ou legs à une fabrique sera remis au trésorier, qui en fera son rapport à la prochaine séance du bureau. Cet acte sera ensuite adressé par le trésorier, avec les observations du bureau, à l'archevêque ou évêque diocésain, pour que celui-ci donne sa délibération s'il convient ou non d'accepter.

Le tout sera envoyé au ministre des cultes, sur le rapport duquel la fabrique sera, s'il y a lieu, autorisée à accepter; l'acte d'acceptation, dans lequel il sera fait mention de l'autorisation, sera signé par le trésorier, au nom de la fabrique.

60. Les maisons et biens ruraux appartenant à la fabrique seront affermés, régis et administrés par le

bureau des marguilliers, dans la forme déterminée pour les biens communaux.

61. Aucun des membres du bureau des marguilliers ne peut se porter, soit pour adjudicataire, soit même pour associé de l'adjudicataire, des ventes, marchés de réparations, constructions, reconstructions ou baux des biens de la fabrique.

62. Ne pourront les biens immeubles de l'église être vendus, aliénés, échangés ni même loués pour un terme plus long que neuf ans, sans une délibération du conseil, l'avis de l'évêque diocésain et notre autorisation.

63. Les deniers provenant de donations ou legs, dont l'emploi ne serait pas déterminé par la fondation, les remboursements de rentes, le prix de ventes ou soultes d'échanges, les revenus excédant l'acquit des charges ordinaires, seront employés dans les formes déterminées par l'avis du conseil d'État, approuvé par nous le 21 décembre 1808.

Dans le cas où la somme serait insuffisante, elle restera en caisse, si on prévoit que, dans les six mois suivants, il rentrera des fonds disponibles, afin de compléter la somme nécessaire pour cette espèce d'emploi ; sinon, le conseil délibérera sur l'emploi à faire, et le préfet ordonnera celui qui paraîtra le plus avantageux.

64. Le prix des chaises sera réglé, pour les différents offices, par délibération du bureau, approuvée par le conseil ; cette délibération sera affichée dans l'église.

65. Il est expressément défendu de rien percevoir

pour l'entrée de l'église, ni de percevoir dans l'église plus que le prix des chaises, sous quelque prétexte que ce soit.

Il sera même réservé dans toutes les églises une place où les fidèles qui ne louent pas de chaises ni de bancs puissent commodément assister au service divin, et entendre les instructions.

66. Le bureau des marguilliers pourra être autorisé par le conseil, soit à régir la location des bancs et chaises, soit à la mettre en ferme.

67. Quand la location des chaises sera mise en ferme, l'adjudication aura lieu après trois affiches de huitaine en huitaine; les enchères seront reçues au bureau de la fabrique par soumission; et l'adjudication sera faite au plus offrant, en présence des marguilliers: de tout quoi il sera fait mention dans le bail, auquel sera annexée la délibération qui aura fixé le prix des chaises.

68. Aucune concession de bancs ou de places dans l'église ne pourra être faite, soit par bail pour une prestation annuelle, soit au prix d'un capital ou d'un immeuble, soit pour un temps plus long que la vie de ceux qui l'auront obtenue, sauf l'exception ci-après.

69. La demande de concession sera présentée au bureau, qui préalablement la fera publier par trois dimanches, et afficher à la porte de l'église pendant un mois, afin que chacun puisse obtenir la préférence par une offre plus avantageuse.

S'il s'agit d'une concession pour un immeuble, le bureau le fera évaluer en capital et en revenu, pour être, cette évaluation, comprise dans les affiches et publications.

70. Après ces formalités remplies, le bureau fera son rapport au conseil.

S'il s'agit d'une concession par bail pour une prestation annuelle, et que le conseil soit d'avis de faire cette concession, sa délibération sera un titre suffisant.

71. S'il s'agit d'une concession pour un immeuble, il faudra, sur la délibération du conseil, obtenir notre autorisation dans la même forme que pour les dons et legs. Dans le cas où il s'agirait d'une valeur mobilière, notre autorisation sera nécessaire, lorsqu'elle s'élèvera à la même quotité pour laquelle les communes et les hospices sont obligés de l'obtenir.

72. Celui qui aurait entièrement bâti une église pourra retenir la propriété d'un banc ou d'une chapelle pour lui et sa famille, tant qu'elle existera.

Tout donateur ou bienfaiteur d'une église pourra obtenir la même concession, sur l'avis du conseil de fabrique approuvé par l'évêque et par le ministre des cultes.

73. Nul cénotaphe, nulles inscriptions, nuls monuments funèbres ou autres, de quelque genre que ce soit, ne pourront être placés dans les églises que sur la proposition de l'évêque diocésain et la permission de notre ministre des cultes.

74. Le montant des fonds perçus pour le compte de la fabrique, à quelque titre que ce soit, sera, à fur et mesure de la rentrée, inscrit, avec la date du

jour et du mois, sur un registre coté et parafé, qui demeurera entre les mains du trésorier.

75. Tout ce qui concerne les quêtes dans les églises sera réglé par l'évêque, sur le rapport des marguilliers, sans préjudice des quêtes pour les pauvres, lesquelles devront toujours avoir lieu dans les églises, toutes les fois que les bureaux de bienfaisance le jugeront convenable.

76. Le trésorier portera parmi les recettes en nature les cierges offerts sur les pains bénits ou délivrés pour les annuels, et ceux qui, dans les enterrements et services funèbres, appartiennent à la fabrique.

77. Ne pourront les marguilliers entreprendre aucun procès, ni y défendre, sans une autorisation du conseil de préfecture, auquel sera adressée la délibération qui devra être prise à ce sujet par le conseil et le bureau réunis.

78 Toutefois, le trésorier sera tenu de faire tous actes conservatoires pour le maintien des droits de la fabrique, et toutes diligences nécessaires pour le recouvrement de ses revenus.

79. Les procès seront soutenus au nom de la fabrique, et les diligences faites à la requête du trésorier, qui donnera connaissance de ces procédures au bureau.

80. Toutes contestations relatives à la propriété des biens, et toutes poursuites à fin de recouvrement des revenus, seront portées devant les juges ordinaires.

81. Les registres des fabriques seront sur papier non timbré.

SECTION II.

Des comptes.

82. Le compte à rendre chaque année, par le trésorier, sera divisé en deux chapitres, l'un de recette et l'autre de dépense.

Le chapitre de recette sera divisé en trois sections: la première pour la recette ordinaire; la deuxième, pour la recette extraordinaire; et la troisième, pour la partie des recouvrements ordinaires ou extraordinaires qui n'auraient pas encore été faits.

Le reliquat d'un compte formera toujours le premier article du compte suivant.

Le chapitre de dépense sera aussi divisé en dépenses ordinaires, dépenses extraordinaires et dépenses tant ordinaires qu'extraordinaires non encore acquittées.

83. A chacun des articles de recette, soit des rentes, soit des loyers ou autres revenus, il sera fait mention des débiteurs, fermiers ou locataires, des noms et situation de la maison et héritages, de la qualité de la rente foncière ou constituée, de la date du dernier titre nouvel ou du dernier bail, et des notaires qui les auront reçus; ensemble de la fondation à laquelle la rente est affectée, si elle est connue.

84. Lorsque, soit par le décès du débiteur, soit par le partage de la maison ou de l'héritage qui est grevé d'une rente, cette rente se trouve due par plu-

sieurs débiteurs, il ne sera néanmoins porté qu'un seul article de recette, dans lequel il sera fait mention de tous les débiteurs, et sauf l'exercice de l'action solidaire, s'il y a lieu.

85. Le trésorier sera tenu de présenter son compte annuel au bureau des marguilliers, dans la séance du premier dimanche du mois de mars.

Le compte, avec les pièces justificatives, leur sera communiqué, sur le récépissé de l'un d'eux. Ils feront au conseil, dans la séance du dimanche de *Quasimodo*, le rapport du compte : il sera examiné, clos et arrêté dans cette séance, qui sera, pour cet effet, prorogée au dimanche suivant, si besoin est.

86. S'il arrive quelques débats sur un ou plusieurs articles du compte, le compte n'en sera pas moins clos, sous la réserve des articles contestés.

87. L'évêque pourra nommer un commissaire pour assister, en son nom, au compte annuel ; mais si ce commissaire est un autre qu'un grand vicaire, il ne pourra rien ordonner sur le compte, mais seulement dresser procès-verbal sur l'état de la fabrique et sur les fournitures et réparations à faire à l'église.

Dans tous les cas, les archevêques et évêques en cours de visite, ou leurs vicaires généraux, pourront se faire représenter tous comptes, registres et inventaires, et vérifier l'état de la caisse.

88. Lorsque le compte sera arrêté, le reliquat sera remis au trésorier en exercice, qui sera tenu de s'en charger en recette. Il lui sera en même temps remis un état de ce que la fabrique a à recevoir par baux à ferme, une copie du tarif des droits casuels,

un tableau par approximation des dépenses, celui des reprises à faire, celui des charges et fournitures non acquittées.

Il sera, dans la même séance, dressé, sur le registre des délibérations, acte de ces remises; et copie en sera délivrée, en bonne forme, au trésorier sortant, pour lui servir de décharge.

89. Le compte annuel sera en double copie, dont l'une sera déposée dans la caisse ou armoire à trois clefs; l'autre à la mairie.

90. Faute par le trésorier de présenter son compte à l'époque fixée, et d'en payer le reliquat, celui qui lui succédera sera tenu de faire, dans le mois au plus tard, les diligences nécessaires pour l'y contraindre; et, à son défaut, le procureur impérial, soit d'office, soit sur l'avis qui lui en sera donné par l'un des membres du bureau ou du conseil, soit sur l'ordonnance rendue par l'évêque en cours de visite, sera tenu de poursuivre le comptable devant le tribunal de première instance, et le fera condamner à payer le reliquat, à faire régler les articles débattus, ou à rendre son compte, s'il ne l'a été, le tout dans un délai qui sera fixé; sinon, et ledit temps passé, à payer provisoirement, au profit de la fabrique, la somme égale à la moitié de la recette ordinaire de l'année précédente, sauf les poursuites ultérieures.

91. Il sera pourvu, dans chaque paroisse, à ce que les comptes qui n'ont pas été rendus le soient dans la forme prescrite par le présent règlement, et six mois au plus tard après la publication.

CHAPITRE IV. — Des charges des communes relativement au culte.

92. Les charges des communes relativement au culte sont :

1° De suppléer à l'insuffisance des revenus de la fabrique, pour les charges portées en l'article 37;

2° De fournir au curé ou desservant un presbytère, ou, à défaut de presbytère, un logement, ou, à défaut de presbytère et de logement, une indemnité pécuniaire ;

3° De fournir aux grosses réparations des édifices consacrés au culte.

93. Dans le cas où les communes sont obligées de suppléer à l'insuffisance des revenus des fabriques pour ces deux premiers chefs, le budget de la fabrique sera porté au conseil municipal dûment convoqué à cet effet, pour y être délibéré ce qu'il appartiendra. La délibération du conseil municipal devra être adressée au préfet, qui la communiquera à l'évêque diocésain, pour avoir son avis. Dans le cas où l'évêque et le préfet seraient d'avis différents, il pourra en être référé, soit par l'un, soit par l'autre, à notre ministre des cultes.

94. S'il s'agit de réparations des bâtiments, de quelque nature qu'elles soient, et que la dépense ordinaire arrêtée par le budget ne laisse pas de fonds disponibles, ou n'en laisse pas de suffisants pour ces réparations, le bureau en fera son rapport

au conseil, et celui-ci prendra une délibération tendant à ce qu'il y soit pourvu par la commune : cette délibération sera envoyée par le trésorier au préfet.

95. Le préfet nommera les gens de l'art par lesquels, en présence de l'un des membres du conseil municipal et de l'un des marguilliers, il sera dressé, le plus promptement qu'il sera possible, un devis estimatif des réparations. Le préfet soumettra ce devis au conseil municipal, et, sur son avis, ordonnera, s'il y a lieu, que ces réparations soient faites aux frais de la commune, et, en conséquence, qu'il soit procédé par le conseil municipal, en la forme accoutumée, à l'adjudication au rabais.

96. Si le conseil municipal est d'avis de demander une réduction sur quelques articles de dépenses de la célébration du culte, et dans le cas où il ne reconnaîtrait pas la nécessité de l'établissement d'un vicaire, sa délibération en portera les motifs.

Toutes les pièces seront adressées à l'évêque, qui prononcera.

97. Dans le cas où l'évêque prononcerait contre l'avis du conseil municipal, ce conseil pourra s'adresser au préfet; et celui-ci enverra, s'il y a lieu, toutes les pièces au ministre des cultes, pour être par nous, sur son rapport, statué en notre conseil d'État ce qu'il appartiendra.

98. S'il s'agit de dépenses pour réparations ou reconstructions qui auront été constatées, conformément à l'article 95, le préfet ordonnera que ces réparations soient payées sur les revenus commu-

naux, et, en conséquence, qu'il soit procédé par le conseil municipal, en la forme accoutumée, à l'adjudication au rabais.

99. Si les revenus communaux sont insuffisants, le conseil délibérera sur les moyens de subvenir à cette dépense, selon les règles prescrites par la loi.

100. Néanmoins, dans le cas où il serait reconnu que les habitants d'une paroisse sont dans l'impuissance de fournir aux réparations, même par levée extraordinaire, on se pourvoira devant nos ministres de l'intérieur et des cultes, sur le rapport desquels il sera fourni à cette paroisse tel secours qui sera par eux déterminé, et qui sera pris sur le fonds commun établi par la loi du 15 septembre 1807, relative au budget de l'État.

101. Dans tous les cas où il y aura lieu au recours d'une fabrique sur une commune, le préfet fera un nouvel examen du budget de la commune, et décidera si la dépense demandée pour le culte peut être prise sur les revenus de la commune, où jusqu'à concurrence de quelle somme, sauf notre approbation pour les communes dont les revenus excèdent vingt mille francs.

102. Dans le cas où il y a lieu à la convocation du conseil municipal, si le territoire de la paroisse comprend plusieurs communes, le conseil de chaque commune sera convoqué et délibérera séparément.

103. Aucune imposition extraordinaire sur les communes ne pourra être levée pour les frais du culte qu'après l'accomplissement préalable des formalités prescrites par la loi.

CHAPITRE V. — Des églises cathédrales, des maisons épiscopales et des séminaires.

104. Les fabriques des églises métropolitaines et cathédrales continueront à être composées et administrées conformément aux règlements épiscopaux qui ont été réglés par nous.

105. Toutes les dispositions concernant les fabriques paroissiales sont applicables, en tant qu'elles concernent leur administration intérieure, aux fabriques des cathédrales.

106. Les départements compris dans un diocèse sont tenus, envers la fabrique de la cathédrale, aux mêmes obligations que les communes envers leurs fabriques paroissiales.

107. Lorsqu'il surviendra de grosses réparations ou des reconstructions à faire aux églises cathédrales, aux palais épiscopaux et aux séminaires diocésains, l'évêque en donnera l'avis officiel au préfet du département dans lequel est le chef-lieu de l'évêché; il donnera en même temps un état sommaire des revenus et des dépenses de la fabrique en faisant sa déclaration des revenus qui restent

libres après les dépenses ordinaires de la célébration du culte.

108. Le préfet ordonnera que, suivant les formes établies pour les travaux publics, en présence d'une personne à ce commise par l'évêque, il soit dressé un devis estimatif des ouvrages à faire.

109. Ce rapport sera communiqué à l'évêque, qui l'enverra au préfet avec ses observations.

Ces pièces seront ensuite transmises par le préfet, avec son avis, à notre ministre de l'intérieur; il en donnera connaissance à notre ministre des cultes.

110. Si les réparations sont à la fois nécessaires et urgentes, notre ministre de l'intérieur ordonnera qu'elles soient provisoirement faites sur les premiers deniers dont les préfets pourront disposer, sauf le remboursement avec les fonds qui seront faits pour cet objet par le conseil général du département, auquel il sera donné communication du budget de la fabrique de la cathédrale, et qui pourra user de la faculté accordée aux conseils municipaux par l'article 96.

111. S'il y a dans le même évêché plusieurs départements, la répartition entre eux se fera dans les proportions ordinaires, si ce n'est que le département où sera le chef-lieu du diocèse payera un dixième de plus.

112. Dans les départements où les cathédrales ont des fabriques ayant des revenus dont une partie est assignée à les réparer, cette assignation continuera d'avoir lieu; et seront, au surplus, les répa-

rations faites conformément à ce qui est prescrit ci-dessus.

113. Les fondations, donations ou legs faits aux églises cathédrales, seront acceptés, ainsi que ceux faits aux séminaires, par l'évêque diocésain, sauf notre autorisation, donnée en conseil d'État, sur le rapport de notre ministre des cultes.

Ordonnance royale relative au renouvellement des conseils de Fabrique.

Du 12 janvier 1825.

———

Art. 1ᵉʳ. Dans toutes les églises ayant le titre de cure, succursale ou chapelle vicariale, dans lesquelles le conseil de fabrique n'a pas été régulièrement renouvelé, ainsi que le prescrivent les articles 7 et 8 du décret du 30 décembre 1809, il sera immédiatement procédé à une nouvelle nomination des fabriciens, de la manière voulue par l'article 6 du même décret.

2. A l'avenir, la séance des conseils de fabrique, qui aux termes de l'article 10 du règlement général, doit avoir lieu le premier dimanche du mois d'avril se tiendra le dimanche de *Quasimodo*.

Dans cette séance devront êtres faites, tous les trois ans, les élections ordinaires prescrites par le décret du 30 décembre 1809.

3. Dans les cas de vacance par mort ou démission, l'élection en remplacement devra être faite dans la

première séance ordinaire du conseil de fabrique qui suivra la vacance.

Les nouveaux fabriciens ne seront élus que pour le temps d'exercice qui restait à ceux qu'ils sont destinés à remplacer.

4. Si, un mois après les époques indiquées dans les deux articles précédents, le conseil de fabrique n'a pas procédé aux élections, l'évêque diocésain nommera lui-même.

5. Sur la demande des évêques et l'avis des préfets, notre ministre secrétaire d'État au département des affaires ecclésiastiques et de l'instruction publique pourra révoquer un conseil de fabrique pour défaut de présentation de budget ou de reddition de comptes, lorsque ce conseil, requis de remplir ce devoir, aura refusé ou négligé de le faire, ou pour toute autre cause grave.

Il sera, dans ce cas, pourvu à une nouvelle formation de ce conseil, de la manière prescrite par l'article 6 du décret du 30 décembre 1809.

6. L'évêque et le préfet devront réciproquement se prévenir des autorisations d'assemblées extraordinaires que, aux termes de l'article 10 du décret du 30 décembre 1809, ils accorderaient aux conseils de fabrique, et des objets qui devront être traités dans ces assemblées extraordinaires.

7. Dans les communes rurales, la nomination et la révocation des chantres, sonneurs et sacristains, seront faites par le curé, desservant ou vicaire;

leur traitement continuera à être réglé par le conseil de fabrique et payé par qui de droit.

8. Le règlement général des fabriques, du 30 décembre 1809, continuera d'être exécuté en tout ce qui n'est pas contraire à la présente ordonnance.

Décret relatif à l'acceptation des dons et legs faits aux fabriques des églises.

Du 15 février 1862.

———

Art. 1er. — L'acceptation des dons et legs aux fabriques des églises sera désormais autorisée par les préfets, sur l'avis préalable des évêques, lorsque ces libéralités n'excéderont pas la valeur de mille francs, ne donneront lieu à aucune réclamation et ne seront grevées d'autres charges que l'acquit de fondations pieuses dans les églises paroissiales et de dispositions charitables au profit des hospices, des pauvres ou des bureaux de bienfaisance.

2. L'autorisation ne sera accordée qu'après l'approbation provisoire de l'évêque diocésain, s'il y a charge de services religieux.

3. Les préfets rendront compte de leurs arrêtés d'autorisation au ministre compétent dans les formes déterminées par les instructions qui lui seront adressées. Les arrêtés qui seraient contraires aux lois et règlements ou qui donneraient lieu aux réclamations des parties intéressées pourront être annulés ou réformés par arrêté ministériel.

Circulaire

de M. le Ministre de l'instruction publique et des cultes portant notification du décret du 15 février 1862, qui confère aux préfets, sous les réserves y exprimées, le droit d'autoriser l'acceptation des dons et legs d'une valeur n'excédant pas mille francs, faits aux fabriques des églises, et contenant de nouvelles instructions relatives à diverses affaires d'intérêt religieux.

Du 10 avril 1862.

Monsieur le Préfet, pour me conformer à la haute pensée qui a inspiré les décrets des 25 mars 1852 et 13 avril 1861, j'ai soumis à la signature de l'Empereur, de concert avec mon collègue, M. le ministre de l'intérieur, un projet de décret tendant à appliquer, dans certaines limites, aux fabriques des églises le principe de la décentralisation administrative. Cette proposition ayant été agréée par Sa Majesté Impériale, j'ai l'honneur de vous notifier le décret, en date du 15 février 1862, qui vous confère, sous quelques réserves, le droit d'autoriser l'acceptation des dons et legs fait à ces fabriques, lorsque la valeur capitale de ces libéralités n'excède pas mille francs, tant en argent, objets mobiliers ou rentes, qu'en immeubles.

Vous remarquerez, Monsieur le Préfet, que la

règle posée par ce décret s'applique exclusivement aux fabriques. Les autres établissements ecclésiastiques et religieux restent donc placés sous l'empire de la législation actuelle, et notamment de l'article 1er de l'ordonnance du 2 avril 1817, qui vous maintient le droit de statuer sur les libéralités, en argent ou objets mobiliers, attribuées à tous établissements autres que les fabriques d'églises, lorsque la valeur de ces libéralités n'excède pas trois cents francs.

Il n'est rien innové non plus en ce qui concerne les legs qui sont l'objet de réclamations de la part des familles des testateurs ; ces libéralités devront toujours, quelque minime que soit leur valeur, être soumises à l'appréciation et à la décision du gouvernement.

Vous continuerez aussi à appliquer, dans les nouvelles limites établies par le décret du 15 février, les règles précédemment posées, notamment dans la circulaire du 14 septembre 1839, l'avis du conseil d'État du 27 décembre 1855 et la circulaire de M. le ministre de l'intérieur, du 25 janvier 1856, relativement aux affaires collectives ou connexes.

Ainsi, quand un même acte comprendra et des dons ou legs inférieurs à mille francs, intéressant des fabriques, et des dispositions faites au profit d'autres établissements ecclésiastiques ou religieux à l'égard desquels votre compétence n'est pas étendue, il suffira, pour rendre un décret nécessaire, que ces dernières libéralités dépassent la valeur de 300 francs en argent ou objets mobiliers, ou consistent en immeubles, même d'une valeur au-dessous de 300 francs.

Quant aux *donations* entre-vifs qui seraient faites à des fabriques avec des charges communales ou charitables, et qui ne seraient pas admissibles sous cette forme, il sera nécessaire que vous vous conformiez aux observations contenues dans les passages de la présente instruction, concernant spécialement les libéralités de cette nature.

Le principe posé dans l'article 2 du décret ne peut donner lieu à aucune difficulté ; il s'applique uniquement aux fondations ou charges de services religieux établies comme conditions de libéralités communales, charitables ou autres, fondations auxquelles l'évêque diocésain doit toujours être préalablement appelé à donner son approbation, conformément à l'article 2 de l'ordonnance du 2 avril 1817.

L'exécution de l'article 3 consistera surtout dans l'envoi des états mentionnés dans le dernier paragraphe du numéro 3 de cette instruction.

Je ne saurais trop vous recommander, du reste, Monsieur le Préfet, d'apporter la plus grande célérité à l'expédition des affaires sur lesquelles vous êtes appelé à statuer, par une extension nouvelle de vos attributions. Les établissements intéressés reconnaîtront ainsi toute l'importance du bienfait que la bienveillante sollicitude de l'Empereur a voulu leur assurer.

Mais ce bienfait ne serait peut-être qu'imparfaitement apprécié si des mesures n'étaient prises en même temps pour améliorer l'instruction et accélérer la conclusion des affaires dont la décision est maintenue au pouvoir central.

Instruction des affaires. — Les règles relatives à l'instruction des affaires administratives d'intérêt religieux sont contenues dans diverses ordonnances et circulaires, dont les dispositions sont trop souvent perdues de vue par les administrations locales chargées d'en faire l'application. Par suite de cette fréquente inobservation des formalités réglementaires, les dossiers parviennent incomplets dans mes bureaux, ce qui entraîne la nécessité de nombreux renvois pour régularisation d'instruction. La conclusion des affaires éprouve ainsi, dans ces circonstances, de longs retards, et les dommages qui en résultent pour les établissements intéressés sont la source de plaintes ou de mécontentements toujours regrettables.

Justement préoccupé de cet état de choses, j'ai dû rechercher les moyens de prévenir désormais, autant qu'il pourrait dépendre de moi, les fâcheux inconvénients qui en sont la conséquence.

Bordereaux. — Dans ce but, il m'a semblé qu'il y avait lieu, d'abord de rappeler et coordonner les règles précédemment édictées, ou consacrées par la jurisprudence du conseil d'État, pour l'instruction des affaires les plus fréquentes. J'ai voulu, en outre, par une innovation dont j'attends les meilleurs effets, constituer en quelque sorte une garantie matérielle de la constante exécution des règles ainsi rappelées. Cette garantie m'a paru devoir résulter de la nécessité, pour MM. les préfets, d'accompagner, à l'avenir, les dossiers de bordereaux conformes aux modèles que j'ai fait dresser, et qui contiennent l'énumération exacte de toutes les pièces à produire.....

Vous ne sauriez, Monsieur le Préfet, éprouver de difficultés pour la formation des bordereaux dans les affaires simples. Le nouveau système pourra également s'appliquer, avec quelques modifications, aux affaires complexes.

Lorsqu'un même acte de libéralité contiendra des dispositions en faveur de plusieurs établissements religieux, la meilleure marche à suivre consistera à dresser un bordereau pour chaque établissement.

Dans les cas où les établissements intéressés seront situés dans des départements différents, les pièces de l'instruction seront, à moins de circonstances exceptionnelles, centralisées par le préfet du département qui représentera l'intérêt le plus considérable.

Les libéralités charitables qui seront comprises avec des dispositions pieuses dans un même acte, et sur lesquelles il devra être statué simultanément, seront, dans le dossier collectif, classées à part et formeront une liasse spéciale.....

Il arrive souvent, après la conclusion des affaires, que les établissements intéressés réclament le renvoi de certaines pièces des dossiers, telles que les actes notariés de donations, les testaments, etc. Pour éviter autant que possible, à l'avenir, la correspondance et les retards qu'entraînent ces demandes, il conviendra, Monsieur le Préfet, que vous ayez toujours soin, ainsi que cela se pratique déjà dans plusieurs départements, de joindre une copie sur papier libre de chacune des pièces essentielles dont le renvoi devrait être effectué. Les pièces demandées pourront ainsi être toujours annexées à l'ampliation du décret d'autorisation qui vous sera transmise pour chaque affaire.....

Lorsque l'examen attentif que vous aurez fait des pièces d'une affaire vous aura démontré l'insuffisance ou l'irrégularité de l'instruction, il sera nécessaire d'en provoquer sans retard la régularisation, de manière à mettre le dossier en harmonie avec les indications du bordereau dont il devra être accompagné au moment où vous aurez à me le transmettre plus tard.

C'est ici l'occasion de rappeler les règles d'instruction qui devront vous diriger dans les cinq natures d'affaires les plus fréquentes, savoir : les donations entre-vifs ; les legs dont la délivrance est consentie expressément ou tacitement par les héritiers des testateurs ; les legs avec réclamations ; les acquisitions et les ventes.

Celles de ces règles qui concernent les donations et les legs sans réclamations pourront, du reste, vous servir de guide dans toutes les affaires de cette nature, soit qu'elles exigent un décret impérial, soit que l'autorisation doive être accordée par arrêté préfectoral.

§ I. — Donations.

D'après la jurisprudence du conseil d'État, les donations entre-vifs ne peuvent être soumises à l'autorisation du gouvernement qu'autant qu'elles ont été préalablement constatées par actes notariés, conformément à l'article 931 du Code Napoléon (avis du conseil d'Etat du 4 juin 1840).

Les actes rectificatifs ou modificatifs de ces libéralités doivent naturellement être dressés dans la même forme.

La première pièce à produire pour obtenir l'autorisation d'accepter une donation est donc l'expédition entière, sur papier timbré, de l'acte notarié contenant la libéralité.

Les conditions exprimées dans les actes doivent être examinées avec le plus grand soin.

Dispositions inadmissibles. — Aux termes de l'article 900 du Code Napoléon, les conditions impossibles, celles qui sont contraires à la loi ou aux bonnes mœurs, sont réputées non écrites. Lorsqu'une donation est faite sous des conditions de cette nature, l'acceptation que l'établissement donataire en ferait avec l'autorisation du gouvernement ne saurait donc avoir pour effet de rendre obligatoires des clauses que la loi déclare d'avance frappées de nullité. Toutefois, comme de pareilles libéralités pourraient devenir ultérieurement l'objet de contestations ou de difficultés, il est de règle, en ce qui concerne les établissements ecclésiastiques et religieux, de ne statuer sur l'autorisation de ces donations qu'après la suppression des clauses inadmissibles et la constatation dans de nouveaux actes notariés des intentions des donateurs à cet égard.

Il existe, sous ce rapport, entre les donations entre-vifs et les dispositions testamentaires une différence essentielle qui n'a pas toujours été bien comprise et sur laquelle il me paraît utile d'insister.

Lorsqu'un legs est soumis à l'autorisation du gouvernement, il est consommé par le décès de son auteur : les conditions illicites qu'il peut renfermer ne sauraient donc plus être modifiées sans l'intervention des héritiers du défunt et la rédaction d'un nouvel acte. Le gouvernement doit, dès lors, ou décider qu'il n'y a pas lieu d'autoriser l'acceptation de cette libéralité, ou l'autoriser aux charges, clauses et conditions imposées, *en tant qu'elles ne sont pas contraires aux lois*, ou enfin ratifier la déclaration des héritiers qui renoncent à se prévaloir de l'inexécution de ces clauses ou conditions écartées par l'autorité administrative. Mais il n'en est pas de même des donations entre-vifs. Le donateur, qui existe au moment de la demande d'autorisation, peut attacher une grande importance à des conditions dont il ignore l'illégalité. Il paraît équitable et loyal, avant d'autoriser une acceptation qui rendrait sa libéralité irrévocable, tout en repoussant les conditions illicites, de lui faire connaître la situation des choses et de l'appeler à modifier les conditions de sa libéralité.

Ainsi, Monsieur le Préfet, lorsque vous recevrez des dossiers de donations entre-vifs faites sous des conditions contraires à la loi, vous devrez toujours les renvoyer avec des observations tendant à faire supprimer des actes les clauses inadmissibles.

Ces clauses sont nombreuses : je crois devoir, dans l'intérêt de la bonne instruction des affaires, signaler à votre attention particulière les principales conditions dont la nullité serait, soit expressément prononcée par la loi ou les règlements, soit admise par la jurisprudence du conseil d'État ou des tribunaux.

Aux termes de l'article 4 de l'ordonnance réglementaire du 14 janvier 1831, les donations faites aux établissements ecclésiastiques ou religieux avec réserve d'usufruit en faveur du donateur ne sont point susceptibles d'autorisation. Si, nonobstant cette prohibition, des actes renfermant une clause semblable vous étaient adressés, il vous suffirait de les renvoyer en citant l'article de l'ordonnance qui ne permet pas de les présenter en cet état à l'autorisation du gouvernement.

Les confréries n'ayant plus d'existence légale, les donations qui leur seraient faites directement ou qui seraient attribuées à des fabriques sous la condition de créer des confréries ne sont pas susceptibles d'être autorisées. Toutefois, si des libéralités étaient faites à des associations de cette nature, soit pour la célébration de services religieux, soit pour la réparation d'une chapelle de l'église, ou pour tout autre objet intéressant le culte, vous devriez, Monsieur le **Préfet**, en portant à la connaissance des donateurs le motif qui s'oppose à la délivrance de l'autorisation demandée, leur faire savoir que leurs libéralités pourraient être utilement attribuées sous les mêmes conditions à la fabrique de l'église, chargée du soin de faire célébrer les services religieux et de veiller à la conservation de l'église.

Les missions à l'intérieur de la France étant interdites, aux termes du décret impérial du 26 septembre 1809 et de l'article 7 du décret du 7 prairial an XII, les donations qui seraient faites aux fabriques ou à d'autres établissements ecclésiastiques ou religieux pour cette destination ne sont pas susceptibles d'être autorisées. Les dossiers de pareilles libéralités doivent être renvoyés avec indication des motifs qui ne permettent pas de donner suite aux demandes d'autorisation.

Les diocèses ne sont que des circonscriptions administratives et ne constituent pas des personnes civiles capables de posséder, d'acquérir et de recevoir. Suivant la jurisprudence du conseil d'État, les libéralités faites à leur profit ne peuvent, en conséquence, produire leur effet qu'autant qu'elles sont destinées à des établissements diocésains légalement reconnus au nom desquels l'autorisation d'accepter doit être demandée et accordée.

Lorsqu'un acte de cette nature vous sera adressé, vous devrez donc, Monsieur le Préfet, inviter le donateur à désigner, dans un nouvel acte notarié, l'établissement diocésain qu'il entend faire profiter de sa libéralité.

La disposition par laquelle un donateur, en fondant dans une paroisse des prédications extraordinaires, dispose qu'elles ne pourront être faites que par des ecclésiastiques d'un ordre désigné, en dehors du clergé paroissial, ou par des religieux au choix du curé seul, est doublement inadmissible. D'une part, une disposition semblable empiète sur les pouvoirs de l'autorité diocésaine et en entrave l'exercice dans l'avenir en excluant des prédications les prêtres du clergé paroissial ou séculier. D'un autre côté, elle méconnaît formellement les dispositions de l'article 32 du décret du 30 décembre 1809, aux termes duquel les prédicateurs sont nommés par les marguilliers, à la pluralité des suffrages, *sur la présentation faite par le curé ou desservant.*

Les clauses d'un acte de donation qui attribueraient à d'autres qu'aux autorités expressément désignées par la loi, soit le choix de l'instituteur ou de l'institutrice communale, soit le droit de dresser la liste des enfants pauvres à admettre gratuitement à l'école publique, de l'un ou de l'autre sexe, est également inadmissible. D'une part, d'après la loi du 15 mars 1850, le décret du 17 mars 1852 et la loi du 14 juin 1854, les instituteurs et institutrices communaux sont nommés par les préfets sur le vœu émis par les conseils municipaux. D'un autre côté, l'article 45 de la loi du 15 mars 1850 détermine le mode suivant lequel est dressée, dans chaque commune, la liste des enfants pauvres qui doivent être admis gratuitement aux écoles publiques. Il ne saurait être dérogé à ces dispositions législatives.

La condition qui tendrait à imposer à une commune l'obligation de confier *à perpétuité* la direction de l'une ou l'autre des écoles communales à des instituteurs ou à des institutrices appartenant à un ordre religieux serait également contraire aux dispositions des lois précitées, suivant lesquelles les communes et l'autorité départementale doivent conserver leur liberté d'option entre l'enseignement laïque et l'enseignement religieux. Si le donateur ou ses représentants croient avoir le droit de demander la révocation de la libéralité pour cause d'inexécution des conditions, dans le cas où l'école est confiée à d'autres qu'aux instituteurs ou institutrices déterminés par cette libéralité, c'est à eux à élever cette prétention devant les juges compétents. Mais il est impossible que l'État, chargé de la surveillance administrative et légale, admette, par le décret d'autorisation, une condition de perpétuité en opposition formelle avec le texte et l'esprit de la législation sur la matière.

La disposition qui a pour objet de confier *aux desservants seuls* d'une succursale l'administration de biens donnés à la fabrique ou à l'église est contraire aux lois qui investissent les fabriques du droit exclusif d'administrer les biens des églises.

La condition stipulée dans une donation faite à une fabrique, que le montant de cette donation sera employé à une destination en dehors des attributions légales de l'établissement donataire est toujours un obstacle à l'autorisation de la libéralité. L'avis du conseil d'État du 4 mars 1841, qui veut que l'on autorise simultanément l'établissement institué nominativement et celui qui doit profiter de la libéralité, n'est applicable qu'aux dispositions testamentaires. Il existe en ce sens plusieurs avis postérieurs de ce conseil ou de ses comités.

Ainsi, les fabriques ne sont capables d'acquérir, de recevoir et de posséder que dans l'intérêt de la célébration du culte et dans la limite des services qui leur sont confiés par les lois et règlements.

La fondation et l'entretien des écoles, soit de garçons, soit de filles, sont complétement en dehors des attributions conférées à ces établissements religieux par la législation en vigueur; les libéralités qui leur sont faites pour cet objet ne peuvent donc être autorisées.

Des motifs identiques s'opposent à l'autorisation des libéralités de même nature qui seraient attribuées à des établissements ecclésiastiques ou religieux non reconnus comme enseignants.

D'après le même principe, les fabriques, les curés et desservants, etc., ne sont point habiles à recueillir les donations qui leur sont faites dans un intérêt communal ou pour le soulagement des pauvres. Ces libéralités doivent être attribuées aux communes ou aux bureaux de bienfaisance.

Lors donc qu'une donation faite à une fabrique ou à une cure ou succursale renferme un double élément religieux et communal ou charitable, le donateur doit être invité à la scinder en deux parties, de manière à attribuer à l'établissement religieux compétent les valeurs qui doivent spécialement lui revenir, et *directement* à la commune ou à l'établissement charitable les valeurs qui doivent tourner à son profit.

Le mot *paroisse* a, dans l'usage, une double acception : il s'applique, tantôt à l'association catholique placée sous la direction spirituelle d'un même curé ou desservant, tantôt à l'ensemble des habitants compris dans une même circonscription communale.

D'après la jurisprudence suivie par le ministère de l'intérieur et par mon département, jurisprudence conforme à celle du conseil d'État, une libéralité faite à une *paroisse* doit être acceptée, soit par la fabrique, soit par la commune, suivant que sa destination est religieuse ou communale. Mais il est toujours convenable, lorsqu'une donation entre-vifs est ainsi faite, de ne transmettre le dossier au gouvernement qu'après avoir invité le donateur à attribuer expressément la libéralité à l'établissement dans les attributions duquel rentre le service qu'il a voulu favoriser.

Les lieux de sépulture publique doivent servir à tous les habitants d'une commune, sans distinction de culte ; ils sont soumis exclusivement à l'autorité, police et surveillance de l'administration municipale ; d'un autre côté, l'entretien des cimetières est une charge que la loi du 18 juillet 1837 impose aux communes. Cette loi comprend aussi, dans les revenus communaux, le prix des concessions de terrains pour l'établissement des sépultures particulières. D'après ces motifs, la jurisprudence du conseil d'État s'oppose à ce que les fabriques acceptent les donations de terrains destinés à l'usage de cimetières qui doivent appartenir aux communes. Les communes ont seules qualité pour recevoir de semblables libéralités.

L'art. 1er du décret du 23 prairial an XII, qui défend de faire des inhumations dans les églises et autres lieux ouverts à l'exercice public du culte, s'opposerait aussi à l'acceptation de la donation, qu'un particulier ferait à une fabrique, d'une église sous laquelle il se réserverait un caveau pour sa sépulture et celle des membres de sa famille, alors même que l'entrée de ce caveau serait placée à l'extérieur de l'église.

Doit encore être considérée comme illicite la condition, apposée à la donation d'une église, par laquelle les donateurs se réserveraient la jouissance, pour eux et leurs descendants, d'une chapelle qu'ils auraient le droit de céder à des tiers ou qui serait transmissible aux ayants cause des donateurs dans la propriété d'un domaine. Une pareille clause serait, en effet, contraire au principe consacré par l'ancienne et nouvelle jurisprudence, que le droit à la jouissance des bancs et places dans les églises est essentiellement personnel et non transmissible à des tiers.

La condition de placer dans l'église une inscription ou un monument funèbre en faveur d'une personne vivante doit aussi être repoussée, une pareille distinction ne pouvant être accordée, sous l'autorisation du gouvernement, qu'à la mémoire de personnes décédées qui ont fait d'importantes libéralités au profit de l'église.

Aux termes de l'art. 3 de la loi du 2 janvier 1817, de l'art. 62 du décret du 30 décembre 1809, de l'art. 2 de l'ordonnance du 14 janvier 1831, les établissements ecclésiastiques peuvent, avec l'autorisation du gouvernement, aliéner leurs immeubles et leurs rentes. La clause relative à l'inaliénabilité d'un immeuble ou d'une rente donnée aurait donc pour effet d'interdire à l'établissement donataire l'exercice d'une faculté que la loi lui accorde et de porter en même temps atteinte aux droits du gouvernement consacrés par la législation. Elle est, en outre, contraire aux principes généraux qui régissent les mutations de propriétés. Elle ne saurait dès lors être approuvée.

Il en est de même : 1° de la défense d'aliéner l'immeuble donné, si ce n'est à un prix exorbitant relativement à sa valeur ; 2° de la prohibition de vendre ou d'engager le même immeuble avant une époque déterminée, surtout lorsque cette époque est éloignée.

Est également inadmissible la condition, insérée dans l'acte de donation d'une rente, que le remboursement n'en pourra jamais être effectué.

En effet, aux termes des art. 630 et 1911 du Code Napoléon, les rentes annuelles et perpétuelles sont essentiellement rachetables, et toutes les stipulations qui ont pour but d'en interdire le remboursement au delà des termes que ces articles permettent de fixer sont nulles.

La clause portant qu'une donation serait révoquée *de plein droit*, à partir de l'époque où les conditions stipulées cesseraient d'être exécutées, est contraire à l'art. 956 du Code Napoléon, portant que la révocation d'une donation n'aura jamais lieu de plein droit. Aux termes des art. 953, 954 et 956 du même Code, les donateurs et leurs représentants ont toujours la faculté de poursuivre la révocation de leurs libéralités pour cause d'inexécution des conditions. Cette garantie paraît suffisante, puisque, dans le cas où la révocation est prononcée par la justice, les biens rentrent libres de toutes charges dans les mains du donateur.

Sont inadmissibles les conditions d'une donation dont l'exécution dépendrait de la seule volonté du donateur (Code Napoléon, art. 944).

Les établissements publics ne pouvant faire de compromis (Code de procédure civile, art. 1003), il y aurait lieu de considérer comme inadmissible la clause d'une donation portant que toutes les contestations auxquelles pourraient donner lieu l'interprétation et l'exécution de la libéralité seraient décidées par la voie arbitrale.

Les clauses de droit de retour et de substitution (art. 951 et 896 du Code Napoléon) présentent, à l'égard des établissements publics, des difficultés spéciales dont il importe de laisser en général la connaissance aux tribunaux civils. Je me réserve de déterminer moi-même, après examen des pièces, la marche à suivre dans chaque affaire de cette nature.

Lorsque le donateur est décédé avant que sa libéralité ait été autorisée, ou même lorsque son décès est survenu postérieurement à l'autorisation, mais avant l'accomplissement de la formalité d'acceptation nécessaire pour rendre la donation parfaite et définitive, cette libéralité se trouve frappée de caducité (Code Napoléon, art. 932). Un simple acquiescement du légataire universel ou des héritiers du donateur ne saurait suffire pour faire revivre une pareille disposition. S'ils désirent que les pieuses intentions de leur auteur soient remplies, il est indispensable qu'ils fassent eux-mêmes et en leur nom une donation par un nouvel acte authentique.

Acceptations exceptionnelles de donations. — Lorsque les personnes désignées dans l'ordonnance du 2 avril 1817 pour accepter les donations faites aux établissements ecclésiastiques seront elles-mêmes donatrices, vous aurez soin, Monsieur le préfet, pour l'instruction de ces affaires, de vous référer aux dispositions de l'ordonnance du 7 mai 1826, qui détermine, en pareil cas, par qui l'acceptation doit être effectuée.

Renseignements spéciaux à produire. — J'ajouterai, pour compléter les observations que j'avais à vous présenter, en ce qui concerne spécialement les donations entre-vifs, qu'il est toujours nécessaire, dans l'instruction des affaires relatives aux libéralités de cette espèce, de faire connaître si le donateur a, ou non, des héritiers à réserve.

Les renseignements sur sa position de fortune et celle de ses héritiers présomptifs ne peuvent résulter de certificats dressés ni par le curé ou desservant, ni par les membres du conseil de fabrique; ils doivent toujours être fournis par le maire de la commune, et même, selon les circonstances, par le juge de paix du canton ou le commissaire de police; ces renseignements sont indispensables.

Dons manuels. — Les dons manuels en faveur d'établissements ecclésiastiques et religieux sont soumis, comme les autres libéralités, aux principes du droit commun sur la capacité des personnes et la quotité disponible. L'autorisation prescrite par l'article 910 du Code Napoléon est dès lors nécessaire pour leur validité. Il en résulte que si la forme du don manuel peut être envisagée comme licite, c'est à la condition que le donateur sera désigné et connu. Tout don manuel anonyme ne peut être autorisé.

C'est pourquoi il est de règle, avant de statuer sur l'acceptation des dons de cette nature, de prendre les renseignements les plus précis sur la position de fortune de leurs auteurs et sur les motifs qui ont pu les déterminer à fuir la formalité de l'acte public. Quand les dons manuels sont présentés comme étant le produit de souscriptions volontaires, il y a lieu de demander les mêmes renseignements sur chacun des souscripteurs, avec l'indication du montant des sommes fournies respectivement par eux.

En outre, si les libéralités ont pour but d'instituer des fondations perpétuelles de services religieux, ou sont grevées d'autres charges pieuses, elles doivent, dans l'intérêt même des bienfaiteurs, être constatées par actes notariés, afin que l'accomplissement des conditions imposées soit régulièrement assuré dans l'avenir.

§ II. — Legs.

Quelle que soit la forme des testaments (publics, mystiques ou olographes) contenant des legs au profit d'établissements ecclésiastiques ou religieux, il est toujours nécessaire de produire, à l'appui des demandes en autorisation d'accepter ces libéralités, des expéditions ou des extraits authentiques, sur papier timbré, de ces actes délivrés par les notaires détenteurs des minutes ou des originaux. Il importe, surtout lorsqu'il y a réclamation d'héritiers, de joindre autant que possible aux dossiers, au lieu de simples extraits relatifs aux divers legs sujets à autorisation, des expéditions entières des testaments, parce qu'il est souvent utile, pour apprécier les diverses circonstances de chaque affaire, de connaître l'ensemble des dispositions du même testateur.

Conditions illicites. — Les conditions impossibles ou illicites qui se trouvent dans les dispositions testamentaires en faveur d'établissements religieux ne sont pas toujours un obstacle à l'acceptation de ces libéralités, qui sont alors autorisées aux charges, clauses et conditions imposées, *en tant qu'elles ne sont pas contraires aux lois*. Cette locution, dans les décrets d'autorisation, signifie que l'État n'a point entendu se soumettre aux conditions réputées nulles par la législation. Elle n'est pas d'ailleurs exclusive, et rien n'empêcherait de rejeter expressément, par le décret, telles ou telles clauses insérées dans le testament. Quant aux legs pour *missions*, d'après la jurisprudence du conseil d'État, l'acceptation de ces dispositions n'est pas susceptible d'être autorisée, même sous la réserve ci-dessus énoncée, et les établissements appelés à les recueillir ne sauraient en affecter le produit à une autre destination, par exemple aux réparations de l'église ou à la célébration de services religieux.

Dans tous les cas, il est nécessaire qu'il soit statué sur ces dispositions comme sur les libéralités ordinaires. Vous devrez donc, Monsieur le préfet, me transmettre les dossiers de ces affaires ainsi que ceux des libéralités attribuées à des établissements sans existence légale, tels que les confréries, toutes les fois que l'ensemble des legs dépassera les bornes de la compétence préfectorale.

Legs aux paroisses. — Lorsque rien, dans un testament, n'indique la destination communale ou religieuse d'un legs fait à une *paroisse* sans charges ni conditions, il est nécessaire d'inviter les héritiers du testateur à faire connaître quelles étaient ses intentions relativement à l'emploi de cette libéralité. Leur déclaration suppléera au silence du testament à cet égard. Si les héritiers n'étaient point à même ou refusaient de se prononcer, les divers établissements intéressés devraient être appelés à délibérer sur ce point et à faire connaître les motifs tirés des usages locaux ou de toutes autres circonstances qui seraient de nature à faciliter l'interprétation administrative de la disposition.

Legs aux diocèses. — Quant aux legs faits à un *diocèse*, ils ne sauraient, d'après ce que j'ai déjà dit à cet égard au chapitre des donations, recevoir leur exécution qu'après la désignation, par l'évêque, de l'établissement ou des établissements diocésains qui doivent en profiter.

Interpellation des héritiers. — Aux termes de l'article 3 de l'ordonnance réglementaire du 14 janvier 1831, qui a consacré une règle déjà depuis longtemps admise dans la pratique, nulle acceptation de legs (en faveur d'établissements ecclésiastiques ou religieux) ne sera présentée à l'autorisation du chef de l'État sans que les héritiers connus du testateur aient été appelés par acte extrajudiciaire pour prendre connaissance du testament, donner leur consentement à son exécution ou produire leurs moyens d'opposition; s'il n'y a pas d'héritiers connus, l'extrait du testament sera affiché de huitaine en huitaine, et à trois reprises consécutives, au chef-lieu de la mairie du domicile du testateur, et inséré dans le journal judiciaire du département, avec invitation aux héritiers d'adresser au préfet, dans le même délai, les réclamations qu'ils auraient à présenter.

La circulaire du 14 septembre 1839 précise ainsi qu'il suit le caractère de l'intervention des héritiers naturels :

« Leur opposition n'est point un obstacle à l'autorisation des libéralités faites aux établissements ecclésiastiques; leur consentement ne saurait être non plus une raison suffisante pour en déterminer nécessairement l'approbation. Les héritiers sont consultés parce que le gouvernement veut protéger tous les intérêts; mais il n'est lié dans aucun cas; il conserve toujours son libre arbitre et son indépendance. »

Lorsque des héritiers naturels du testateur sont connus, il faut nécessairement produire leur consentement ou des actes extrajudiciaires constatant qu'ils ont été régulièrement interpellés.

Le consentement du légataire universel ne dispense pas, ainsi que l'explique la circulaire du 14 septembre 1839, de mettre en demeure les héritiers naturels.

De même, l'adhésion de ces derniers ne suffit point, lorsqu'il y a un légataire universel institué; pour satisfaire aux prescriptions de l'ordonnance, il est toujours indispensable que l'héritier institué soit appelé à donner son consentement ou à présenter ses observations, puisque d'après la loi et la jurisprudence, ce serait lui qui profiterait de la réduction des legs qu'il est tenu d'acquitter.

Par application du même principe, lorsqu'un legs est fait à un établissement ecclésiastique ou religieux comme charge et condition d'une libéralité plus importante destinée à un tiers, il est d'usage de s'assurer si ce tiers, qu'il soit ou non héritier du testateur, est disposé à remplir la condition. En effet, une charge attachée à un legs est seulement l'accessoire de ce legs ; si la charge est réduite ou supprimée par une décision de l'autorité supérieure, c'est le légataire chargé du payement qui profite du bénéfice du rejet ou de la réduction.

Le consentement doit émaner des héritiers eux-mêmes, ou être constaté par un acte régulier. Un certificat délivré, soit par les membres du conseil de fabrique ou du conseil d'administration de l'établissement légataire, soit par le maire de la commune, serait insuffisant pour constituer la preuve de ce consentement.

Les formalités d'interpellation par voie de publications et d'affiches ne doivent avoir lieu que lorsqu'il n'existe pas d'héritiers connus, ou qu'on ignore leur domicile ; il importe donc, avant d'y recourir, de constater que le testateur n'a pas laissé d'héritiers connus. Il est essentiel que cette constatation résulte des pièces mêmes du dossier.

Il ne suffit pas non plus que le maire atteste par un certificat que les héritiers connus du testateur ont été régulièrement mis en demeure ; il est indispensable de produire les actes extrajudiciaires qui ont dû leur être signifiés.

Certains maires ont cru pouvoir se borner à certifier que le testament avait été affiché conformément aux prescriptions de l'ordonnance réglementaire du 14 janvier 1831, afin de mettre les héritiers naturels du testateur, dont le domicile était inconnu, à même de présenter leurs observations. Mais la publicité donnée par les affiches ne suffit pas ; il faut encore que l'extrait du testament soit inséré dans le journal judiciaire du département.

L'esprit, sinon le texte formel de la disposition précitée de l'ordonnance de 1831, semble exiger, ainsi que l'a fait observer le comité de législation du conseil d'État dans une lettre à M. le garde des sceaux ministre de la justice, en date du 1ᵉʳ février 1840, qu'en transmettant les pièces constatant l'accomplissement de ces formalités, le préfet atteste, soit par un certificat spécial, soit dans l'avis qu'il doit donner sur l'affaire, qu'aucune réclamation ne lui a été adressée. L'absence de toute réclamation dans le dossier et le silence que le préfet garderait à cet égard dans son avis pourraient sans doute faire présumer que les héritiers ne se sont pas fait connaître, ou qu'ils n'élèvent aucune contestation ; mais la preuve directe de ce fait est préférable et n'entraîne d'ailleurs aucune difficulté.

En cas de réclamation des héritiers, je vous recommande expressément, Monsieur le Préfet, d'annexer au dossier tous les documents et renseignements propres à éclairer la religion du gouvernement et du conseil d'État sur le mérite de cette opposition. Le dossier devra toujours, en pareil cas, faire connaître la valeur exacte de la succession du testateur ainsi que des charges dont elle est grevée, le nombre et le degré de parenté des héritiers réclamants ou non réclamants, leur position de fortune et leurs charges de famille.

Vous ne devrez pas perdre de vue, dans l'instruction de ces affaires, que le gouvernement n'a pas le droit de faire attribution à tels ou tels héritiers, à l'exclusion des autres, du produit de la réduction d'un legs. Les valeurs qui deviennent disponibles, par suite de la décision survenue, retombent dans la masse de la succession et profitent, selon les cas, soit aux héritiers naturels, soit aux héritiers institués. Les propositions d'attributions de cette nature, que font assez souvent MM. les préfets, ne sont donc pas susceptibles d'être accueillies.

Renonciation aux legs. — Il ne vous échappera pas non plus, Monsieur le Préfet, que les établissements publics ont besoin, pour renoncer aux legs faits en leur faveur, de la même autorisation que pour les accepter. Lors donc qu'une fabrique ou tout autre établissement religieux a pris une délibération portant refus d'accepter une disposition testamentaire, vous devrez instruire à cet égard dans la forme ordinaire. Je vous laisse toutefois le soin d'apprécier les motifs particuliers qui pourraient dispenser, dans ces cas, de l'accomplissement de quelques-unes des formalités plus ou moins dispendieuses prescrites par les règlements. Ainsi, par exemple, si le refus d'accepter, qui doit être toujours motivé, était fondé sur l'insuffisance de la succession du testateur et sur l'indigence des héritiers, l'extrait du testament et l'acte de décès pourraient être produits sur papier libre. Il serait inutile, en outre, de faire signifier aux héritiers des actes extrajudiciaires d'interpellation. Mais il serait d'autant plus nécessaire de produire des renseignements précis sur les divers faits et circonstances allégués.

§ III. — Observations communes aux donations et aux legs.

Fondations. — D'après la jurisprudence constante du conseil d'État, les dispositions entre-vifs ou testamentaires portant fondation perpétuelle ou temporaire des services religieux dans une église paroissiale ou succursale doivent être acceptées, comme des libéralités ordinaires, par la fabrique de cette église, chargée de faire célébrer les services institués.

Quant aux curés ou desservants, ils ne sont appelés à intervenir dans l'acceptation de ces dispositions qu'autant qu'il leur est attribué une quote-part du capital ou des immeubles donnés ou légués aux fabriques pour cette destination.

Les fabriques, au contraire, acceptent, conjointement avec les curés ou desservants, les dons ou legs faits pour fondation de services religieux, soit à la cure ou succursale, représentée par ses titulaires successifs, soit, ce qui revient au même, *aux prêtres qui desservent la paroisse.*

Messes une fois dites. — En ce qui concerne les dons et legs pour célébration de messes une fois dites *dans une église désignée*, il y a lieu, d'après la jurisprudence suivie jusqu'à ce jour par le conseil d'État, de les considérer comme des libéralités en faveur de la fabrique de l'église ainsi nommée. Toutefois, lorsqu'il s'agira de sommes peu importantes, il pourra ne pas être statué à cet égard s'il résulte de l'instruction que les messes, objet de ces dispositions, ont été acquittées. Cette circonstance de **fait devra donc toujours être relevée avec soin.**

D'un autre côté, les dispositions prescrivant l'affectation de valeurs à la célébration des messes une fois dites, *sans désignation d'église*, devront être considérées comme de simples charges d'hérédité non susceptibles d'autorisation.

Dispositions en faveur des vicaires. — Les dons et legs faits *aux vicaires* d'une paroisse sont acceptés par le curé ou desservant, au nom des vicaires successifs.

Emploi du produit des libéralités. — Les sommes données ou léguées ne peuvent, en principe, recevoir une destination autre que celle qui est indiquée dans les actes de libéralité; mais, en l'absence de toute désignation d'emploi par les bienfaiteurs, les établissements gratifiés ont la faculté de déterminer l'affectation à donner, dans la limite de leurs attributions, à ces capitaux; ces demandes sont généralement accueillies, lorsqu'elles sont appuyées par les avis des autorités diocésaines et départementales, et ce n'est qu'à défaut d'indication d'emploi que les décrets d'autorisation prescrivent l'achat de rentes sur l'État. Il est donc de l'intérêt des établissements d'indiquer, dans leurs délibérations portant demande en autorisation d'accepter des dons ou legs en argent, l'emploi qu'ils se proposent d'effectuer du montant de ces libéralités. Lorsque l'emploi sera ainsi précisé dans une délibération, il y aura lieu de le rappeler sur le bordereau, en indiquant le double objet (acceptation et emploi) de cette délibération.

L'état de l'actif et du passif dont la production est prescrite à l'appui des demandes en autorisation d'accepter des libéralités est, pour les fabriques, le dernier budget approuvé par l'évêque diocésain; pour les séminaires, un état de leur situation financière (en recettes et en dépenses), au moment de la demande en autorisation; pour les cures et succursales, l'état des revenus et des charges de la cure ou succursale, représentée par ses titulaires successifs, état qu'il ne faut pas confondre avec le budget de la fabrique. Ces états doivent toujours être vérifiés et certifiés par vous, conformément à l'article 5 de l'ordonnance du 14 janvier 1831.

Estimations. — Il arrive souvent que l'estimation des valeurs données ou léguées est faite par des membres des conseils des établissements. Une opération de cette nature ne saurait être régulièrement confiée qu'à des personnes prises en dehors de ces conseils, et ayant, du reste, les connaissances pratiques nécessaires pour remplir convenablement une pareille mission.

États semestriels. — Je terminerai ces observations, Monsieur le Préfet, en vous renouvelant la recommandation qui vous a été faite, en dernier lieu, par une circulaire de mon prédécesseur, du 23 janvier 1855, de me transmettre régulièrement, les 1er janvier et 1er juillet de chaque année, l'état semestriel des dons et legs autorisés par vous. Ces états comprendront désormais, non plus seulement les dons et legs en argent ou objets mobiliers, sur lesquels vous étiez appelé à statuer par l'article 1ᵉʳ de l'ordonnance du 2 avril 1817 et l'article 6 de l'ordonnance du 14 janvier 1831, mais l'ensemble des libéralités tant immobilières que mobilières dont vous aurez autorisé l'acceptation, en exécution du décret du 15 février 1862.

Placements sur l'État, extension de la compétence préfectorale. — Il est à peine utile d'ajouter que le droit qui vous a été reconnu par la circulaire du 20 août 1861 d'autoriser le placement *en rentes sur l'État* des capitaux provenant de libéralités sur lesquelles vous auriez statué en vertu des dispositions précitées des ordonnances de 1817 et 1831, se trouve naturellement étendu jusqu'à la limite de mille francs établie par le décret du 15 février. Cette extension rend d'autant plus indispensable la stricte observation des prescriptions de la circulaire précitée, en ce qui touche l'envoi que vous devez me faire d'une copie entière de chacun de vos arrêtés sur les placements de capitaux en rentes sur l'État et sur les conversions de rentes au porteur en rentes nominatives, comme sur la réunion en un seul titre de plusieurs inscriptions de rente de même nature appartenant à un seul établissement (Circulaire du 2 décembre 1861). Je vous prie donc, Monsieur le Préfet, de vouloir bien vous reporter aux observations contenues à cet égard dans ces deux circulaires et vous y conformer exactement.

§ IV. — Acquisitions et ventes.

En ce qui concerne l'instruction des demandes en autorisation d'acquérir et de vendre, les bordereaux relatifs à ces deux natures d'affaires contiennent les indications les plus indispensables. J'ajouterai, pour compléter ces indications, des observations spéciales sur trois points importants.

Acquisitions interdites. — Et d'abord, ce que j'ai dit au sujet de l'incapacité pour les fabriques et autres établissements religieux de recevoir des donations destinées à des services étrangers à leurs attributions légales, s'applique également aux acquisitions d'immeubles. Les opérations de cette nature ne sont pas plus susceptibles d'autorisation que les donations entre-vifs ayant la même destination.

Rappel à l'observation de l'article 2 de l'ordonnance du 14 janvier 1831. — Aux termes de l'article 1er de la loi du 2 janvier 1817 et de l'article 4 de la loi du 24 mai 1825, les établissements ecclésiastiques ou religieux, ainsi que les communautés religieuses de femmes, ne peuvent acquérir des immeubles sans y avoir été préalablement autorisés. L'article 2 de l'ordonnance du 14 janvier 1831 porte même qu'aucun notaire ne peut passer acte de vente, au nom de ces établissements, s'il n'est justifié de l'ordonnance (maintenant du décret) qui accorde l'autorisation nécessaire et qui doit être entièrement inséré **dans l'acte notarié.**

J'ai remarqué avec peine que ces dispositions étaient souvent méconnues par les fabriques, et surtout par les congrégations et communautés religieuses de femmes, comme par les notaires auxquels ces établissements ont recours pour faire dresser leurs actes.

Il existe d'assez nombreux exemples de demande en autorisation de réaliser des acquisitions qui étaient déjà constatées par actes notariés, et dont les prix avaient même été, aux termes de ces actes, intégralement payés. Ainsi, on n'a eu recours, dans ces cas, à l'autorisation du gouvernement qu'après que les opérations avaient été complétement terminées. Des demandes formées dans de pareilles conditions tendent à dénaturer le droit de haute tutelle que la loi a déféré à l'État sur les établissements publics et à convertir l'autorisation, qu'il est appelé à délivrer, en un simple acte d'enregistrement, en une pure formalité imposée d'avance à son inévitable sanction. Aussi le gouvernement s'est-il vu dans la nécessité d'opposer souvent à ces demandes des refus d'approbation que les circonstances particulièrement favorables des autres affaires l'ont seules empêché de généraliser.

Mais je tiens, Monsieur le Préfet, à ce que ces faits ne se renouvellent plus et à ce que les règles établies soient observées à l'avenir. Je vous prie, en conséquence, de ne plus m'envoyer, pour être soumis à l'approbation impériale, des dossiers d'acquisitions faites au mépris des dispositions précitées. Il ne pourra être admis d'exceptions à cette règle qu'à l'égard des acquisitions effectuées par voie d'adjudication publique, et pour lesquelles il n'aurait pas été possible, en raison de l'urgence, de se pourvoir d'une autorisation préalable. Il est du reste bien entendu que, même dans ces cas, le droit de l'administration supérieure d'apprécier la convenance et l'utilité de chaque acquisition est entièrement réservé.

Quant aux aliénations de biens immeubles appartenant aux établissements ecclésiastiques et religieux, vous savez, Monsieur le Préfet, que la règle générale est qu'elles soient effectuées aux enchères publiques ; il ne peut être dérogé à cette règle que pour des motifs graves et d'absolue nécessité, qui seront appréciés par le gouvernement et par le conseil d'État.

Enquêtes de commodo et incommodo. — Mes dernières observations porteront sur la nécessité d'introduire plus d'uniformité et de régularité dans la manière de procéder aux enquêtes *de commodo et incommodo*, pour tous les cas où cette formalité est prescrite, et notamment en matière d'acquisitions et de ventes.

Je vous prie, Monsieur le Préfet, de veiller à ce qu'il soit dorénavant procédé aux enquêtes dans la forme que j'indique ci-après :

MM. les sous-préfets nommeront commissaire enquêteur le juge de paix, ou, à défaut du juge de paix, tout autre fonctionnaire qui n'ait pas à se prononcer, en raison de ses fonctions, sur la mesure projetée.

L'enquête sera annoncée huit jours à l'avance, un dimanche, par voie de publication et d'affiches placardées au lieu principal de réunion publique.

Elle sera ouverte, à la mairie, aux heures où la suspension du travail laisse plus de liberté à ceux qui doivent y prendre part. Tous les habitants de la commune sont admis indistinctement à émettre leur vœu sur l'objet de l'enquête.

Il sera donné connaissance aux déclarants du préambule du procès-verbal, qui contiendra un exposé exact de la nature, du but et des motifs du projet.

Les déclarations seront individuelles ; elles seront signées des déclarants, ou certifiées conformes à la déposition orale par le commissaire enquêteur qui les reçoit et en dresse procès-verbal. Alors même que ces déclarations seraient identiques, elles devraient être consignées indépendamment les unes des autres, avec leurs raisons respectives, et autant que possible dans les termes propres aux déclarants.

A la fin de l'enquête, le commissaire enquêteur devra clore le procès-verbal, le signer et le transmettre avec son avis au sous-préfet.

Vous pourrez, au surplus, Monsieur le Préfet, vous reporter pour les détails à la circulaire de M. le ministre de l'intérieur, en date du 20 août 1825, dont les sages prescriptions me paraissent pouvoir être utilement généralisées.

Nomenclature des pièces comptables passibles du timbre et de celles qui en sont exemptes (1)

PREMIÈRE PARTIE. — Pièces comptables assujetties au timbre.

1° *Actes d'échanges, d'acquisition et d'aliénation* d'immeubles.

2° *Actes d'acceptation de legs et donations.* — *Inventaires, partages* et autres actes établissant les

---

(1) La contribution du timbre est établie sur tous les papiers destinés aux actes civils et judiciaires, et aux écritures qui peuvent être produites en justice et y faire foi. (Loi du 13 brumaire an 7, art. 1.)

L'empreinte du timbre ne peut être couverte d'écriture ni altérée. (*Idem*, art. 21.)

Le papier timbré qui a été employé à un acte quelconque ne peut plus servir pour un autre acte, quand le premier n'aurait pas été achevé. (*Idem*, art. 22.)

Il ne peut être fait ni expédié deux actes à la suite l'un de l'autre, nonobstant tout usage ou règlement contraire. — Sont exceptés les ratifications des actes passés en l'absence des parties; les quittances de prix de vente et celles de remboursement de contrats de constitution ou obligation; les inventaires, procès-verbaux et autres actes qui ne peuvent être consommés dans un même jour et dans la même vacation; les procès-verbaux de reconnaissance et de levée de scellés qu'on peut faire à la suite du procès-verbal d'apposition; et les significations des huissiers, qui peuvent également être écrites à la suite des jugements et autres pièces dont il est délivré copie. Il peut aussi droits des fabriques quand ce n'est pas une somme fixe qui a été léguée.

3° *Actes de ventes de meubles.* — Ces ventes comprennent les objets réputés meubles par leur nature, et ceux réputés meubles par la détermination de la loi, tels que les fruits ruraux et forestiers, les matières du sol, les matériaux provenant de constructions, réparations ou démolitions, les arbres abattus sur les cimetières ou sur les propriétés de la fabrique, etc.

4° *Procès-verbaux d'adjudications, marchés, soumissions* généralement quelconques, ayant pour objet des constructions, réparations, exploitations, des approvisionnements et fournitures d'objets mobiliers, denrées, matières et marchandises. Les feuilles de papier destinées aux procès-verbaux d'adjudication peuvent être admises au visa pour timbre en

être donné plusieurs quittances sur une même feuille de papier timbré pour à-compte d'une seule et même créance, ou d'un seul terme de fermage ou loyer. Toutes autres quittances qui seront données sur une même feuille de papier timbré n'ont pas plus d'effet que si elles étaient sur un papier non timbré (*Idem*, art. 23.)

Aucune expédition, copie ou extrait d'actes reçus par des notaires, greffiers ou autres dépositaires publics ne peut être délivrée que sur un papier au timbre de 1 fr. 50 c. (Loi du 2 juillet 1862, art. 17.)

Toutes les affiches, quel qu'en soit l'objet, doivent être sur papier timbré, conformément à la loi du 28 juillet 1791. Ce papier ne peut être de couleur blanche. (Loi du 28 avril 1816, art. 65.)

Les quittances pour traitement de plusieurs trimestres, données au trésorier d'une fabrique, lorsque le traitement annuel s'élève à plus de 300 francs, ne peuvent être écrites sur la même feuille de papier timbré, parce qu'il y a autant de créances distinctes que de termes partiels de payement. (Décision du 18 février 1831.)

débet, sous la condition que les adjudicataires payeront simultanément les droits de timbre et d'enregistrement.

5° *Baux* des maisons, usines et des biens ruraux, des places, bancs et chaises de l'église, des droits sur la tenture et sur le transport des corps, et toutes concessions temporaires consenties par les fabriques.

6° *Contrats* de constitutions de rentes ou obligations, ainsi que tous les actes devant notaire.

7° *Actes de cautionnements* exigés des adjudicataires ou concessionnaires à différents titres. — Promesses valables de cautionnement sur la minute des actes d'adjudication et autres, ou sur les expéditions qui se délivrent aux entrepreneurs.

8° *Procès-verbaux d'expertise* de bâtiments et terrains dont l'acquisition ou l'aliénation est projetée.

9° *Procurations* délivrées pour contracter, accepter, recevoir ou quittancer.

10° *Certificats de notoriété ou de propriété*, produits par des héritiers ou ayants cause pour justifications de droits.

(En un mot, tous actes prévus ou non prévus ci-dessus, portant transmission de pouvoirs, de propriété, de jouissance d'usufruit; tout acte de bail, de loyer, de vente ou d'achat; tout marché, toute adjudication de travaux, d'exploitations, de coupes de bois ou d'entreprises quelconques; tout accord, toute transaction entre les fabriques et des particuliers ou d'autres établissements publics; et les cautionnements relatifs à ces actes. Les minutes de ces actes sont, en outre, soumises à l'enregistrement ; cette formalité doit être remplie dans les vingt jours de l'acte, si cet acte n'est pas soumis à l'approbation de l'empereur, du ministre ou du préfet, et vingt jours seulement après l'approbation, si celle-ci est nécessaire.)

11° *Extraits, copies et expéditions* devant ou pouvant faire titre ou être produits pour obligation, décharge, justification, demande ou défense.

12° *Affiches* de toute espèce, apposées dans l'intérêt des fabriques, pour l'administration de leurs biens et de leurs affaires particulières. Ces affiches sont sur papier de couleur, au timbre de dimension.

13° *Cahiers des charges* des entreprises, dressés en tête des procès-verbaux d'adjudication, ou annexés en copie à ces procès-verbaux. La minute soumise à l'approbation du Préfet est exempte de timbre.

14° *Devis* d'ouvrages et entreprises rédigés dans l'intérêt des fabriques.

15° *Détails estimatifs* établis et signés par des architectes ou entrepreneurs pour être annexés aux devis. Mais, si le détail estimatif est indépendant du devis, il n'est considéré que comme renseignement d'administration, et il est exempté de la formalité du timbre. Les devis joints aux budgets, sont aussi dans ce dernier cas.

16° *Certificats de capacité* délivrés aux entrepreneurs concurrents aux adjudications de travaux et fournitures.

17° *Certificats de réception* de travaux et fournitures. — *Décomptes* de livraisons.

18° *Certificats de radiation et de non-inscription hypothécaire*, toutes les fois que la production par les vendeurs en est jugée nécessaire.

19° *Factures* ou *mémoires* établis par les marchands, fabricants, fournisseurs, entrepreneurs et créanciers à différents titres. Il n'y a pas d'exception pour les travaux par régie en économie. Quelle que soit la qualité en vertu de laquelle agit la personne qui a fait la commande, le créancier doit lui remettre sa facture ou son mémoire sur papier timbré. Cette disposition comprend toutes les factures ou mémoires remis à l'appui des mandats, même ceux qui s'élèvent à moins de 10 francs, quoique la quittance, dans ce cas, soit exempte du timbre ; toutefois, lorsqu'il s'agit d'une dépense qui n'excède pas 10 francs, les créanciers peuvent être dispensés de produire une facture ou un mémoire timbré ; mais l'ordonnateur doit énoncer le détail des fournitures dans le corps des mandats. A défaut de cette énonciation, le trésorier doit exiger une facture timbrée.

20° *Mémoires de frais et honoraires* de notaires, avoués, huissiers ou greffiers pour rédaction ou signification d'actes. — Mémoires d'honoraires d'avocats pour consultations, avis et plaidoyers. — Mémoires de frais et honoraires d'architectes, géomètres, ingénieurs, experts, employés par les fabriques, lorsqu'ils ne sont pas rémunérés à l'année.

21° *Mandats de payement* délivrés par le président du bureau, lorsqu'ils forment quittance et ont pour objets des dépenses qui ne sont pas comprises dans les exceptions. Le droit de timbre est fixé à 50 centimes, quelle que soit la dimension du papier, à moins que la quittance ne soit donnée séparément sur une feuille de papier timbré au même prix, auquel cas le mandat est exempté de timbre. Il a été reconnu aussi que le droit de 50 centimes ne devient pas exigible dans le cas où les factures et mémoires rapportés à l'appui des mandats sont revêtus de la quittance des marchands ou fournisseurs. Cette disposition est motivée sur ce que cette première quittance libère la fabrique, et que la seconde, portée sur le mandat, ne peut être considérée que comme un objet d'ordre et de pure forme.

22° *États collectifs d'émargement*, ou *états de répartition* des traitements des employés de l'église, annexés, comme pièces justificatives, aux mandats de l'ordonnateur pour la somme totale des traitements, lorsqu'ils comprennent des traitements excédant 300 francs par année.

23° *Mandats* ou *effets* à vue, à échéance, au porteur ou à ordre, quel qu'en soit le montant.

24° *Quittances des trésoriers* aux redevables des fabriques, lorsque la recette excède 10 francs, ou qu'étant inférieure à 10 francs, elle a pour objet, soit un à-compte, soit un payement final sur une plus forte somme. Ne font pas exception les quittances souscrites au nom des payeurs ou autres agents comptables du Trésor ou des communes, pour subventions ou secours accordés par l'État, les départements ou les communes, et applicables soit à des travaux ou acquisitions, soit à d'autres dépenses à la charge des fabriques.

25° *Quittances des parties prenantes* pour les payements effectués par le trésorier de la fabrique, sauf les quittances des sommes de 10 francs et au-dessous, lorsqu'elles n'ont pas pour objet un à-compte ou un dernier payement sur une plus forte somme, et celles qui sont comprises dans les exceptions ci-après.

DEUXIÈME PARTIE. — Pièces exemptes du timbre.

1° *Arrêtés, décisions, délibérations* et tous actes des fabriques, dans tous les cas où aucun de ces actes n'est sujet à l'enregistrement sur la minute. (Loi du 13 brum. an VII, art, 16.)

2° *Extraits, copies et expéditions* qui se délivrent par les fabriques à une administration publique ou à un fonctionnaire public, lorsqu'il y est fait mention de cette destination. (*Idem*.)

3° *Registres d'administration,* comme ceux qui contiennent des délibérations, ceux où l'on a transcrit les titres des biens des fabriques, et généralement tous les registres, même celui sur lequel sont portés les recettes et les dépenses (D. du 30 déc. 1809, art. 81). Il faut toutefois remarquer qu'on ne peut, sans contravention, passer sur les registres exempts de timbre les actes qui y sont soumis et qui ont été indiqués ci-dessus.

4° *Cahiers des charges*, *Devis*, *Détails estimatifs*, dans les cas prévus en la première partie ci-dessus, §§ 13 et 15.

5° *Mandats de payement* dans les cas prévus en la première partie ci-dessus, § 21.

6° *Quittances des comptables* aux redevables des fabriques, lorsqu'elles n'excèdent pas 10 francs et qu'elles n'ont pas pour objet un à-compte ou un payement final sur une plus forte somme. Sont, de plus, exemptes du timbre, même pour des sommes supérieures à 10 francs :

Les quittances délivrées aux payeurs pour arrérages de rentes sur l'État ;

Les quittances délivrées aux receveurs des finances pour intérêts de fonds placés au Trésor public ;

Les quittances apposées sur les mandats de remboursement des fonds placés au Trésor ;

Les quittances ou récépissés, délivrés au nom du bureau de la fabrique, du produit des quêtes ou des troncs, ou du montant des sommes retirées de la caisse ou armoire à trois clefs, pour les besoins du service.

7° *Quittances des parties prenantes* pour les payements effectués par les trésoriers des fabriques, lorsque ces payements n'excèdent pas 10 francs, et n'ont pas pour objet un à-compte ou un solde sur une plus forte somme.

Sont également exempts de timbre :

Les quittances des desservants, des vicaires et des employés de l'église, lorsque leur traitement n'excède pas 300 fr. par année.

Les quittances délivrées par les percepteurs pour les contributions assises sur les biens-fonds ;

Les quittances des indigents pour les secours qui leur sont accordés à ce titre, sur le produit des fondations ;

Les récépissés, ou quittances, délivrés aux trésoriers, des fonds qu'ils versent dans la caisse ou armoire à trois clefs, comme excédant les besoins du service.

TABLE DES MATIÈRES PAR ORDRE MÉTHODIQUE.

PREMIÈRE PARTIE.

Avertissement.....................................	5
Table chronologique des lois et règlements concernant les fabriques paroissiales............	9
TITRE I. *Organisation des fabriques*.................	13
CHAP. I. But de l'institution des fabriques............	13
CHAP. II. Du conseil de fabrique.....................	15
Section I. De la composition du conseil...............	15
§ 1. Formation du conseil.......................	15
§ 2. Renouvellement du conseil.................	17
§ 3. Nomination du président et du secrétaire du conseil.................................	20
Sect. II. Des séances du conseil......................	21
§ 1. Convocation des assemblées................	22
§ 2. Tenue des assemblées.....................	22
§ 3. Des délibérations	23
Sect. III. Des fonctions du conseil...................	25
CHAP. III. Du bureau de la fabrique..................	26
Sect. I. De la formation du bureau.................	26
Sect. II. Des séances du bureau....................	28
Sect. III. Des fonctions du bureau..................	29
§ 1. Fonctions du président et du secrétaire.....	32
§ 2. Fonctions du trésorier.....................	33
§ 3. Fonctions et privilèges du curé dans le bureau.	35
TITRE II. *Des biens des fabriques*...................	39
CHAP. I. Des biens-fonds............................	40
Sect. 1. De l'église, du presbytère et du cimetière.....	40

§ 1.	De l'église et du presbytère.....................	40
§ 2.	Du cimetière...................................	43
§ 3.	Des charges de la commune par rapport aux réparations de l'église, du presbytère et du cimetière......................................	44
Sect. II.	Des biens ruraux, bois et autres propriétés de la fabrique.......................................	46
Chap. II.	Des rentes.....................................	49
Sect. I.	Rentes sur particuliers.........................	49
Sect. II.	Rentes sur l'État..............................	51
Chap. III.	Procès et transactions..........................	52
Chap. IV.	Surveillance et conservation des titres, des deniers et du mobilier de la fabrique...........	53
§ 1.	Caisse de la fabrique...........................	54
§ 2.	Armoire des titres..............................	55
§ 3.	Sommier des titres.............................	56
§ 4.	Inventaires et récolements du mobilier et des archives.......................................	57
TITRE III.	*Des recettes des fabriques*.....................	59
Chap. I.	Nomenclature et division des revenus...........	59
Chap. II.	De la perception des revenus...................	61
§ 1.	Quittances du trésorier. — Enregistrement des recettes.......................................	61
§ 2.	Des poursuites à exercer contre les débiteurs en retard...	62
Chap. III.	Assiette des revenus et moyens de recouvrement propres à chacun d'eux.....................	63
Sect. I.	Recettes ordinaires.............................	63
§ 1.	Ferme des maisons et biens ruraux.............	63
§ 2.	Coupes ordinaires de bois......................	66
§ 3.	Intérêts de rentes sur particuliers..............	67
§ 4.	Arrérages de rentes sur l'État..................	68
§ 5.	Intérêts de fonds placés en compte courant au Trésor...	68
§ 6.	Produit spontané des terrains servant de cimetières. — Menus produits ruraux et forestiers...	69

TABLE DES MATIÈRES.

§ 7. Concessions de places et de bancs dans l'église.	70
§ 8. Location des chaises....................	72
§ 9. Quêtes pour les frais du culte.............	74
§ 10. Des troncs placés dans l'église pour les frais du culte.................................	75
§ 11. Des oblations en usage...................	75
§ 12. Des droits casuels de la fabrique..........	76
§ 13. Droits de la fabrique dans les frais d'inhumation................................	76
§ 14. Droits sur la sonnerie....................	80
§ 15. Droits sur la cire........................	81
§ 16. Supplément donné par la commune........	83
Sect. II. Recettes extraordinaires..................	85
§ 1. Excédant des recettes sur les dépenses de l'exercice précédent..........................	85
§ 2. Prix des coupes extraordinaires de bois......	85
§ 3. Prix des biens aliénés.....................	87
§ 4. Vente d'objets mobiliers et de produits ruraux.	90
§ 5. Dons et legs.............................	91
§ 6. Remboursement de capitaux. — Rachat de rentes constituées sur particuliers..........	95
§ 7. Ventes des inscriptions de rentes sur l'État.	96
§ 8. Emprunts................................	97
TITRE IV. *Des dépenses des fabriques*..................	101
Chap. I. Nomenclature et classification des dépenses...	101
Chap. II. Des crédits............................	102
Chap. III. Ordonnancement des dépenses..............	104
Chap. IV. Acquittement des dépenses.................	106
Chap. V. Règles particulières à chaque nature de dépenses	109
Sect. I. Dépenses ordinaires.....................	109
§ 1. Frais nécessaires de la célébration du culte (pain d'autel, vin pour le saint sacrifice, cire, huile, encens, sel, veilleuse, etc.; bois de chauffage, blanchissage et raccommodage du linge, réparations diverses)........................	109
§ 2. Supplément de traitement accordé au curé ou desservant.............................	113

TABLE DES MATIÈRES.

§ 3. Traitement des vicaires.................... 114
§ 4. Honoraires des prédicateurs de l'Avent, du Carême et des autres solennités............... 114
§ 5. Traitement des employés et des serviteurs de l'église................................... 115
§ 6. Acquit des fondations...................... 116
§ 7. Contributions assises sur les biens........... 118
§ 8. Frais annuels d'administration............... 119
§ 9. Frais d'entretien de l'église, du presbytère et des propriétés de la fabrique.............. 119
§ 10. Secours accordé pour les prêtres infirmes..... 122
§ 11. Dépenses imprévues........................ 123
Sect. II. Dépenses extraordinaires.................. 124
§ 1. Remboursement et intérêts d'emprunts. — Déficit et dettes des années précédentes............ 124
§ 2. Achat d'ornements, de vases sacrés, linge, etc.. 127
§ 3. Décoration et embellissements intérieurs de l'église................................... 129
§ 4. Grosses réparations aux édifices consacrés au culte..................................... 129
§ 5. Acquisitions d'immeubles.................... 132
§ 6. Placement de capitaux disponibles, en rentes sur l'État ou en rentes sur particuliers......... 135

TITRE V. *Du budget*............................... 141

CHAP. I. Du budget et de l'exercice................ 141

CHAP. II. Formation du budget..................... 142
Sect. I. Projet et éléments du budget.............. 142
Sect. II. Division et forme du budget.............. 144
Sect. III. Observations sur la rédaction du budget.... 149
Sect. IV. Discussion et vote du budget............. 151

CHAP. III. Approbation du budget................... 152

CHAP. IV. Recours au conseil municipal en cas d'insuffisance des revenus de la fabrique............ 154

TITRE VI. *Des écritures et des comptes*............. 159

CHAP. I. Des écritures............................. 159
Sect. I. Des registres............................. 160
§ 1. Sommier des titres......................... 161

§ 2. Journal des recettes et des dépenses.......... 161
§ 3. Livre des comptes ouverts par nature de recettes et de dépenses..................... 165
§ 4. Livre à souche des quittances............... 167
§ 5. Journal d'ordonnancement.................. 169
Sect. II. Formation des bordereaux de situation trimestrielle....................................... 169
Sect. III. Remise de service en cas de mutation de trésorier....................................... 171
Sect. IV. Fourniture aux fabriques des imprimés qui leur sont nécessaires............................. 173
Chap. II. Du compte annuel....................... 174
Sect. I. Formation et présentation du compte........ 174
1. Formation du compte.................... 174
§ 2. Justifications à produire à l'appui du compte.. 177
§ 3. Comptes à rendre par les trésoriers remplacés ou installés dans le cours d'une année....... 177
§ 4. Présentation du compte.................... 179
Sect. II. Discussion et apurement du compte par le conseil.. 179
Sect. III. Autorité de l'évêque sur les comptes......... 182
Sect. IV. Recours de la fabrique contre un trésorier reliquataire, ou qui n'a pas rendu son compte dans les délais prescrits................... 182

DEUXIÈME PARTIE.

FORMULAIRE DES FABRIQUES.

Délibérations de la fabrique.

N° 1. Registre des délibérations..................... 187
2. Procès-Verbal d'une séance ordinaire du conseil.... 187
3. Procès-verbal d'une séance extraordinaire......... 188
4. Expédition des délibérations................... 189
5. Procès-verbal d'une séance du bureau............ 190

Procès-verbaux d'élections.

6. Procès-verbal d'élections triennales................ 191
7. Procès-verbal d'élection du président et du secrétaire du conseil, et d'un membre du bureau...... 194
8. Procès-verbal d'élection en remplacement d'un membre du conseil, décédé ou démissionnaire.......... 195
9. Nomination du président, du secrétaire du bureau et du trésorier..................................... 196
10. Procès-verbal de prise de possession d'un curé, desservant ou vicaire.............................. 197

Modèles d'Inventaires.

11. Inventaire des objets mobiliers................... 199
12. Inventaire des archives.......................... 203

Location des biens-fonds.

13. Cahier des charges pour l'adjudication d'un bail à ferme.. 205
14. Cahier des charges pour l'adjudication d'un bail à loyer.. 207
15. Affiche de l'adjudication........................ 210
16. Procès-verbal d'adjudication..................... 210

Location des bancs.

17. Règlement des concessions....................... 213
18. Demande de concession........................... 215
19. Affiche de la demande........................... 215
20. Enchère ensuite de l'affiche et des publications.... 216
21. Avis du conseil de fabrique..................... 216
22. Acte de concession.............................. 217
23. Délibération sur une demande de concession au prix d'un capital ou d'un immeuble.................. 217
24. Délibération sur une demande de concession perpétuelle.. 218
25. Délibération concernant la location des bancs par adjudication publique aux enchères............. 219
26. Procès-verbal d'adjudication.................... 220

Location des chaises.

27. Tarif de la location des chaises................ 222

28. Délibération fixant le mode de la location.......... 223
29. Règlement concernant la location des chaises....... 224
30. Carnet de perception du prix de location.......... 225
31. Récépissé du prix de location par abonnement..... 226
32. Cahier des charges d'un bail à ferme de la location des chaises................................. 226
33. Affiche de l'adjudication......................... 228
34. Procès-verbal d'adjudication..................... 229

Acceptation des dons et legs.

35. Délibération du bureau........................ 231
36. Demande en autorisation d'accepter un legs ou une donation.. 232
37. Procès verbal d'évaluation de l'objet donné ou légué. 232
38. Certificat du maire constatant l'état de fortune des héritiers.. 233
39. Adhésion des héritiers à la délivrance du legs....... 234

Quêtes et troncs.

40. Procès-verbal de levée du tronc des quêtes......... 235
41. Carnet du produit des quêtes.................... 235
42. Procès-verbal d'ouverture des troncs.............. 236

Ventes d'objets mobiliers.

43. Procès-verbal d'estimation et de vente à l'amiable d'objets mobiliers hors de service................ 237
44. Acte de vente d'un objet à terme................. 238
45. Cahier des charges d'une adjudication de pieds de bois.. 238
46. Affiche de l'adjudication......................... 239
47. Procès-verbal d'adjudication..................... 240

Fournitures.

48. Marché pour la fourniture du luminaire............ 242
49. Commande du trésorier et certificat de réception.... 243
50. Devis d'objets mobiliers nécessaires à l'église....... 244
51. Marché par soumission pour achat d'objets mobiliers 245
52. Marché sans soumission préalable................. 246

Acquittement des fondations.

53. Tableau des fondations à acquitter................ 247
54. État des fondations acquittées.................... 247

Réparation d'entretien.

55. Procès-verbal de visite des bâtiments............. 248
56. Délégation du bureau pour la surveillance de travaux à faire par économie...................... 250
57. Délibération du conseil ordonnant des travaux par économie............................... 251
58. Mémoire des ouvrages................... 252
59. État de salaires et fournitures................ 253
60. Délibération du conseil, ordonnant une adjudication de travaux............................ 254
61. Devis estimatif des ouvrages............... 255
62. Cahier des charges de l'entreprise.............. 257
63. Affiche de l'adjudication................. 259
64. Procès-verbal d'adjudication au rabais et à l'extinction des feux............................ 260
65. Marché de gré à gré..................... 261
66. Délibération portant recours à la commune en cas d'insuffisance des ressources de la fabrique pour pourvoir aux réparations........................ 263
67. Devis estimatif contenant des exemples pour chaque espèce de travaux..................... 264
68. Cahier des charges, clauses et conditions générales imposées aux entrepreneurs.................. 268
69. Affiche d'une adjudication au rabais, par soumission.............................. 280
70. Soumission d'entrepreneur................ 283
71. Procès-verbal d'adjudication au rabais sur soumission 284
72. Déclaration pour le cas où l'entrepreneur se cautionne en numéraire........................ 286
73. Promesse de cautionnement pour le cas où l'entrepreneur se cautionne en immeuble............. 287

Comptabilité.

74. État des dépenses jugées nécessaires pour la célébration du culte........................... 288
75. Budget de la fabrique.................... 289
75 b. Chapitres additionnels au budget............. 292
76. Délibération du conseil pour la formation du budget. 294
77. Sommier des titres à tenir par le trésorier........ 295

78. Journal des recettes et des dépenses de la fabrique. 296
78. Autre modèle du même journal..................... 297
79. Livre des comptes ouverts par nature des recettes et de dépenses................................. 298
80. Journal à souche des quittances du trésorier....... 299
81. Mandat de payement............................. 300
82. Registre des mandats............................ 300
83. Journal à souche des mandats.................... 301
84. État trimestriel des traitements................. 302
85. Bordereau trimestriel de la situation active et passive de la fabrique................................. 303
86. Récépissé des sommes déposées dans la caisse à trois clefs.. 306
87. Récépissé des sommes extraites de la caisse....... 306
88. Compte annuel des recettes et dépenses de la fabrique... 307
89. Délibération du conseil sur le compte annuel...... 309
90. Délibération du conseil municipal sur les compte et budget de la fabrique............................ 311
91. Procès-verbal de remise de service, en cas de mutation de trésorier.................................. 312

APPENDICE.

Décret du 30 décembre 1809, portant règlement général des fabriques................................... 315
Ordonnance royale, du 12 janvier 1825, relative au renouvellement des conseils de fabrique.............. 345
Décret, du 15 février 1862, relatif à l'acceptation des dons et legs faits aux fabriques des églises.......... 348
Circulaire de M. le ministre de l'instruction publique et des cultes, portant notification du décret du 15 février 1862 et contenant de nouvelles instructions relatives à l'acceptation des dons et legs..................... 349
Nomenclature des pièces de la comptabilité des fabriques passibles du timbre et de celles qui en sont exemptes. 383

TABLE ALPHABÉTIQUE DES MATIÈRES.

A

Achats d'objets mobiliers, 127; — d'objets de consommation, 109. — Formules, 242 à 246.

Acquisition d'immeubles, 132, 378; — de rentes sur l'État, 136.

Actes conservatoires pour le maintien des droits de la fabrique, 33, 61, 335.

Adjudication. — Procès-verbal d'adjudication d'un bail, à ferme ou à loyer, 63, 210; — d'une concession de bancs dans l'église, 70, 220; — de la ferme des chaises, 72, 229; — d'objets mobiliers, 90, 240; — de réparations d'entretien, 119, 260; — de travaux de construction ou grosses réparations, 129, 284.

Affiche pour l'adjudication d'un bail à ferme ou à loyer, 64, 210; — pour une concession ou location de bancs dans l'église, 70, 215; — pour l'adjudication de la ferme des chaises, 73, 228; — pour une adjudication d'objets mobiliers, 90, 239; — pour une adjudication de réparations d'entretien, 121, 130, 259 280.

Aliénation d'immeubles, 87, 378; — de rentes sur l'État, 96.

Acquittement des dépenses, 106.

Appendice, 315.

Arrérages de rentes sur l'Etat, 68.

B

Bancs et places dans l'église. — Concessions et locations, 70, 333. — Modèles d'actes y relatifs, 213 à 221.

Bâtiments. — Voy. *Réparations, Travaux.*

Baux. — Mise en ferme des maisons et biens ruraux de la fabrique, 63, 331. — Modèle d'un bail à ferme, 205, — Modèle d'un bail à loyer, 207.

Biens des fabriques. — Nature des biens que les fabriques peuvent posséder, 39. — Propriété des églises, presbytères et cimetières, 40, 43. — Biens ruraux et forestiers, 46. — Rentes, 49. — Frais d'entretien de l'église, du presbytère et des propriétés de la fabrique, 44, 119. — Voy. *Acquisitions, Aliénation, Baux, Dons et Legs.*

Bois des fabriques. — Mode d'administration, 47. — Ventes de coupes ordinaires de bois, 66 ; — de coupes extraordinaires, 85 ; — de menus produits forestiers, 90.

Bordereau de situation trimestrielle. — Forme de ce bordereau, 169, 303.

Budget de la fabrique. — Son utilité, 142. — Projet et éléments du budget, 142. — Division et forme du budget, 144.— Observations sur sa rédaction, 149. — Discussion et vote du budget, 151. — Approbation, 152. — Modèle du budget, 289. — Chapitres additionnels, 292. — Délibérations relatives au budget, 294, 311.

Bureau des marguilliers. — Formation du bureau, 26. — Tenue de ses séances et forme de ses délibérations, 28. — Attributions, 29, 321. — Fonctions du président et du secrétaire, 32. — Fonctions du trésorier, 33. — Fonctions et priviléges du curé dans le bureau, 35.

C

Cahier des charges d'un bail à ferme, 64, 205 ; — d'un bail à loyer, 64, 207 ; — de la ferme des chaises, 73, 226 ; —

d'une adjudication d'objets mobiliers, 238 ; — d'une adjudication de travaux, 130, 237, 268.

Caisse à trois clefs de la fabrique. — Dépositaires des clefs, 54. — Récépissé des sommes qui y sont déposées, 306. — Récépissé des sommes qui en sont extraites, 306. — Compte de caisse, 163.

Capitaux. — Remboursement par les débiteurs, 95. — Placement de capitaux disponibles, 135.

Chaises de l'église. — Produit de location, 72, 333. — Modèles d'actes y relatifs, 222 à 230. — Dixième du produit à verser au secrétariat de l'évêché pour secours aux prêtres âgés ou infirmes, 122.

Chauffage de la sacristie. — Fourniture de bois à la fabrique, 111.

Cimetière. — Propriété, 43. — Réparations, 44, 119. — Produit spontané, 69.

Circulaire, du 10 avril 1862, concernant l'acceptation des dons et legs, 349.

Cire. — Droits de la fabrique sur la cire, 81. — Fourniture de cire à la fabrique, 110. — Marché relatif à cette fourniture, 242.

Clôture des registres au 31 décembre de chaque année, 163.

Commande du trésorier, 33. — Formule, 243.

Commune. — Ses charges par rapport aux réparations, 44, 339. — Cas dans lequel elle doit un supplément à la fabrique, 83, 154. — Forme du recours de la fabrique, 154, 263.

Compte du trésorier. — Formation et présentation du compte, 174, 336. — Justifications à produire à l'appui, 177. — Compte à rendre par les trésoriers remplacés ou installés dans le cours de l'année, 177. — Présentation du compte au conseil de fabrique, 179. — Discussion et apurement du compte, 179. — Autorité de l'évêque sur les comptes, 182. — Recours contre un trésorier reliquataire ou qui n'a pas rendu son compte dans les délais prescrits, 182. — Modèle du compte annuel, 307. — Délibérations sur le compte, 309, 311.

Concessions. — Voy. *Bancs de l'église.*

Conseil de Fabrique. — Formation du conseil, 15, 316. — Renouvellement triennal, 17, 317. — Nomination du président et du secrétaire, 20, 317. — Convocation et tenue des séances, 21, 22, 318. — Forme des délibérations, 22. — Attributions du conseil, 25, 318. — Formules de délibérations et d'élections, 187 à 198.

Conseil municipal. — Ses obligations en cas d'insuffisance des revenus de la fabrique, 154, 339. — Délibération sur les compte et budget de la fabrique, 311.

Construction. — Voy. *Réparations, Travaux.*

Contributions assises sur les biens de la fabrique, 118.

Crédits nécessaires pour le payement des dépenses, 102.

Curé ou desservant. — Installation, 30, 197. — Est membre de droit du conseil et du bureau de la fabrique, 16, 26. — Ses fonctions dans le bureau, 35. — Supplément de traitement alloué par la fabrique, 113.

D

Déficit résultant du compte de la fabrique, 125.

Décret du 30 décembre 1809, portant règlement sur les fabriques, 315; — du 15 février 1862, relatif à l'acceptation des dons et legs, 348.

Délibérations du conseil de fabrique, 23; — du bureau des marguilliers, 28. — Formules, 187 à 190.

Dépenses des fabriques. — Nomenclature et classification, 101. — Crédits, 102. — Ordonnancement, 104. — Acquittement, 106. — Règles particulières à chaque nature de recettes et de dépenses, 109. — Dépenses imprévues, 123. — Voy. *Budget, Compte, Registres.*

Dettes des fabriques, 126.

Devis estimatif d'objets mobiliers nécessaires à l'église, 127, 244; — de travaux pour réparations à l'église, 130, 255, 264.

TABLE ALPHABÉTIQUE DES MATIÈRES. 407

Dons et legs. — Formalités relatives à leur acceptation, 34, 36, 91, 331, 348, 349. — Formules, 231.

Droits casuels de la fabrique, 76. — Voy. *Cire, Inhumations, Sonnerie.*

E

Écritures des fabriques, 159. — Registres, 160. — Bordereau de situation trimestrielle, 169. — Formalités à remplir en cas de mutation de trésorier, 171. — Fournitures des imprimés nécessaires aux fabriques, 173. — Fomules, 295 à 305.

Églises. — Propriété, 40. — Des charges de la fabrique et de la commune par rapport aux réparations, 44. — Frais d'entretien, 119, 326. — Constructions et grosses réparations, 129. — Décoration et embellissement, 129. — Des églises cathédrales, 342.

Élections, 12, 27, 317. — Procès-verbaux d'élections, 191. — Voy. *Bureau de la fabrique, Conseil de fabrique.*

Employés et serviteurs de l'église. — Nomination et révocation, 30, 37, 322, 323. — Payement de leur traitement, 115.

Emprunts. — Recouvrement du produit, 97. — Remboursement et intérêts, 124.

Encens et autres menues fournitures nécessaires à l'église, 111.

Enquête administrative, 88, 132, 381.

Entretien. — Voy. *Réparations.*

Excédant des recettes sur les dépenses, 85.

Expédition des délibérations, 189.

F

Fabriques. — But de leur institution, 13, 325. — Voy. *Biens, Bureau, Conseil de fabrique, Dépenses, Recettes,* etc.

Fondations. — Acquittement des fondations et payement de l'honoraire, 116. — Formules, 247.

Formules relatives à l'organisation des fabriques, 187 à 198;

— à leur administration, 199 à 287; — à la comptabilité, 288 à 313.

Fournitures nécessaires à l'exercice du culte. — Obligations du bureau des marguilliers, 29, 322. — Obligations du trésorier, 33, 323. — Achat d'objets de consommation, 109; — d'objets mobiliers, 127. — Formules de marché, commande, certificat de réception, facture, 242.

Frais d'entretien de l'église, du presbytère, du cimetière et des propriétés de la fabrique, 119. — Voy. *Réparations*.

Frais de bureau et d'administration, 119.

G

Grosses réparations. — Voy. *Travaux*.

H

Huile pour la lampe du saint Sacrement. — Fourniture, 110.

I

Immeubles. — Voy. *Acquisitions, Aliénations, Baux, Biens, Bois*, etc.

Imprimés de comptabilité. — De leur fourniture aux fabriques, 173.

Inhumations. — Droits de la fabrique sur les fournitures relatives aux inhumations, 76.

Inscriptions et monuments dans l'église, 334.

Installation des curés, desservants ou vicaires, 30, 197.

Intérêts de rentes sur particuliers, 67. — De fonds placés au Trésor, 68.

Inventaire du mobilier, 57, 330; — des archives, 57, 330.

J

Journal d'ordonnancement des dépenses. — Utilité de ce registre, 169. — Modèles, 300, 301.

Journal des recettes et des dépenses, 62, 161, 334. — Modèles, 296, 297.

L

Linge d'autel. — Achat, 127. — Blanchissage et raccommodage, 112.

Livre à souche des quittances du trésorier, 167. — Modèle, 299.

Livre des comptes ouverts aux différentes natures de recette et de dépense, 165. — Modèle, 298.

M

Mandat de payement. — Règles y relatives, 104. — Modèle, 300.

Marché de gré à gré par soumission, 110, 127. — Formules 242, 245, 246.

Marguilliers d'honneur, 320.

Mobilier de l'église et de la sacristie. — Surveillance et conservation, 57. — Inventaire et récolements, 57, 330. — Achats, 127. — Modèles d'actes y relatifs, 244. — Vente, 90. — Modèles d'actes, 237 à 241. — Réparations, 112.

O

Oblations, 75.

Ordonnance royale du 12 janvier 1825, concernant le renouvellement des fabriques, 345.

Ordonnancement des dépenses, 32, 104, 169. — Formules 300, 301.

Organisation des fabriques, 13.

Ornements. — Achats et réparations, 127, 244.

P

Pain d'autel. — Fourniture, 109.

Placement de fonds disponibles au Trésor public, 54 ; — de capitaux en rentes sur l'État ou sur particuliers, 135.

Poursuites à exercer contre les débiteurs de la fabrique, 62.

Prédicateurs. — Payement de leurs honoraires, 114.

Presbytère. — Propriété, 40. — Réparations, 44, 119, 129.

Président du conseil de fabrique. — Nomination et fonctions, 20, 23, 194, 317 ; — du bureau : nomination et fonctions, 28, 32, 196, 320, 322.

Prêtres âgés ou infirmes. — Sixième du produit des chaises à verser à leur profit, 122.

Procès et transactions. — Autorisation nécessaire, 52, 335.

Procès-verbaux de délibération, 187 à 190 ; — d'élections, 191 à 196 ; — d'installation d'un curé ou vicaire, 197 ; — d'adjudication, 210, 220, 229, 240, 260, 284 ; — d'évaluation d'un objet donné ou légué, 232 ; — de visite des bâtiments, 248 ; — d'estimation et de livraison d'objets mobiliers vendus à l'amiable, 237 ; — de levée du tronc des quêtes, 235 ; — de levée des troncs placés dans l'église pour les frais du culte, 236 ; — de remise de service en cas de mutation de trésorier, 312.

Produits ruraux ou forestiers, 90. — Vente, 237.

Produits spontanés du cimetière. — Forme de la vente de ces produits, 69. — Procès-verbal d'estimation et de livraison en cas de vente à l'amiable, 237.

Q

Quêtes pour les frais du culte, 74, 235, 334.

Quittances du trésorier, 61. 390. — Des parties prenantes, 106, 388.

R

Recettes des fabriques. — Nature des revenus, 59, 324. — Perception, 61. — Poursuites, 62. — Moyens de recouvrement propres à chaque nature de revenus, 63. — Voy. *Budget, Compte, Registres.*

Récolements. — Voy. *Inventaire.*

Régie des biens. — Voy. *Biens.*

Règlement concernant la location des places et des bancs de l'église, 213; — concernant la location des chaises, 224.

Registres de comptabilité à l'usage des fabriques, 160, 295 à 301.

Remise de service en cas de mutation de trésorier, 171. — Modèle de procès-verbal, 312.

Rentes sur particuliers, 49, 67, 95, 138; — sur l'État, 51, 96, 136

Réparations de simple entretien, 119, 326. — Grosses réparations, 129. — Formules relatives aux réparations, 248 à 287.

Revenus. — Voy. *Recettes.*

S

Séances du conseil de fabrique, 21, 187, 318; — du bureau, 28, 190, 321.

Secours accordé pour les prêtres âgés ou infirmes, 122.

Secrétaire du conseil : Nomination et fonctions, 20, 23, 194, 317; — du bureau : Nomination et fonctions, 28, 32, 320, 196, 330.

Sommier des titres à déposer dans la caisse de la fabrique, 56. — Sommier à l'usage du trésorier, 161, 295.

Sonnerie. — Droits de la fabrique, 80.

Subvention ou supplément donné à la fabrique par la commune, 43, 83, 154, 339.

T

Table chronologique des lois et règlements concernant les fabriques, 7.

Tarif du prix des chaises aux différents offices, 72, 222, 332.

Taxe des biens de mainmorte, 118.

Timbre des pièces de comptabilité, 61, 107. — Nomenclature des pièces assujetties au timbre et de celles qui en sont exemptes, 383.

Titres et papiers de la fabrique. — Surveillance et conservation, 55. — Inventaire et récolements, 157, 203, 330. — Sommier, 56.

Traitements des vicaires, 114, 325; — des employés et serviteurs de l'église, 115. — État des traitements dus aux employés, 302.

Travaux de construction et grosses réparations, 45, 129. — Devis et formules d'adjudication, 264 à 287.

Trésorier de la fabrique. — Nomination, 28. — Fonctions, 33, 196, 321, 323, 331, 335. — Formalités à remplir en cas de mutation de trésorier, 171, 337.

Trésor public. — Placement des fonds libres des fabriques, au Trésor, 54. — Intérêts de ces fonds, 68.

Troncs. — Produit, 75. — Procès-verbal de leur ouverture 236.

U

Ustensiles de l'église et de la sacristie. — Achats, 127. — Réparations, 112.

V

Vases sacrés. — Achats, 127, 244. — Réparations, 112.

Vicaires. — Établissement et traitement, 114, 325. — Installation, 30, 197.

Vin pour le saint Sacrifice. — Fourniture, 110.

PARIS.— Impr. de Paul Dupont, rue de Grenelle-St-Honoré, 45.

Ouvrage du même Auteur :

FORMULAIRE
DE
L'ADMINISTRATION TEMPORELLE DES PAROISSES

Approuvé par Son Éminence Monseigneur MORLOT,
Cardinal-Archevêque de Paris.

Un vol. in-18. — Prix : 2 fr. 50 *franco*.

Cet ouvrage contient : 1° Les modèles des divers écrits par lesquels sont constatés les actes de l'administration paroissiale dont il importe de conserver le souvenir, tels que les baptêmes, mariages, sépultures, les premières communions, confirmations, bénédictions d'édifices et d'objets consacrés au culte, érections de confréries, etc., etc.; 2° les modèles de tous les actes, sans exception, qui sont dans les attributions des fabriques; 3° enfin, les formules des actes de l'administration municipale, qui touchent plus ou moins aux intérêts des églises.

Tous ces modèles, au nombre de 278, sont accompagnés de notes ou de citations qui indiquent les motifs, le sens réel, la portée des divers actes, ou rappellent les dispositions légales en vertu desquelles ils sont passés. Ils sont classés suivant leur objet, par ordre alphabétique, sous les titres suivants :

Acquisitions, Aliénations, Annexe, Aumônes, Bancs de l'église, Baptême, Bâtiments, Bibliothèques paroissiales, Biensfonds, Binage, Bureau de bienfaisance, Capitaux, Caisse de la fabrique, Catéchismes, Chaises de l'église, Chapelles vicariales, Chemins de la croix, Cimetière, Cire, Cloches, Comptabilité de la fabrique, Conférences ecclésiastiques, Confession, Confirmation, Confréries, Constructions, Crèche, Curés, Dimanches et Fêtes, Échanges, Écoles, Églises, Fabrique, Fondations, Fossoyeur, Fournitures, Franchises, Hypothèque, Inscriptions et Monuments, Instruction primaire, Legs et Donations, Mariage, Messes, Mobilier, Oblations, Oratoire, Ordres sacrés, Pain bénit, Paroisse, Police du culte, Prédicateurs, Première communion, Presbytère, Procès, Quêtes, Registres paroissiaux, Rentes, Sépultures, Serviteurs de l'église, Succursales, Titres et Papiers, Travaux, Troncs, Vicaires.

www.ingramcontent.com/pod-product-compliance
Lightning Source LLC
Chambersburg PA
CBHW052137230426
43671CB00009B/1281